KB212421

열정

passion

이노비즈 협회장,
여의시스템 CEO 성명기의
삶 이야기

열정
passion
이노비즈 협회장,
여의시스템 CEO 성명기의
삶 이야기

성명기 지음

1판 1쇄 발행 ┃ 2014. 9. 19.

발행처 ┃ **Human & Books**
발행인 ┃ 하응백
출판등록 ┃ 2002년 6월 5일 제2002-113호.
서울특별시 종로구 경운동 88 수운회관 1009호
기획 홍보부 ┃ 02-6327-3535, 편집부 ┃ 02-6327-3537, 팩시밀리 ┃ 02-6327-5353
이메일 ┃ hbooks@empal.com

값은 뒤표지에 있습니다.
ISBN 978-89-6078-182-5 03320

열정

passion

이노비즈 협회장,
여의시스템 CEO 성명기의
삶 이야기

성명기 지음

Human & Books

살아남은 자에게 사랑은 의무다

김영환(시인, 국회의원, 전 과학기술부 장관)

　밤새 친구 성명기의 원고를 읽었다. 지금이 새벽 4시. 대학 동기라고는 하지만 자주 만난 지가 3년쯤 되었을까? 그래도 나는 그를 꽤 잘 알고 있다고 생각했는데 이 원고를 읽고 많은 것을 새롭게 느꼈다. 어디에서 읽은 기억이 난다. 독서를 한다는 것은 책의 내용을 읽고, 작가를 읽고, 그리고는 자신을 읽는다고 한다. 나는 이 책을 읽는 내내 내 자신을 돌아보게 되었다. 솔직히 나는 그가 부럽다.

　나는 지금 해가 뜨기 전의 어둑새벽에 내 친구 성명기를 새롭게 만난다. 가슴이 따스해 온다. 그는 지난 일들을 차분한 문장으로 차곡차곡 쌓아두었다. 친구나 나나 이제 환갑을 바라보는 나이인데 그의 가슴에 아직도 말랑말랑한 감수성이 소년처럼 남아 있고 문학적인 열정이 타고 있었다. 그는 이미 훌륭한 시인이다. 나는 그에게 책 제목을 하나 적어 보냈다. 그가 암을 극복하고 오른 설악산의 어느 암벽 코스 이름이다. "한 편의 詩를 위한 길"이다. 그의 생은 결국 한 편의 좋은 시로 남게 될 것이다.

지난번 만났을 때 다음에는 그에게 시를 써보라고 권했다. 그가 겪은 '죽음과의 입맞춤'은 너무나 놀랍고 처연하다. 그에게 찾아온 암과 그의 아들 석현에게 찾아온 백혈병, 그리고 아내의 폐결핵 등 고통의 축복(?)을 견딘 그의 삶은 주변 사람들에게 큰 위로와 용기가 되었다. 나는 그의 이런 고통과 시련이 부럽다. 그러나 그에게는 얼마나 견디기 어려운 시간이었을까? 결국 '詩란 고통을 찾아가는 巡禮'다. 그의 시는 결국 고통의 숲속에서 자라나게 될 것이다. 그러나 더욱 놀라운 것은 그의 알콩달콩한 사랑의 이야기나 소소한 일상조차 세심하고 잘 다듬어진 언어를 통해 우리 곁에 친근하게 다가왔다는 사실이다.

그는 이 책에서 東江이 내려다보이는 영월 잣봉에서 상상 속에서 만난 여인을 추억했다. '언젠가 여행을 했던 사이판의 산호섬 주변을 감싸고 있던 바다, 물빛처럼 비췻빛이 돌면서도 잠자리 날개처럼 하늘하늘하여 속살이 희미하게 내비치는 치마는 아름답고 신비스러워 그녀를 똑바로 쳐다볼 수가 없었다.' 도대체 아직도 이런 글을 쓰고도 살아남는 간 큰 남편이 또 있을까? 언제 아코디언을 연주하는 그의 아내 영희 씨를 만나 소감을 한번 물어볼 생각이다. 역시 좋은 글은 자기 자신을 솔직하게 그대로 드러내야 한다.

그는 자신에게 주어진 일에 성실한 사람이다. 바위를 기어오르는 자세로 인생을 걸어왔다. 어쩌면 1970년대 초 그는 무악산악회라는 공대산악회에서, 나는 세브란스산악회에서 인수봉과 선인봉을 같은 시기에 올랐을 것이다. 지금 고백하는 일이지만, 나는 본과 1학년이던 그 시절 확보가 없는 맨 앞자리 톱의 자리에 서야 하는 군번이 되자 추락의 두려움에 오줌을 지리다가 슬그머니 바위에서 도망쳤다. 대학 1학년 때 무거운 배낭, 기쓰링을 지고 태백산맥을 종주하던 기개는 어디로 가고 게으름과 늦잠으로 '릴랙스!'를 외치며 이제는 등산은커녕 여행 한 번 떠나지 못하는 게으름뱅이 신세가 되었다. 그가 오른 점봉산이 기억 속으로 다가와 어른거린다. 다시 그 산에 오를 수 있을까? 내가 잊고 지낸 30년 전의 추억의 峻嶺이 다시 내 곁으로 다가왔다. 그리하여 이 책의 원고를 읽는 동안 나는 우울하였다. 드디어 냉장고에서 남은 소주 한 잔을 꺼내 나의 가물거리는 젊음을 위해 풋고추에 된장을 애꿎게 찍어 삼켰다.

그의 인생을 관류하는 무기는 역시 '沒入'이었다. 그는 자기가 만들고 일군 여의시스템에 몰입하였고 주말이면 바위에 대롱대롱 매달려 한 피치 한 피치에 人生을 걸었다. 위암으로 투병 중에도 설악산을 기어오르는 악바리 근성을 발휘하는가 하면 백혈병으로 인한 후유증으로 힘들어 하는 뒤쳐지는 석현이의 가정교사가 되어 새벽 3시부터

7시까지 고3 수험생의 가정교사가 되었다. 누가 이런 몰입과 집중의 삶을 감히 살 수 있으랴? 책을 읽는 동안 탄식이 터져 나왔다. 단파 라디오와 오디오를 만들기 위해 대구자갈마당과 교동시장에 있는 고물상을 찾아다니던 그의 노력이 없었다면 오늘은 없었을 것이다.

나는 그가 살아가는 삶이 놀라웠다. 그는 성공한 기업인이다. 그 일은 솔직히 내가 이뤄보지 못한 일이었다. 주말이면 암벽으로 달려갔다. 전원주택에서 꽃밭을 가꾸는 생활도 부러웠다. 해외여행도 부러웠다. 그러나 내가 그의 글에서 크게 감동을 받은 것은 그가 보이는 작은 사랑의 실천 때문이다. 케냐의 우물을 만들어 주기 위해 아프리카를 방문한 일부터 그와 그의 회사가 사회 공헌을 위해 헌신한 노력이 이 책에 고스란히 적혀 있다. 백혈병을 앓고 완치된 이후에 석현이를 앞으로 자기 힘으로 살아가게 하도록 하려고 전자공학 전공을 포기하게 하고 사회복지학과로 졸업시킨 후 병원 중환자실에서 간호조무사로 3년을 일하도록 하였다. 부모가 세상을 떠난 후에도 자립할 수 있도록 바리스타와 호스피탈리티 그리고 요리사 자격증을 얻기 위해 힘든 일을 참고 견디게 한 일 등 수많은 사랑과 감동의 이야기가 펼쳐진다.

그러나 무엇보다 그의 삶을 이끌어 온 부단한 도전과 창조의 삶은 그의 가족에게 느닷없이 찾아온 죽음의 공포와 투병의 고통 위에 서 있다. 죽음의 계곡을 넘은 자만이 누릴 수 있는 삶의 희열과 생명의 소중함이 그들 부부의 지난 삶에 녹아 있다. 그 고통의 골짜기에서 그는 이미 시를 만났다. '한 편의 시를 위한 계곡'으로 그 부부는 이미 깊숙이 들어섰다.

경상도 출신의 특성상 여당 지지 성향의 내 친구 성명기와 오랜 시간 우정을 나누고 있다. 그러나 우리의 정치적 성향과 지향이 다름은 우정을 공유하는 데 아무런 부담도 불편함도 없다. 나라를 생각하고 기업을 생각하고 무엇보다 가난하고 힘없는 이웃을 생각하는 우리들에게 이런 서로의 인식은 큰 문제가 아니다. 나는 이렇게 생각하는 내가 참 좋다. 지난날의 나의 작은 고난과 좌절, 낙선과 실패의 경험이 나에게 이런 생각을 하게 해주었다.

나는 그의 글을 읽는 동안 '살아 있는 자에게 사랑은 의무다'라는 나의 오랜 생각을 더욱 굳히게 되었다. 숨 쉬는 동안 성명기와 나는 사랑하는 의무의 길 위에서 만나야 한다. 나보다 못한 사람들, 우리가 돌보고 보듬어야 하는 사람들에게 다가가 그들의 손을 맞잡아야 한다. 그것은 우리의 선택이 아니라 의무다. 석현이가 오늘 뉴질랜드의 작은 레스토랑에서 힘든 노동을 견디며 살아가는 동안 우리는 또 다른 희생과 공헌의 묵정밭을 일구어가게 될 것이다.

한 번도 얼굴을 보지 못한 석현이가 보고 싶다. 그는 우리들에게 사랑의 의미를 가르쳐 주었다. 그의 도전과 열정에 박수를 보낸다.

그리고 나는 그를 위해 한 편의 시를 적어 둔다.

〈한 편의 詩를 찾아 떠나는 길〉

모두 버리고 사랑만 남은 우리들
이제 살아남은 자에게 사랑은 의무다.

산다는 것은 죽음만큼 모질고 세차다.

겨우 우리가 할 수 있는 일
절망의 옷깃을 잡는 일이다.

틈틈이, 그 온기 속에서
詩의 행복을 찾아 집을 나서는 일이다.

열정을 가지고 도전하는 삶

삶의 의미는 발견하는 것이 아니라

만들어 가는 것이다.

－생텍쥐페리

　삶을 즐기며 때로는 힘들어 하며 살아오다 보니 어느새 60년이 되었고 그러다 보니 이 책은 내 삶의 60주년 기념물이 되었다.

　기업체 최고경영자로, 이노비즈 협회장으로, 그리고 한 가정의 남편과 아버지로 정신 없이 살면서도 아내를 도와 새벽에는 정원의 잡초도 뽑고 주말에는 아내를 동반해서 산 친구들과 같이 등산도 다니면서 평범한 소시민의 생활에 감사하며 살았다. 그러다가 때로는 아내에게서 잠시 벗어나 '암벽등반'이라는 자유인으로서의 일탈도 하곤 했다.

그 가운데 짬을 내어 《도전》(2008년)에 이어 또 한 권의 보잘것없는 책을 썼다. 책 속에 내 삶의 아름다운 부분과 그렇지 못한 부분을 가감 없이 담으려고 노력했다. 평생에 책 두 권은 내고 싶다는 게 나의 작은 희망 사항이었다. 그저 별나라에 가고 싶다는 황당한 목표처럼 이룰 수 없는 상상 속의 꿈이라 생각했는데, 그 꿈이 이제 실현되었다.

누군가가 나에게 '성공한 인생을 살았느냐?'고 묻는다면 딱히 할 말이 없다. 왜냐하면 지금까지 좌충우돌하면서 살아온 삶을 성공적이라고 나 스스로 생각해 본 적이 없기 때문이다. 그렇지만 나에게 '그동안 최선을 다해서 살았느냐?'고 묻는다면 나는 감히 말할 수 있다. 열정을 가지고 최선을 다해서 살았고 남은 삶도 그렇게 살아갈 거라고.

바쁜 가운데 책을 쓰기로 결정하고 이를 실행에 옮긴 것도 삶에 최선을 다하기 위한 작은 몸짓이었다. 그렇기에 성공적인 삶까지는 아니더라도 열심히 살았기에 행복하다고 말할 수는 있다. 행복은 '자신의 삶에 몰두할 때 얻어지는 부산물'임을 나는 살아오면서 느꼈다.

자유인!

누구에게 얽매이기 싫어하는 나는 자유인이다. 아내와 같이 차를 타고 가면서도, 길 가는 여인의 멋진 다리와 아름다운 가슴은 나에게 관음증의 행복을 가져다준다. 때로는 아내와 같이 훔쳐보고 함께 평가도 한다. 독자들은 내가 쓴 책 속에 다소 에로틱한 부분이 있더라도 이미 아내의 결재(?)를 득한 부분이므로 이해를 구한다. 유머 없는 삶은 얼마나 삭막하겠는가? 막걸리 한잔하면서 친구와 나누는 걸쭉하고 야한 농담은 우리들의 인생에 시원한 카타르시스를 제공해주는 법이다.

온 가족이 돌아가면서 백혈병에 위암에 폐결핵으로 투병을 했고 큰아들을 대학에 보내기 위해 애비가 팔자에도 없는 '전 과목 가정교사'도 했었고 둘째 아들의 6년 동안의 방황으로 인해 건강을 해치기까지 했던 전쟁도 치렀었다.

30여 년 동안 기업을 경영하면서 큰 고비도 여러 번 넘겼다.

세상을 살아가며 온갖 고비를 넘기며 얻은 지혜가 있다. 행복이 무엇인가에 대한 지혜가 그것이다.

결혼 초에 '죽음과의 전쟁'을 온 가족이 치르면서 깨달은 진리는 '평범한 삶에 감사하자'였다. 백혈병, 암, 죽음이란 단어와 늘 함께했던 지난날의 우리 가족에겐 '특별한 일이 없는 하루'는 감사할 만한 가치가 있는 날이었다.

나는 오늘 새벽에도 전원주택의 텃밭과 정원의 잡초를 뽑고 지난밤의 폭우로 넘어진 화초의 꽃대를 세우면서 하루를 시작했다. 이는 아내의 지시 사항이기도 하다. 그리고 회사에 출근해서는 직원들과 부대끼면서 해외 시장 진출 전략을 짜고 헬스케어와 같은 새로운 비즈니스 아이템을 찾아보며 기업을 올바른 방향으로 이끌어 가려고 노력한다. 이노비즈 협회에 가면 '내 회사가 아닌 '우리 이노비즈 기업'들을 위한 봉사의 시간이 시작된다. 그러다 보면 무수히 많은 문제와 씨름할 수밖에 없다. 그래도 나는 평범하게 지나가는 날들에 행복할 수 있는 지혜를 얻었기에 오늘 하루도 행복한 하루였음을 느끼고 있다.

얼마 전 이번에 만든 책의 표지 사진을 찍으려고 도봉산 선인 측면을 오르다가 등반 중에 송골매 부부의 집중 공격을 받았다. 아마도 매 부부는 우리가 오르고 있던 암벽 중간에 둥지를 틀고 알에서 부화한 새끼를 키우고 있었던 것 같다. 그 매 부부는 새끼를 지키기 위해서 자신들이 도저히 이길 수 없는 강력한 적임에도 불구하고 죽기를 각오하고 우리를 공격한 것이었다. 우리 팀이 자리한 곳이 바위틈이라 매가 빠른 속도로 다가오다간 반대쪽 바위 벽에 부딪히기 십상인 자리라서 속도를 줄이며 다가왔기 때문에 공격하는 매를 죽이겠다고 마음먹으면 충분히 가능한 상황이었지만, 우리는 우리들의 즐거움을 포기하고 매 가족의 행복을 지켜주기로 결정했다.

그날 우리는 비록 후퇴했지만 가족의 존재에 대하여 다시 생각하고 또 한 번의 행복을 느끼는 시간이 되었다. 매 부부도 우리를 물리치고 그들의 둥지를 지켜냈기에 분명 행복했을 것이다. (결과적으로 표지사진 촬영에 실패했다)

도봉산의 매 부부처럼 '자신이 해야 할 일에 분명한 목표를 가지고 도전하고 몰입하는 삶이야말로 내가 생각하는 최고의 행복이다.

책이 나오기까지 도움을 준 휴먼앤북스의 하응백 사장, 항상 남편과 함께 있음을 행복해 하는 아내, 그리고 내 삶을 풍요롭게 만들어 준 모든 분들에게 감사드린다.

2014년 9월

성명기

2부

인생과 기업의
이노베이션

3부

여행,
그 삶의 활력

4부

나는 아직도
도전을 꿈꾼다

passion

가족과 행복,
또는 그 너머 산과
산 친구 이야기

전원주택의 행복

회사가 뚝섬에 있었을 때 아내는 부근에 있는 건국대 평생교육원 원예치료 과정을 수강했다. 처음에는 원예를 통한 건강관리에 관심이 있는 것 같더니만, 나중에는 원예치료는 어디론가 사라지고 오직 꽃 가꾸기에 주력하고 있었다.

그러다 보니 아파트의 베란다는 발을 들여놓는 것조차 불가능할 지경이 되어 버렸다. 심지어 어느 날부터는 베란다 기둥에도 꽃들이 주렁주렁 매달리기 시작했다. 내가 봐도 아파트 베란다로는 아내에게 꽃 가꿀 공간이 절대적으로 부족해 보였다.

그러던 어느 날, 아내는 나에게 폭탄 발언을 했다.

"여보! 우리 전원주택으로 이사 가자."

쉽게 결정할 일이 아니었다. 왜냐하면 전원주택에 사는 가까운 친구에게 조언을 구했더니 전원주택으로 가는 순간 남편은 머슴으로 전락한다며 만류했기 때문이었다. 하지만 나는 아내의 간절한 소망을 거절할 수 없었다. 아내는 꽃다운 20대 후반의 나이를 아이와 나와 자신의 질병을 이겨내느라 얼마나 고생했던가. 아내 나이 오십이 넘어 하는 부탁을 거절할 수 없어 그때부터 경기도, 강원도, 충북 등 서울에서 가까운 곳으로 주말에 틈만 나면 전원주택 매물을 보러 다녔다. 하지만 썩 마음에 드는 매물은 눈에 잘 띄지 않았다.

그 와중에 복병이 등장했다. 두 아들 녀석이 엄마의 전횡에 강력히 반기를 들고 일어난 것이다. 잠실역에서 걸어서 5분 거리인 편한 아파트에서 살다가 시골로 이사를 가겠다고 했으니 그들로서는 당연히 반대할 수밖에 없었을 것이다. 노사분규가 아니라 모자분규가 일어날 판이었다. 아내도 어쩌지 못하고 실망하는 기색이 역력했다.

그런데 어느 날, 아내는 희색이 만연해서 좋은 전원주택이 나왔으니 보러 가자는 것이었다. 마침 다음 날이 토요일이어서 오후에 부동산중개소를 찾아갔다. 중개업자의 안내로 매물로 나온 집을 보는 순간, 나는 다리에 힘이 쭉 빠짐을 느꼈다. 왜냐하면 그동안 속으로는 아들들의 이유 있는 반항을 은근히 지지하고 있었는데, 집을 보는 순간 아내의 표정은 '여보! 바로 여기가 우리 집이야'라고 말하고 있었기 때문이었다. 드디어 임자를 만난 것이다. 그 집은 네 집이 벽을 맞대고 있는 타운하우스(일명 땅콩주택)인데, 잔디가 깔린 마당을 네 집이 공유하고 있었다. 그리고 잔디밭 끝으로는 온갖 나무가 자라고 있는 나지막한 야산이 연속되어 있었고, 산과 잔디밭 경계 지점에는 화단으로 꾸밀 수 있는 30평 정도 크기의 잡초 밭도 있었다. 내가 봐도 아내가 혹할 것 같은 집이었다.

아내는 내가 만류할 틈도 주지 않고, 부동산 중개업자의 노련한 말솜씨에 빠져서 30분 만에 계약서에 도장을 찍었다. 물론 당연히 제대로 가격 흥정도 하지 못하고서 말이다. 우리가 봤던 집은 주차장에 조금 불편한 부분이 있었기에 이를 핑계로 가격을 흥정하려고 했었는데 아내의 조급함으로 인해 말도 꺼내지 못하고 우리들의 남아 있는 삶을 담게 될 집을 계약해 버린 것이다.

잡초제거제 살포하는 우리 집 머슴

그리고 4개월 뒤 입주할 때까지 대학과 대학원에서 주택 인테리어를 전공한 아내의 뜻대로 그 집은 마구잡이(?)로 리모델링되었고, 마침내 우리는 30년 동안의 아파트 생활을 청산하고 전원주택 생활을 시작했다.

그것은 아내에겐 즐거움이었고 나에게는 고통의 시작이었다. 11월에 이사하고 난 뒤 맞은 첫 겨울에는 어마어마한 분량의 눈을 매번 치워야 했고, 경사면에는 염화칼슘을 구해서 뿌려야 했다. 문을 열어둔 집에 쥐가 몰래 들어와 배드민턴 채로 때려잡았던 적도 두 번이나 있었다. 그런데 아내가 쥐를 무척이나 무서워했기 때문에 머슴이 되어 버린 내 신세에 심술이 나서 그냥 내버려 두려다가 무섭다고 하도 난리법석을 떨어서 하는 수 없이 쥐를 잡아 죽이고 말았다.

이사하기 전에 집 수리 차량이 잔디를 깔아뭉갠 데는 잔디가 죄다 죽어 버려서 그곳에는 새 잔디를 구해서 심어야 했다. 인부들을 불러서 견적을 받았더니 160만 원이나 달라고 했다. 너무 비싼 느낌이 들어서 군대 시절 논산훈련소에서 훈련받을 때 연병장 잔디를 심었던 기억을 되살려 내가 직접 작업하기로 결정했다. 아내가 잔디 심을 줄 아느냐고 묻기에 걱정하지 말라고 자신 있게 말했다. 군대 경험으로 조금씩 거리를 두고 듬성듬성 심어야 잘 자란다는 것까지 알고 있었기 때문이었다.

잔디를 20만 원어치 주문해서는 토요일 오후 3시부터 작업을 했는데 아내가 같이 도와준 덕에 6시간 만에 작업을 끝냈다. 그렇게 우리들은 잔디밭에 잔디를 깔고 물을 뿌리고 가꾸기 시작했다. 산과 잔디밭이 만나는 경사면에는 질경이, 민들레를 위시한 온갖 잡초가 잔뜩 뒤덮고 있었는데, 여기를 갈아엎고 꽃밭을 만들라는 아내의 명령에 따라 길들여진 머슴처럼 열심히 잡초를 걷어내고 화단으로 가꾸었다. 질경이란 놈이 그렇게도 끈질기게 자라는 식물인지 처음 안 것도 꽃밭을 일구면서였다.

　작업은 그것만이 아니었다. 산과 잡초밭 경계지점에 매설되어 있는 하수구에는 10여 년 동안 한 번도 걷어내지 않은 토사가 가득 차서 그 흙을 모두 퍼내야 했고, 폭우에는 새로 만든 정원 주변에 물꼬를 내주어야 했다. 하절기에는 자주 잔디를 깎아야 했는데 잔디밭의 잡초는 얼마나 끈질긴지 잔디를 깎고 며칠만 지나면 여기저기 수북이 자라서 키 자랑을 하곤 했다. 질경이는 뿌리를 땅속으로 수직으로 내리기 때문에 뿌리 끝까지 완전히 파내서 제거해야 했고, 민들레도 홀씨가 날리기 전에 눈에 보이는 대로 제거해야 했다.

　잔디의 암이라 불러도 될 잡초는 바랭이였는데 정말 골치 아픈 녀석이었다. 처음엔 잔디로 착각할 정도로 생김새가 비슷했는데 이 녀석들은 옆으로 줄기가 나가다가 마디마디에서 다시 뿌리를 내리기 때문에 주변으로 순식간에 퍼져나갔고, 뿌리는 잔디와 뒤엉켜 있었기에 제거하기도 쉽지 않았다. 그러다 보니 80평 정도의 잔디밭에 바랭이를 다 제거하기란 거의 불가능했다. 결국 제초제를 동원할 수밖에 없었는데 제초제는 신기하게도 잔디는 그냥 두고 바랭이와 잡초

들만 골라 말려 죽이는 능력이 있었다. (실제로는 죽은 게 아니고 밖으로 드러난 부분만 죽었기에 비가 두세 번 오면 살아 있는 뿌리에서 다시 잡초가 자라나서 기승을 부렸다.)

거기다가 봄에는 생각지도 못했던 고라니란 놈이 툭하면 산에서 내려와서 애써 가꾼 화초뿐 아니라 튤립의 꽃대까지 잘라먹는가 하면 뾰족한 송곳니로 구근식물의 뿌리까지 파먹어 아내를 속상하게 하기도 했다. 꽃대를 세워서 꽃가지를 묶었고 가뭄이 심할 때면 물을 주고 비료도 뿌려야 하는 등 상당한 노동을 투입해야 했다. 늦봄부터 늦가을까지 정원에서 일할 때면 산모기의 공습도 감당해야 했다. 이놈들은 얼마나 침투력이 강한지, 여름 등산바지는 그냥 파고들어서 피를 빨아먹었다. 하는 수 없이 한여름에도 겨울바지와 등산용 방수 우의를 입고 작업을 해야 하니 땀이 비 오듯 쏟아졌다. 거기다가 화초를 심기 위해 땅을 파다 보면 새끼손가락 크기의 굵은 지렁이란 놈이 허리가 동강나서 잘라진 부위에서 누런 물을 꾸역꾸역 게워내는 징그러운 장면이 연출되어 기겁하기도 했다.

전원주택에서 산다는 것은 그랬다. 진작 친구의 말을 듣는 게 옳았다는 생각이 드는 순간, 이미 엎질러진 물이 되어 버렸다. 낭만보다는 머슴이 될 자세가 되어 있어야 감당할 수 있는 일이었다.

어쨌든 전원생활을 하면서 나는 아내에게 길들여지기 시작했다. 아내 곁에서 잡초를 뽑고 받침대를 세우는 일이 마치 오래전부터 나의 천직인 것처럼 느껴지기 시작한 것이다. 거기다가 나를 행복하게

화초에 열심히 물을 주고 있는 아내

한 것은 이른 새벽에 잠에서 깨어나려고 할 때 자명종 시계보다 먼저 내 귓전을 울리는 창밖의 새소리였다. 그런데 새소리는 항상 같은 소리가 아니고 계절별로 다른 새소리가 들렸는데 종달새가 울 때가 있고, 뻐꾸기가 울 때가 있는 것이다. 밤에는 앞산에서 들리는 소쩍새 우는 소리에 아스라이 멀어져 간 옛 추억을 떠올릴 때도 있었다.

한 가지 골치 아픈 것은 안방과 앞산이 불과 15미터 정도밖에 떨어져 있지 않아서 이놈들이 울기 시작하면 완전 소음공해 수준이라서 주말에 어쩌다가 늦잠이라도 자려고 할 때는 유리창문을 닫아야만 했다.

꽃향기도 그렇다. 첫사랑의 체취를 느끼게 하는 초봄의 라일락 향기, 그리고 우연히 스쳐 지나가던 파스텔 톤의 야한 원피스를 차려입

27

은 여인에게서 느꼈던 아카시아 향기, 초여름에는 야생 밤꽃의 에로틱한 내음까지…… 고라니가 슬그머니 내려왔다가 사라지는 정원이 땀의 대가로 나에게 다가왔다.

세상에 절대로 공짜는 없었다. 몸을 움직여야 아름다움도 볼 수 있는 것이었다.

전원생활과 관련하여 미국 작가가 쓴 책 중에서 이런 내용을 읽은 적이 있다. 나처럼 전원주택 생활을 하는 사람이 매일매일 잔디밭에서 잡초를 뽑고 잔디도 깎다가 하루는 지쳐 잔디밭에 넋을 놓고 앉아 있었다고 한다. 그런데 마침 근처를 지나가는 길손이 주인에게 "아이구! 잔디 참 잘 가꾸셨네요" 하고 말을 걸었단다. 주인이 "무슨 말씀을 하십니까? 자세히 보면 잡초투성이데요"라고 하자 길손은 "잠시 여기 길가로 나와서 잔디밭을 한번 보십시오. 그리고 저쪽 건너편 집의 잔디밭도 보십시오. 그러면 계신 집의 잔디가 얼마나 아름다운지 느끼실 겁니다." 잔디밭 주인은 길손의 그 말을 듣고 길손이 서 있는 자리에서 자신이 가꾼 잔디밭을 보았다. 그의 눈앞에는 너무도 아름답고 푸르디푸른 잔디밭이 자리하고 있었다고 한다.

우리의 인생도 잡초가 듬성듬성 자라 있는 잔디밭과 같을지 모른다. 항상 가꾸어야 하지만 늘 잡초와 같은 예기치 못한 복병들이 도사리고 있다. 가까이서 보면 듬성한 곳도 있고 질경이도 보이고 바랭이도 있다. 하지만 조금만 멀리서 보면 아름다운 잔디밭이 된다. 마찬가지로 우리의 삶 자체를 조금만 멀리서 관조하면 행복은 멀리에

있는 게 아니라 바로 여기 내 주변에 소복소복 쌓여 있음을 알게 된
다. 현실 속에서 아내가 진정 행복을 느끼기에 머슴(?)의 역할에 충실
한 나도 덩달아 행복해진다.

오늘 아침 출근하는 차 안에서 아내가 말했다.

"여보, 내 인생에서 가장 행복한 시간이 바로 지금이야!"

'으흐흐!' 오늘도 나는 아내의 행복을 지키기 위해 겨울이면 열심히
눈도 치우고, 잡초도 뽑고, 산모기와 전쟁을 치르고, 손가락 지렁이의
징그러움도 감내하고 바람에 넘어진 꽃대도 세운다. 그리고 튤립 알
뿌리 심은 데 고라니가 못 들어가도록 작은 철망도 세우고 있다.

철마다 다양한 모습을 보여주는 머슴 부부의 정원

큰아들(석현)
대학 보내기 프로젝트

|

　석현이가 백혈병으로 투병(제4부에 실린 '죽음과의 입맞춤' 참조)하고 있을 때 우리 부부는 간절히 기도했다. 제발 우리 석현이를 살려 달라고, 우리 부부에겐 세상 그 무엇보다도 석현이의 생명이 필요하다고……. 건강하다는 것은 절대적 가치이다. 흔한 말이지만 돈도 명예도 건강을 잃으면 아무 소용이 없다. 건강은 인간 행복의 대전제 조건인 것이다.

　죽을 고비를 두 차례 넘긴 석현이는 3년 남짓한 항암제 투여를 종료한 후에는 다행히 건강하게 잘 자라 주었다. 석현이의 생명 자체가 우리 부부에게는 축복이었다. 하지만 세월이 지나면서 우리 부부도 보통 부모들과 마찬가지로 석현이가 이왕이면 공부도 잘해서 좋은 대학에 가주기를 바랐다. 하지만 이 녀석은 하라는 공부는 하지 않고 늘 슈퍼마리오 같은 컴퓨터 게임에 빠져 살았다. 어릴 때 워낙 큰 병을 앓은지라, 그리고 무엇보다도 나도 어릴 때는 지지리도 공부를 하지 않은지라, 석현이에게 공부하라고 그다지 강요하지 않았다. 세월이 가면 스스로 깨닫게 되리라 싶었기 때문이다.

1999년 석현이가 고3이 되었다. 그때만 해도 사업을 한다면 술 접대 문화가 일상적인 시절이어서, 나처럼 중소기업을 하는 사람들은 어쩔 수 없이 밤늦게까지 접대하면서 술을 마시기 마련이었다. 술 마시는 타성에 젖다 보니 술 접대가 없는 날에는 선후배나 친구들과의 술자리를 일부러 만들어 술을 마셨다. 그러니 거의 매일 자정이 다 되어서 귀가하곤 했다.

그런데 어느 날이었다. 그날도 역시 술 냄새를 잔뜩 풍기며 귀가했는데 현관문을 열어주던 아내가 시무룩한 표정을 짓고 있었다. 내가 "아니 왜? 무슨 일이 있었어?" 하고 물었더니 갑자기 "어떡해요?" 하면서 눈물까지 뚝뚝 흘리는 것이 아닌가.

무슨 일이냐고 다시 묻자 아내는 그제야 봇물이 터지듯 그간의 상황을 이야기하기 시작했다. 눈물을 흘리면서 아내가 하는 말을 요약하면, 석현이 성적이 최하위권이어서 학원에도 보내봤지만 아무 소용이 없었고 학교 담임선생님의 요청으로 학교에 가서 상담을 했더니 차마 말하기 힘들어 하면서 하는 말이 '아이의 지적 수준에 문제가 있는 것 같다'고 이야기하기에, 당신 몰래 국어, 영어, 수학 고액 과외도 시켜봤지만 과외 선생들이 일주일도 안 되어 포기했다, 등등이었다.

이제 고3인데 대학도 못 가고 도대체 어떡하면 좋겠냐는 푸념이었다.

그 소리를 듣고 나는 화를 버럭 냈다. "아이가 지적 수준에 문제가 있다니? 그 녀석이 공부는 안 하고 컴퓨터 게임에만 몰두해서 그렇지, 말도 안 되는 소리 하지 말라"고 아무 잘못도 없는 아내를 윽박질렀다. 하지만 아내는 자신이 쓸 방법은 다 써봤다면서 백약이 무효인데 어쩌면 좋겠냐고 눈이 퉁퉁 부은 얼굴로 하소연을 하는 것이었다.

아내의 말을 듣고 보니 내가 생각해도 기가 막힐 노릇이었다.

그 순간 '그래? 그렇다면 애비인 내가 나서야지'라고 생각하면서 한 가지 아이디어가 떠올랐다. 그리고는 아내에게 즉흥적으로 말했다.

"이제부터 석현이 공부는 내가 가르친다!"

아내는 피식 웃었다.

"아니 매일 밤 12시가 다 돼 들어와서 피곤에 찌든 사람이 언제 아이를 가르쳐? 시간은 언제 내고? 아! 그리고 아버지가 고3 가르친다는 게 쉬운 일이에요? 요즘 수능이 얼마나 어려운데."

"영어만 당신이 책임져 줘. 그러면 나머지 과목은 내가 책임진다. 새벽 3시에 일어나서 7시까지 가르치면 될 거야."

나의 가장 큰 성격적 특징은 한번 결심하면 저돌적으로 밀어붙이는 것이다. 다음 날부터 석현이를 3시에 깨워 바로 실천에 들어갔다. 공부를 가르치기 시작한 것이다. 반신반의했던 아내도 나의 행동에 조금 놀라는 것 같았다. 그때부터 아내는 저녁시간에 영어를 가르쳤다.

　하지만 나는 석현이를 가르치면서 바로 난관에 부딪혔다. 수학의 경우를 예로 들면, 나 자신이 문제를 어떻게 푸는지 그 방법조차 알 수가 없었다. 조금만 문제가 복잡하면, 교과서와 참고서의 문제 풀이와 해답을 봐도 그 과정을 도저히 이해할 수가 없었다. 국어 같은 경우는 나의 고교 시절(1970~1972년)에는 한 번도 보지 못한 지문 투성이였고, 고문(古文)은 특히나 심했다. 고문의 글 내용은 이해는 고사하고 석현이에게 소리 내어 읽어 주기도 버거울 정도였다. 물리, 화학, 지구과학, 생명과학 같은 것도 수준이 엄청나게 높아져 있어서 나도 처음 보는 내용들이 많았다.

　게다가 석현이의 가장 큰 문제는 잘하는 과목이 아무것도 없다는 데 있었다. 모든 과목의 성적이 최하위권이라서 사회 과목(정치경제, 한국지리, 국사, 세계사)에다가 기술, 가정까지 전부 다 가르치지 않으면 수능시험을 치를 수도 없는 상태였다. 고교 졸업 후 거의 30년 만에 해당 과목 교과서를 손에 든 셈이니, 눈앞이 캄캄했다. 큰소리친 것을 후회하기 시작했다. 하지만 어쩌랴. 말을 주워 담을 수도 없고, 그러기엔 아내에게 자존심도 상하고……. 마침내 오기가 발동했다.

매일 새벽에 석현이를 책상에 앉혀놓고 먼저 문제집을 풀게 했다. 석현이가 문제를 푸는 동안 나도 해당 과목 교과서를 펼쳐놓고 공부하고, 석현이가 문제를 푼 것을 채점한 후 틀린 문제만 집중 분석하여 석현이에게 가르쳤다. 하지만 이게 보통 일이 아니었다. 수학은 문제를 처음부터 끝까지 풀 수 있어야 설명이 가능했고 다른 과목의 수능 문제도 5지 선다형이 기본인 데다가 단답형이 아니고 종합적인 사고력을 요하는 문제가 많아서 애를 먹었다. 애비가 수능시험을 치르는 꼴이 되었다.

다행스러운 부분은 석현이의 심성이 착해서 아버지와 공부 안 하겠다는 소리는 한 번도 하지 않았다는 점이다. 시간이 가면서 나도 문제를 이해할 수 있는 부분이 조금씩 늘었을 뿐만 아니라 가르치는 기술도 발전함에 따라 석현이의 성적도 조금씩 올라가기 시작했다.

지금 생각하면 1999년 3월부터 수능시험 때까지가 내 인생에 있어서 '죽음과의 입맞춤' 다음으로 고통스러운 시간이었다. 하지만 다시 생각해 보면 한편으로는 자랑스러운 시간이기도 했다. 아무도 해결하지 못하는 숙제(석현이 대학 보내기)를 내가 풀었기 때문이다. 지금도 아내는 그런 나의 행동(입으로 한 말에 대한 책임지는 자세)에 절대적인 신뢰를 보낸다.

가르치는 동안 가장 힘들었던 것은 나의 고통도 고통이지만 석현이가 무엇을 가르치면 돌아서자마자 금방 까먹는다는 것이었다. 방금 가르쳤던 것을 다시 물어보면 거의 다 잊어 버려 답답하기가 이를 데가 없었다. 단순하게 석현이의 집중력 부족이라 생각했기에 나는 우리나라 아버지가 사용하는 가장 쉬운 방법을 선택했다. 꾸지람과 손찌검이었다. 그것만이 집중력을 높이는 데 특효라고 생각했던 것이다. 좋은 방법은 아니었지만 결과적으로 석현이의 집중력도 조금씩 높아 갔다. (하지만 나의 이 행동은 석현이의 비밀을 알고 난 후 두고두고 회한으로 남아 있다.)

그해 수능에서 석현이는 내가 가르치기 직전의 모의고사 점수에 비해 150점 정도를 더 받았고, 지방대학이긴 하지만 4년제 대학교 컴퓨터공학과에 당당히 합격했다.

1부 | 가족과 행복, 또는 그 너머 산과 산 친구 이야기

37

석현이의 비밀

|

　석현이를 간신히 대학에 합격시켰지만, 나의 상식으로 도저히 이해
가 되지 않는 점이 있었다. 석현이의 이해력과 암기력이 너무 부족한
점이 마음에 걸렸다. 그동안 공부를 하지 않고 놀았다 치더라도 아버
지를 평소에 어렵게 생각했기에 내가 공부를 가르친다면 분명히 긴
장해서 집중하고 있었을 텐데 방금 가르친 것도 너무 쉽게 잊어 버리
는 것이었다.

　1년 동안 석현이를 가르치느라 고3 수험생을 한 번 더 경험한 내가
수능시험을 쳐도 석현이보다 훨씬 높은 점수를 받을 자신이 있었다.

　고3 때 석현이를 가르치면서도 이런 생각이 늘 머릿속을 맴돌았지
만 일단 수능시험을 치르고 난 후에 생각하기로 했다. 그래서 대학에

합격한 직후에 근처에 있는 청소년지능검사센터에 가서 지각능력 및 지능검사를 의뢰했다. 그런데 센터에 있던 상담 선생은 몇 차례 질문지로 테스트를 한 뒤 고개를 갸우뚱거리면서 전문병원에 가서 정밀 진단을 받아보라는 것이었다. 상담 선생이 소개한 대로 강남역 부근의 신경정신과에 석현이와 함께 가서 진찰을 받게 했다. 그랬더니 그 다음 날 의사가 회사로 전화를 걸어왔다. 개인 의원에서는 진단에 한계가 있으니 대학병원을 소개해 줄 테니까 정밀 진단을 받으라는 것이었다.

정밀 진단을 받기 위해서 의사가 소개해 준 한양대 병원에 입원을 시켰다. 사나흘 동안 검사를 한 후 담당 의사와의 면담이 있었다. 그런데 의사가 설명하는 석현이의 뇌 상태는 상당히 심각했다. 의사는 석현이의 뇌 일부가 기능을 정지한 상태로, 한마디로 말해서 뇌경색이라고 하였다. 의사는 아마도 석현이가 어릴 적 중환자실에 있을 때 심장에서 뇌로 올라가는 대동맥 중 두 개에서 혈류 폐쇄가 일어났을 것으로 추측했다.

그러면서도 의사가 정작 놀라워했던 것은 석현이의 뇌가 그런 상태임에도 불구하고 지금 정상적인 생활을 하고 있고, 지능지수에서도 지적 장애가 거의 발견되지 않는다는 점이었다. 석현이와 비슷한 수준의 뇌경색 환자인 경우, 혼자서 생활이 불가능한 경우가 대부분이고 정신지체도 많이 나타난다는 것인데, 석현이처럼 거의 정상인으로 생활하고, 더군다나 대학교 컴퓨터공학과에 합격했다는 자체가 믿기

지 않는 일이라고 했다. 그러면서 이 정도 수준의 뇌경색으로 진단
받은 환자 중에 지능지수가 100 정도 나오는 경우도 매우 드물다면
서, 의사들의 의견으로는 가정이긴 하지만 뇌경색이 없었다면 상당히
영리했을 거라며 아쉬워했다.

　그랬다. 석현이는 어렸을 적에 백혈병 치료 이후 일부만 작동하고
있는 뇌로 살아왔던 것이다. 그런 아이를 대학 보내려고 윽박지르고
심지어 손찌검까지 하면서 1년 동안 공부를 시켰었다. 우리 부부는
그 진단 내용을 의사로부터 듣고 난 후 마음이 아파서 많이 울었다.
하지만 현실적으로 또 다른 문제가 남아 있었다. 컴퓨터공학과에 입
학했다는 것이 문제였다. 나중에 대학을 졸업하면 애비도 전자공학
을 전공했기에 진로에 도움을 줄 수 있으리란 생각으로 컴퓨터공학
과를 선택하도록 했는데, 석현이의 상태로는 도저히 그 과정을 감당
하기가 쉽지 않을 거라는 생각이 들었다. 그렇다고 대학생까지도 내
가 집에서 가르칠 수는 없고……. 실제로 컴퓨터공학과를 다니는 동
안 학과 지도교수를 찾아가 상담했더니, 석현이가 암기는 어떻게 한
다 하더라도 창의성 부분에 부족한 면이 많아서 학업에 차질이 있다
고 했다.

　교수님과 상의해서 사회복지학과로 전과시켰고, 그렇게 석현이는
사회복지학과를 졸업했다. 또 하나는 군 문제였는데 다행히 징병 신
체검사 결과, 어릴 적 위중한 질병으로 아팠던 경우에 해당되어 징집
면제를 판정받았다.

세월이 가면 일반적으로 부모가 저세상으로 먼저 가는 것이 세상의 이치다. 때문에 나는 석현이가 혼자 살아갈 수 있도록 강인한 정신력을 키워 주기로 목표를 세웠다. 경제적인 부분은 부모가 작은 도움을 줄 수 있겠지만 험한 세상을 살아가려면 어려움을 감내할 인내심이 필요하기 때문이었다. 다행히 석현이는 아버지가 생각하는 방향에 크게 반발하지 않고 동의해 주었기에, 함께 고민하기 시작했다. 우리 부부가 살아 있을 때 준비를 시켜야 했다.

석현이가 사회복지학과를 졸업한 뒤 직장을 알아보기 시작했는데 막상 취업을 하더라도 일을 배우고 처리하는 속도가 늦어서 얼마 못가 쫓겨나오기 일쑤였다. 그러다가 아내가 병원 중환자실 근무를 시키면 어떻겠냐고 제안을 했다. 사회복지사 자격증이 있으니까 간호조무사 자격증을 따면 제대로 된 사회인으로 자리매김할 수 있을 것 같았다. 마침 잠실대교 북단에 준종합병원인 H 병원이 있는데, 그 병원은 부설 간호조무사 학원을 운영하면서 학원을 졸업한 연수생을 병원에 취업시키는 방식을 택하고 있었다.

석현이에게 군대 간 셈 치고 어떤 어려움이 있더라도 일도 배우고 인내심을 키우기 위해서 3년 동안 그 병원에서 일하라고 했다. H 병원은 대형 종합병원과 연계되어 더 이상 치료가 불가능한, 생명 연장과 고통 감소 수준의 중환자들을 인계받아 남은 삶에 조금이라도 고통을 덜어주는 소극 치료도 하고 있었기에 중환자실에서는 남자 간호조무사가 할 일이 많았다.

문제는 급료가 수당을 포함해서 연봉이 1800만 원 정도밖에 되지 않는 데다가 하루 3교대로 일을 하는데 이 일이 중노동이었다. 중환자 대소변 누이기부터 욕창을 방지하기 위해 환자를 수시로 돌아눕히기도 해야 하는데 이 모든 것에 상당한 근력이 필요했고 특히 체중이 많이 나가는 남자 환자들을 간호하는 일에는 여성 간호사들의 힘이 부치니까 남자 간호조무사인 석현이가 해야 할 일이 많았다.

처음에는 많이 힘들어 했고, 또 병원에서도 석현이의 느린 업무 적응력을 보고 마뜩찮아 했지만 석현이는 그 일에 점점 적응해 갔다. 그렇게 석현이는 간호조무사로 H 병원에서 3년을 일했다. 하지만 그 정도의 수입으로는 결혼했을 때 정상적인 생활이 가능할 것 같지도 않고 일이 너무 중노동(환자를 옮기다가 어깨를 다쳐서 며칠 동안 치료를 받아야 하는 경우도 있었다)이라 큰 희망이 보이지 않아서, 석현이와 상의해서 다른 가능성에 도전해 보기로 했다.

나는 석현이를 뉴질랜드에 보내서 바리스타 자격증과 호스피탈리티 및 요리사 자격증을 따는 목표를 설정해 주었다. 혼자서 밥해 먹고 빨래하고 하면서 자격증을 따기 위해 노력하는 것이 독립심과 사회성을 동시에 기를 수 있는 기회라고 생각했다. 부모 품을 떠나서 혼자서 살아가는 방식을 익혀야 하는 것이다. 마침 10여 년 전에 뉴질랜드로 이민 가서 살고 있는 대학 산악부 후배 부부가 있었는데 그 부부가 석현이를 뒤에서 조금씩 지켜봐 주기로 했다. 그리고 뉴질랜드에 가기 전에 영어회화 책을 10권 정도 외우게 하고 외운 것을 직접 점검까지 했더니 어느 정도 영어회화도 가능했다.

그렇게 석현이는 부모를 떠나서 혼자 뉴질랜드로 갔다. 그동안 뉴질랜드인이 운영하는 교육기관에서 영어 수업을 받으면서 바리스타와 요리사 자격증을 땄고 혼자 살아가는 데도 많이 적응했다. 그런데 2013년 겨울에 접어들자 후배에게 연락이 와서, 자격증을 땄으니까 이왕이면 취업을 시켜 보자고 제안을 했다. 1년 이상 취업을 하면 영주권도 받을 수 있다고 했다.

곧 커피와 케이크를 만들어 파는 가게에 취업했다는 연락을 받았다. 취업 후 1주일 정도 지났을까. 뉴질랜드에 사는 후배에게서 전화가 왔다. 가게 주인이 "손이 느려 적응을 잘할지 모르겠다"는 걱정스런 말을 한다고 했다. 혹 적응 못하면 중도에 나올 가능성이 있으니 그렇게 알고 있으라고 했다. 걱정이 되어 집사람이 석현이에게 전화를 걸었다. 석현이에게 힘들지 않느냐고 묻자 석현이는 대뜸 "힘들어도 참아야죠. 저 충분히 참을 수 있어요. H 병원 중환자실보다는 너무 쉬워요"라고 대답했다. 전화선 너머 머나먼 곳에서 들리는 아들의 대답에 아내는 눈물을 왈칵 쏟아냈다. H 병원에서 3년간 고생하면서 석현이가 세상살이에 필요한 인내심을 어느 정도 배운 것 같아 조금은 마음이 놓였다.

석현이는 지금 뉴질랜드 오클랜드의 레스토랑에서 궂은일을 마다않고 열심히 일하고 있다. 아버지로서 석현이의 장래에 대해 여러 가지 경우의 수를 생각하지 않을 수 없다. 훗날 일을 배우고 한국에 와서 조그만 가게를 차릴 수도 있을 것이고 본인이 원한다면 뉴질랜드에서 새로운 삶을 살아갈 수도 있을 것이다. 뉴질랜드는 슬로우 라이프(SLOW LIFE)를 즐기는 사회라서 치열한 경쟁 사회인 한국보다 오히려 뉴질랜드가 석현이가 살아가기에는 더 적합한지도 모른다. 다행히 석현이도 뉴질랜드를 편하게 생각하고 있고 영어로 하는 의사소통에도 큰 지장이 없는 것 같다.

아직은 어떤 결정도 하지 않았지만, 나는 석현이를 믿는다. 착하고 순한 녀석이다. 어릴 때부터 그 고생을 하며 백혈병을 이겨냈고 묵묵히 아버지가 주는 숙제를 해결하기 위하여 혼신의 힘을 다했으며, 지금도 그렇게 하고 있다. 그 과정에서 나도 마음이 아팠던 적이 한두 번이 아니지만 석현이도 마음의 상처를 많이 입었을 것이다. 가정적인 측면에서 봤을 때 나에게 주어진 가장 큰 숙제는 바로 석현이 문제인데, 나는 미래에 대해서 항상 긍정적으로 생각하기에 이 문제도 잘 해결되리라 믿고 있다.

그런데 조만간 결혼도 시켜야 하는데 석현이에게 맞는 착하고 생활력 강한 며느리감 어디 없을까요?

석현이가 만든 과자

석현이가 만든 빵

변강쇠 아저씨
이야기

며칠 전의 일이다. 아침에 일어나서 방 정리를 하고 있는데 아내의 휴대폰이 울리기 시작했다. 부엌에서 아침식사 준비를 하던 아내가 전화 온 것을 모르고 있기에 대신 전화를 받았다. 전화에서는 굵직하고 가래가 낀 할아버지의 목소리가 들려왔다.

"여보세요? 거기 변 씨 아저씨네 댁이라요?"

잘못 거신 전화라고 답변하려다가 목소리가 어쩐지 귀에 익고 뭔가 짚히는 부분이 있어서 전화 걸려온 곳을 휴대폰 디스플레이 창에서 확인했더니, 영월 김삿갓 무덤 뒤에 있는 토종닭집 할아버지에게서 걸려온 전화였다. 그 순간 작년 초가을에 있었던 일이 기억나기 시작했다.

주말에 우리 부부는 삼척으로 여행을 하거나 등산하기 위해서 한 번씩 가곤 했었다. 금요일 저녁이나 토요일 새벽에 집을 떠나서 삼척에 가면 한여름 휴가철에도 강릉 속초와는 달리 교통 체증이 없어서 좋았다. 부산하지도 않고 조용하며 특히 바가지요금도 거의 없어서 이틀 정도 휴식을 하고 오기에 아주 좋았다.

특히 이른 새벽에 아내와 같이 삼척 시내의 번개시장에 들러서 신선한 어패류와, 만든 지 얼마 안 된 따뜻한 두부와 메밀묵을 구입해서 아침식사를 하노라면 사는 재미가 바로 이런 것이구나 하는 느낌이 들 때가 많았다. 겨울철엔 살아 있는 대게(일반적으로 영덕 대게가 유명한데 영덕에서 울진을 거쳐 삼척까지가 한 바다로 연결되어 있기에 종류와 맛은 영덕 대게와 같다)를 번개시장에서 살 수 있었는데 삼척이 오지라서 여행객들이 적어서인지 네 명이 2만 원어치를 사서 숙소에 와서 쪄 먹으면 충분할 정도로 푸짐했다.

또한 주변에 해수욕장과 새천년도로를 드라이브하면서 바라보는 동해바다 풍경은 주중에 업무로 시달렸던 몸과 마음을 달래기엔 최고였다. 가까운 곳에 촛대바위, 성 민속공원, 황영조 기념관, 종유굴인 환선굴과 대금굴, 등산 코스로서 아름다운 무릉계곡이 있는 두타산, 청옥산, 오십정산 등이 있고, 동해로 흘러내리는 오십천에서 낚시를 하면 고기는 안 잡힐지라도 주변의 아름다운 풍경과 어우러져 시간 가는 줄 몰랐다.

또, 몇 년 전에 정신 나간 영감에 의해 불에 타버린 숭례문을 복원하는 데 사용된 기둥 재목들을 삼척의 준경묘(이성계의 5대조인 이양무 장군의 묘인데 주변에 아름드리 금강송이 즐비한 우리나라 최고의 소나무 숲이 있다) 주변에서 찾았다고 할 정도로 멋지고 울울창창한 소나무 숲길을 땅거미가 지는 시간에 걷노라면 영혼까지 투명하게 맑아지는 듯했다.

그런데 삼척에서의 일정을 끝내고 서울로 돌아오는 시간인 일요일 오후가 되면 고속도로가 엄청 막히는 시간이어서 이때의 교통 체증이 삼척 여행의 가장 큰 어려움이었다.

그래서 발굴한 길이 삼척에서 태백을 지나서 강원랜드가 있는 사북과 영월, 제천을 지나서 장호원까지의 38번 국도를 타고 오다가 감곡에서 중부내륙고속도로를 타는 방법이었다.

특히 이 길은 주변 풍광이 아름다워서 경치를 감상하면서 올 수 있어서 좋았다. 돌아오는 도중에 영월을 지나면서 종종 방랑시인 김삿갓의 묘가 있는 영월 와석리의 토종닭집을 찾아서 백숙을 먹었다. 주인 할아버지와 할머니의 인심이 얼마나 푸근하고 좋은지 감자 철이면 감자전을 만들어 주었고 옥수수 철이면 옥수수를 삶아서 덤으로 주시곤 했다. 아내가 강원도 산골 옥수수를 맛있게 먹으면서 내년에 옥수수가 한창 날 때쯤에 택배로 보내달라고 부탁한 적이 있었는데 옥수수가 나는 철이 되어서 할아버지께서 주문을 받으려고 전화를 한 것이었다.

마지막 뗏목꾼 아저씨네 토종닭(너무 커서 4명이 다 먹을 수 없다.)

그런데 토종닭은 일반적으로 우리가 치킨으로 먹는 닭에 비해서 덩치가 서너 배 컸기 때문에 백숙을 만드는 데 한 시간은 족히 걸렸다. 때문에 태백시를 지날 때쯤 전화로 주문해야 도착하자마자 먹을 수 있었다. 그동안 여러 번 갔던 집이지만 누가 주문을 하는지 알려주기 위해서 아내가 토종닭집에서 내 이름을 할아버지 할머니에게 알려드리면서 이렇게 말했다.

"제 남편 이름이 성명기인데요. 성의 명기라고요. 기억을 잘 못하시겠으면 의미를 해석해 변강쇠로 기억하시면 됩니다."

내 이름은 성명기(成明基)라고 쓰는데 어디 가서 강의를 하게 될 때면 농담으로 이렇게 이야기한다.

"제 이름은 성명기인데 부모님께서 훗날 아내에게 잘 봉사하라고

49

멋진 이름으로 지어 주셨는데, 한자를 잘 몰라서 이해가 안 가시는 분을 위해서 영어로 말하면 '섹슈얼 빅 머신 건'이고 옛날식으로 말하자면 변강쇠란 뜻이지요."

나의 농담을 자주 들었던 아내가 한술 더 떠서 할아버지에게 이렇게 말씀드린 얼마 후 삼척에 갔다가 돌아오는 길에 태백 시내에서 전화를 하면서 "저 성명기입니다"라고 했더니 할아버지는 연세가 많으셔서 그러신지 "누구신지 잘 모르겠는데요" 하시는 것이었다. 심지어는 "할아버지! 저 변강쇠라고요"라고 해도 돌아오는 말씀은 "그래도 잘 모르겠는데요"였다.

이 할아버지를 자세히 보면 젊었을 적에 주막집 여인들에게 힘깨나 쓰셨을 법할 정도로 기골이 장대하신데 기억력도 외모와 어울리시는 것 같았다. 그렇기에 사실은 바로 이 할아버지가 전형적인 변강쇠 같은 느낌을 주는 외모를 가지고 계셨다. 어쨌든 내 이름을 기억하고 못하고는 상관없이 주문은 잘 받아주셔서 와석리에 도착하면 육체파 아가씨 다리통에 비유될 만큼 굵고 매끈한 다리를 가진 커다란 토종닭이 누드(nude)로 백숙이 되어 민망한 자세로 누워 있어서 내 마음을 설레게 하곤 했다.

우리가 도착할 때마다 할아버지는 할머니에게 잔소리를 꼭 한 번씩 듣곤 했는데, 할머니 말씀이 "거봐요. 내가 바로 그때 그 아저씨라고 했잖아요"라고 했고, 그러면 할아버지는 민망하신지 머리를 긁적이며 "이제 어렴풋이 알겠어요" 하시는 것이었다.

그러다가 이번 옥수수 철에 "거기 변 씨 아저씨네 댁이지요?"라는 전화를 할아버지로부터 받게 된 것이었다. 어이없어 하면서도 전화를 부엌에서 일하는 아내에게 바꾸어 주었는데 아내가 옥수수를 주문하면서 우리 집 주소와 내 이름(변강쇠가 아니고 성명기로 분명히 불러 주었다)을 알려주었다.

그리곤 토요일에 북한산 등산을 갔다 와서 집에 와보니 주문한 옥수수 100개 들이 한 자루가 도착해 있었다. 그런데 주소는 우리 집 주소가 제대로 표기되어 있었는데 수신자 명은 이렇게 적혀 있었다.

변강쇠 귀하

옥수수 배송장

이제 올 가을에 삼척 두타산 등산을 갔다가 돌아오는 길에 토종닭 백숙이 먹고 싶어 전화를 해야 하면 주문자 이름을 '변강쇠'라고 해야 그 할아버지가 분명히 기억할 것이다. 맛있는 막걸리라도 덤으로 얻어먹으려면 인심 좋은 그 할아버지가 부디 내 이름을 잊지 말아야 할 텐데……

옥수수를 배달했던 아저씨가 "오래 택배 하다 보니 별 희한한 이름도 다 있구나" 하고 생각하셨을 것이다. 아니면 이 집 주인을 나이트클럽 웨이터로 생각하셨거나……

나의 영원한
고통

그리스 신화 속에 나오는 시지포스의 바위같이 저에게 영원히 풀
릴 길 없는 고통 이야기가 있습니다. 이제부터 그 '고통'의 실체를 이
야기하겠습니다.

꽤 오래전 일로 기억됩니다. 아내와 같이 자동차 학원에서 운전을
배운 적이 있습니다. 그런데 아내의 운전 실습조교와 저의 실습 조교
가 같은 녀석(이 인간 성질이 아주 더럽습니다. 성질 더러운 인간이라서 제
가 이렇게 적었습니다)이었는데 입이 엄청 더럽습니다.

운전 교습 시작한 지 둘째 날에 갑자기 소리를 빽 지르며 하는 말
이 "사모님은 핸들 잡은 손에 힘 빼고(모든 운동과 운전의 원리가 똑같습

다다) 편안하게 잘하는데 당신은 뭐야? 엉! 병신같이 말을 해도 왜 그렇게도 못 알아듣는 거야?"

그 일이 있고 얼마 후 운전면허 시험을 치러 가서는 못된 실습조교의 예언(제가 처음에 바로 붙으면 손가락 끝에 장을 지진다나 어쩐다나)대로 아내는 첫 시험에 바로 합격했고 저는 낙방하고 얼마 후 두 번이나 재시험을 봐서 간신히 합격했습니다. 그때 저의 자존심은 깡그리 망가지고 말았습니다. 왜냐하면 한 번에 합격하여 그 인간 코를 납작하게 해주겠다고 아내에게 큰소리쳤거든요.

그리고 세월이 유수와 같이 무럭무럭 흘러갔습니다. 이번에는 아내와 수영을 배우기 시작했습니다. 운전 배울 때의 데자뷰(기시감, 지금 자신에게 일어나고 있는 일을 언젠가 경험한 적이 있는 것처럼 느낌)가 수영 강사의 입에서 다시 시작됩니다.

"아니 어깨에 힘 빼고 스트로크 해야지, 왜 자꾸 어깨에 힘 넣고 합니까? 사모님 하시는 것 좀 쳐다보세요. 저렇게 부드럽게 하면 됩니다."

'아이구 이 인간아! 그냥 쳐다봐서 알면 내가 미쳤다고 강사비까지 주면서 너에게 배우냐?'

이 소리가 목구멍까지 나오려고 합디다. 욕을 매일 먹으니까 성질이 나서 나중에는 밥 안 먹어도 배가 팅팅합니다. 한 달 후 레벨 테스트로 초급반에서 중급반으로 올라갈 때 아내는 한 번에 올라가고 저는 또 낙방했습니다.

얼마 후에 강사 놈이 부부가 다른 레인에서 연습하는 모습이 조금 안쓰럽다고 조건부 승급을 시켜주어서 어렵게 중급반으로 올라갔습니다.

또 세월이 흘러갔습니다.

"성 사장님! 골프채를 뒤로 뺄 때 팔에 힘 좀 빼고 테이크 어웨이 하시고 내릴 때는 몸으로 다운스윙 하세요. 그리고 테이크 어웨이 할 때 왼쪽 다리가 딸려가서 스웨이 됩니다. 팔목에 힘이 잔뜩 들어가 있어서 클럽이 야구방망이마냥 하늘로 서 있습니다."

내가 속으로 한마디 합니다.

'야, 인마! 서야 할 게 제대로 안 서는 나이가 되면 대신 클럽이라도 세워야지. 말이 왜 그렇게도 많아!'

티칭 프로의 잔소리는 계속됩니다.

"사장님, 다운스윙 할 때는 어깨가 앞으로 빠집니다. 거기다가 다운스윙 시 발뒤꿈치가 들리고 머리가 먼저 들리는데 그러면 공이 드라이버의 스윗 스팟에 제대로 안 맞습니다. 그러다 보니 다운스윙 할 때 머리가 왼쪽으로 딸려 나갑니다. 팔목에는 역시 힘이 잔뜩 들어서 공을 찍어서 후려 팹니다. 그러니까 팔로우가 제대로 안 되고 슬라이스 나거나 뒷땅 아니면 탑핑이 납니다. 그런 못된 악습을 이번에 몽땅 고쳐야 합니다."

그러면 그동안 저의 골프는 골프가 아니고 어릴 적 동네 친구들과 하던 자치기였다는 이야기입니까? 제가 하는 행동은 몽땅 하지 말라는군요. 실제로 저는 골프채 잡고 얼마 안 되어 어쩌다 드라이브로 친 공이 멀리 한 번 날아간 이후로는 온몸에 힘이 잔뜩 들어가다 보니, 이젠 폼이 완전히 엉망이 되어서 드라이버로는 페어웨이 안착도 어려워졌고 어쩌다 잘 맞아서 페어웨이에 안착을 해도 아내가 레귤러 티(레이디 티가 아닙니다)에서 드라이버로 친 것보다 고작 10~20야드 더 날아가는 상황이 비일비재하게 발생합니다. 종종 아내의 공이 더 멀리 날아가기도 합니다. 하는 수 없이 연습장에 등록하고 프로에게 레슨을 받는 순간, 프로가 한 이야기가 바로 앞의 이야기입니다.

그러면서 덧붙이는 말이, "사모님 본 좀 보세요."

이제 저에겐 '사모님'이란 단어는 '고통'이란 단어와 동격의 어휘입니다.

어이구!

그 '사모님 본 좀 보라'는 소리 때문에 내가 아주 죽겠어요. 성질이 나서 드라이버를 뽀개 버리고 골프를 포기할까도 생각했습니다. 그러다가 "아이구! 이게 해결책이 아니지" 하고 해결 방법에 대하여 밤새도록 곰곰이 생각했습니다. 생각 끝에 얻은 최선의 결론은……

아내와 이혼하는 것이었습니다.

이혼을 하고는……

히~~ 누구처럼 허리는 잘록하고 얼굴도 예쁘고 수영도 운전도 골프도 나보다 훨씬 못하는 아내를 새로 얻어서……

"여~봉~ 골프채는 이렇게 잡고 저렇게 치는 거야. 알았지~~~"

"몰라이 몰라이 자기는 너무 잘해."

"아유! 귀여운 것."

밤새도록 유치하기 짝이 없는 상상의 나래를 폅니다.

다음 날 밤 아내에게 이야기했습니다.

"여보, 아무래도 내가 이러다가 제 명에 못 죽을 것 같아. 그래서 얻은 결론인데 이혼을 했으면 하는데, 당신은 어떻게 생각해?"

그랬더니만 이 마누라 이야기 들어보소! 아니 나의 '영원한 고통'이 하는 이야기 들어보소!

"여보! 남편이 아내를 가르치는데 아내가 잘못한다고 잔소리하다가 부부싸움 끝에 이혼했다는 이야기는 들어봤어도 아내가 잘하기 때문에 이혼했다는 이야기 들어봤어? 들어봤냐구? 그래서 이혼 절~~대로 못! 해! 주! 겠! 어! 알았냐?"

에구구!

이혼할 복도 없는 저는 죽을 때까지 욕 실컷 들어 먹으면서 지금의 마누라랑 마르고 닳도록 살아야 할 것 같습니다.

그런데 얼마 전에 대학 후배 K 사장에게서 전화가 왔습니다.

"형님아! D 골프장에서 연락이 왔는데 이번 겨울 동안 그린피가 7만 원이라는데 부부 동반으로 공 한번 패러 가자."

"그래 가자."

약속해 놓고 저는 걱정이 태산입니다. 툭하면 슬라이스 아니면 탑핑일 테니까요. 그래도 조물주께서 저에게 튼튼한 다리를 주셔서 산으로 해저드로 열심히 뛰는 데는 자신 있습니다.

저는 드라이버가 가장 큰 문제입니다.

그놈의 드라이버로 치는데도 뒷땅 아니면 탑핑으로 힘들게 하더니만, 어쩌다 제대로 맞은 것은 완벽한 슬라이스가 납니다. 그런데 도대체 누가 그따위 괴상하게 생긴 채로 아기 주먹만 한 공을 마구패는 이상한 운동을 만들어서 나를 이렇게 고생시키는 거야? 그 녀석을 만나기만 하면 그냥 콱! 이거 정말 사람 미치겠네. 이혼도 안 되고…….

●후기 : K 사장 부부와 D 골프장에서 캐디에게 들은 이야기입니다.
 "사장님 드라이브 샷 할 때 사모님 하는 것 조금만 참고해서 하세요."
 "이 가시나를 그냥 콱! 에구구~~미치겠네."

나에게 고통을 주는 우리 마누라
-강화 고려산 진달래

바람 피울까봐 바닷속에도 따라다니는 마누라

나의 고통과 머슴─곰배령

죽을둥 살둥 급류도 따라다니는 마누라

항상 붙어 다니며 나를 괴롭히는 아내

우리 어머니의
자식 교육 방법

|

"명기야! 지금 안 자고 있으면 부엌에 잠시 나오너라."

고등학교 1학년 겨울방학 때였다. 방바닥에 엎드려서 방학숙제를 하다가 어머니의 부르심으로 부엌에 갔을 때는 밤 11시가 넘은 시간이었다. 어머니께서는 생활비와 자녀 교육비를 혼자서 감당하셨다. 낮에는 교동시장에서 옷가지와 화장품을 사서 조금이라도 아는 분을 찾아다니시면서 일종의 방문 판매를 했고, 우리 집 정구지(부추의 경상도 사투리) 밭을 택지로 개발 허가를 받아내서는 집 짓는 것 감독하기 등등, 여자로서는 감당하기 힘든 일을 감내하셨다. 그리고는 밤늦게까지 일수도 하셨다. 일수는 사금융의 일종으로 돈을 빌려주고

100일 동안 매일 원금의 100분의 1과 여기에 약정된 이자를 더한 금액을 받는 것인데, 수익률은 높지만 매일 돈을 받으러 다녀야 하는 번거로움이 있고 또 떼일 위험도 많았기에 툭하면 누가 돈 떼먹고 도망갔다는 이야기를 하시면서 힘들어 하시곤 했다. 그날도 어머니는 일수대금 수금을 하시고 밤늦게 귀가해서 나를 부르신 것이었다.

어머니는 부엌에서 식은 밥을 뜨거운 물에 말아서 양푼이에 담고 김치와 두세 가지 반찬을 챙기셨다. 지금이야 뜨거운 물은 항상 있는 것이지만 그때는 연탄불에 올려서 물을 끓여야 했으니 시간이 상당히 걸렸던 것으로 기억한다.

"따라오너라."

그때 우리 집은 대구 원대 오거리 부근 정구지 밭에 대지 50평, 건평 30평 정도 되는 서민주택을 짓고 있었다. 아버지께서 가정을 거의 돌보지 않으셔서 어머니께서는 다섯 명의 자식들 생활비와 학비까지 감당하면서 집안을 이끌어 가시다 보니 여윳돈이 거의 없어서 한두 채 만들어 팔고, 집이 팔리면 또 한두 채를 만들어 팔았다. 다행인 것은 그 정구지 밭이 우리 집 소유라서 그나마 집 지을 땅은 확보되어 있었다는 점이다. 그중 한 채에 우리가 살았는데 집을 사겠다는 분들은 주인이 사는 집을 제일 튼튼하게 지었을 거라고 생각해서인지, 꼭 주인이 살고 있는 집을 사고자 했다. 때문에 어떤 때는 한 해에도 두세 번씩 신축한 집으로 이사를 가야 했다.

그때는 겨울 날씨가 요즘에 비해서 무척 추운 날이 많았는데 방한복이라고는 오리털 파카 같은 게 없고 나일론 천 속에 얇은 스펀지를 넣은 게 일반적인 제품이었다. 난방도 요즘 같지 않고 또 옷도 그러하니 지구온난화의 영향이 아니라 하더라도 그때는 지금보다 겨울이 훨씬 춥게 느껴질 수밖에 없었다.

스펀지 방한복을 입고 어머니를 따라가는데 어머니께서 하시는 말씀이,

"우리가 새로 집 짓는 데서 어떤 거지가 가마니를 덮고 자고 있더라. 추워서 덜덜 떨고 있는 소리가 들리기에 뜨거운 것이라도 조금 먹여야겠다. 저러다 영하의 추위에 얼어 죽으면 우짜노?"

나는 소반을 들고 덜덜 떨면서, 전등을 들고 앞장서서 가시는 어머니를 따라나섰다. 집은 신축하다가 겨울의 매서운 한파에 중도에 그만둔 상태라 문짝도 없고 벽도 완전하지 않았다. 그러니 한데의 추위가 바람을 제외하고는 그대로 전달될 수밖에 없는 곳이었다.

우리 발자국 소리를 듣고는 거지가 부스스 일어났다. 가마니 한 장을 깔고 또 한 장을 덮은 거지는 얼마나 추웠는지 이빨이 따다닥 하면서 부딪치는 소리가 내 귀에도 들려왔고 머리는 산발을 한 채로 입고 있는 옷은 땟물에 절어 있었다. 거지 중에서도 완전 상거지 행색이었다. 얼마나 더러운지 어머니가 함께 가지 않았다면 나는 그런 거지 근처엔 절대로 가지 않았을 것이다.

거지는 소반을 받아 들자 뜨거운 물에 만 상당히 많은 양의 밥과 반찬을 정신없이 먹었다. 나는 그 거지를 보면서 '세상을 이렇게

힘들 게 살아가는 사람도 있구나'라는 생각을 하면서, 우리가 이런 꼴을 면한 것도 다 어머니 덕분이라는 생각, 나아가 이런 거지에게도 온정을 베푸는 어머니의 자애로움에 대한 존경심 등 몇 가지 생각이 머리를 스쳐 지나갔다.

어머니는 밥을 먹고 있는 거지를 보면서 "우째 이렇게 어렵게 사노?" 하시면서 혀를 차셨다. 한참 성장기 나이인 나에게 당시의 어머니가 보여주신 모습은 일종의 충격이었다. 당시에는 어머니가 불러서 그냥 추운 날씨에 이끌려 갔고 불쌍한 거지가 밥 먹는 것을 보고 있었던 것이었지만 지나고 나서 생각하니 어머니께서는 항상 어려운 사람을 그냥 지나치지 않는 따뜻한 마음을 가지고 계신 분이셨다.

그로부터 2년 남짓 지난 후.

생활전선에서 죽기 살기로 뛰어다니시면서 옷가지와 화장품을 팔아도 생활비와 자식들 교육비 마련이 너무 어렵자 서문시장에서 멀지 않은 곳에 빚을 내서 직업소개소를 차리기로 결정하셨다. 직업소개소에는 고물 진공관 라디오가 설치되어 있었는데, 그 진공관 라디오는 내가 교동시장에서 고장 난 제품을 싸게 구입해서 집에서 수리해서 설치한 때문인지 툭 하면 고장이 나곤 했다. 고장이 나면 주말이나 방과 후에 내가 직접 수리하러 가곤 했었는데, 직업소개소가 다방 아가씨를 소개해 주고 수수료를 받는 것이 주 수입원이라서 매번 갈 때마다 일자리를 구하려는 아가씨들이 좁은 방에 가득했다. 그 아가씨들은 일자리가 생길 때까지 소주를 한잔하면서 화투놀이로 무료함을 달래는 것이 보통이었는데, 나는 그들을 대할 때면 야릇한 향수 냄새에 부끄러워서 고개도 못 들고 라디오에만 매달려 고쳐주고 나오곤 했다.

그런데 가게를 오픈하고 이삼 일 후 동네 양아치 패거리들이 가게를 찾아와서는 어머니를 겁주면서 돈을 뜯어 가려고 하는 일이 발생했다. 완력으로 밀어붙이는 양아치들이라 얼굴이 하얗게 질린 어머니는 어떻게 하지도 못하고 쩔쩔매고 있었다. 그때였다.

"아지맨교?"

갑자기 양아치 무리 중에 나잇살이나 먹은 리더급이 어머니를 아는 체했다고 한다. 어머니는 누군지 몰라서 멀뚱하게 쳐다보고 있는데, 그 사람이 말하더란다.

"아지매! 제가 재작년 추운 겨울에 원대동 아지매 집에서 밤에 밥 얻어먹었던 놈입니다."

그러고는 함께 온 동료들에게 말했다.

"야들아! 그냥 가자. 이 아지매는 내가 존경하는 분인데, 여기서 깽판 치면 안 된다."

그러면서 무리를 이끌고 나갔다고 한다. 양아치 무리들의 위협에 단단히 혼이 난 어머니는 구세주라도 만난 양, 고마움에 주머니에 있는 몇 천 원을 억지로라도 주려니까 한사코 마다했다.

"아지매! 이러지 마소! 저를 인간 취급 해준 분이 바로 아지맵니더."

그날 저녁에 어머니는 그 이야기를 하시면서 내게 말했다.

"세상에 남에게 베풀어서 손해 보는 일 없다는 말이 사실이더라."

그러면서 안도의 숨을 내쉬었다. 그날 이후 어머니 가게에는 그런 친구들이 근처에도 얼씬대지 않았다고 하니 어머니의 따뜻함이 보답으로 돌아온 예라 할 것이다.

따뜻한 밥 한 끼가 다른 보답으로 돌아왔다는 그 사실이 중요한 것이 아니라, 사람을 대하는 태도, 힘들고 어려운 사람들을 돕겠다는 측은지심, 이런 것이 어머니께서 몸소 보여주신 자식 교육이었다는 것, 그 교육이 오늘날 나의 자양분이 되었다는 사실이 더 소중한 것이었다.

여자는 한 달에 한 번씩
마술(?)에 걸린다

초등학교 4학년 때의 이야기니까 1964년의 이야기이다. 가까운 친구와 여치를 키우기 위해서 여치 집을 만들자는 데 의견의 일치를 보았다. 밀짚으로 타워형의 여치 집을 만들어 집의 처마에 달아매 놓고 여치를 넣어 놓으면 그 자체가 멋진 풍경처럼 보였던 시절이었다.

밀짚은 두세 달 전에 외숙모님 댁에 갔다 오던 중 대구 서천(하수도 물이 흘러가는 하천으로, 상당히 더러웠다) 둑 위에 쌓여 있는 것을 본 적이 있어서 우리 집에 친구랑 가방을 팽개쳐 두고 40분 거리의 밀짚이 있던 장소까지 걸어갔다. 밀짚가리 옆에 퍼질러 앉아서 여치 집을 만드는 도중에 이런저런 이야기를 하다가 무슨 일 때문인지 기억이 잘

나지 않지만 어떤 이유로 그 친구와 가벼운 말다툼을 하게 되었다. 화가 난 내가 혼자 집에 오려고 일어나자 그 친구는 나를 달래느라고, "명기야! 내가 잘못했어. 대신 재미있는 이야기 하나 해줄게, 가지마!" 하는 것이었다.

친구가 용서를 구한 것으로 받아들인 내가 다시 밀짚단 옆에 퍼질러 앉자 여치 집을 만들면서 친구가 이야기를 시작했다.

"너 이런 이야기 아무에게도 하면 안 된데이. 여자는 어른이 되면 한 달에 한 번씩 마술에 걸린대(이 부분은 그 친구가 아주 적나라한 표현으로 이야기했지만 공개적인 장소라서 표현을 다르게 했음을 이해하기 바란다). 너 그거 모르지?"

내가 답변했다.

"무슨 문둥이 씨나락 까먹는 이야기를 하노? 아무 병도 없는 여자가 왜 한 달에 한 번씩 마술에 걸린다 카더노? 말도 안 되는 소리 하지 말거라."

"이 바보야! 니가 순진해서 그렇지, 아는 애들은 다 안다."

"말도 안 되는 이야기 그만해라, 자슥아!"

그러는 동안에 여치 집 두 개가 다 만들어져서 한 개씩 들고는 집에 왔다. 나는 녀석이 들려준 말도 안 되는 충격적인 이야기가 머리에서 떠나지 않았다. 그래서 친구가 신신당부한 '아무에게도 이야기하지 말라'는 약속을 깼다.

그날 저녁의 식사시간이었다. 어머니, 시골에서 올라와서 집안일을 거들어 주던 20살 먹은 집안 누나, 그리고 한 살 위의 친누나, 4살, 6살, 8살 먹은 동생들과 밥을 먹으면서 그 이야기를 끄집어냈다.

"어무이요. 내 친구가 그러는데 여자들은 어른이 되면 이상한 일이 생긴다 카데요?"

"뭐가 이상한데?" 어머니의 물음이었다.

"친구가 말도 안 되는 이야기를 합디다. 뭐라 카더라? 여자는 한 달에 한 번씩 마술에 걸린다 캅디더. 그게 말이 되는 이야기입니꺼?"

그 순간 어머니께서는 그냥 나를 무표정하게 쳐다보시면서 묵묵부답이셨고 옆에 있던 시골 누나가 참견을 했다.

"그래, 그건 말도 안 되는 소리다. 앞으로 말도 안 되는 이야기나 지껄이는 친구랑 만나지 말거래이. 아주 질이 안 좋은 친구로구나."

덕분에 그 친구(현재 대전에서 대학교수로 근무한다는 이야기를 들었다)는 졸지에 질이 아주 안 좋은 인간이 되어 버렸다.

그런데 어머니께서는 절묘하게 나에게 성교육을 시키셨다. 아무 말씀도 안 하시고 나를 그냥 무표정하게 쳐다보고만 계셨는데 그 표정이 20살 먹은 친척 누나가 있는 자리이고 내용이 자식에게 설명하기가 만만치 않은 내용이라 설명을 할 수는 없었지만 친구 이야기가 전혀 틀린 것은 아니라는 암시를 주신 것으로 나는 이해했다. 왜냐하면 어머니는 풍부한 지식을 가지셔서 우리들의 질문에 항상 명쾌한 답변을 해주셨기 때문에 여러 가지 의미로 해석이 되는 어머니의 표정에서 나는 새로운 사실을 확인할 수 있었던 것이다.

지금 생각하면 어머니는 답변하기 어려운 질문에 적절한 대처를 하셨던 것 같다. 친구는 나에게 직접적으로, 어머니는 나에게 간접적으로 성교육을 했던 것이다.

　　요즈음 생각해 보면 괜히 쑥스러운 웃음이 나는 그런 옛 추억이다. 자녀 교육에 이와 같은 무언(無言)의 교육 방법도 있다는 것을 자식 키우는 나이가 되니까 어머니 생각과 더불어 기억이 나곤 한다.

태풍 사라호와
나의 기억

어디서부터 이 이야기를 시작할까? 오래전에 있었던 사라호 태풍 이야기를 해볼까 한다.

이번 여름에는 다른 해에 비하여 하늘이 조금 잠잠하다 했더니 여름 휴가철의 중반에 태풍이 와서 남부 지방을 중심으로 엄청난 비를 뿌렸고 이 비는 전라도와 제주도를 물바다로 만들었다. 자연의 힘은 인간이 만들어 놓은 방벽들을 일순간에 무력화시킨다. 그중 대표적인 자연재해가 태풍이다. 불 지나간 자국은 있어도 물 지나간 자국은 없다고 했던가?

1959년 추석날의 이야기이니까 내가 만 다섯 살도 되기 전에 겪었던 태풍 사라호에 관한 것이다. 독자들은 이 글을 읽으면서 어떻게 어린애가 그걸 다 기억하느냐고 하실지 모르지만 어린애라 할지라도 엄청난 충격을 받은 일은 기억의 영역 속에 영원히 자리잡아 쉽게 지워지지 않는 것 같다.

어릴 때 우리 집은 매우 가난했다. 혹 독자들이 나의 첫 번째 책인 《도전》의 '어버이 살아 실제 섬기길 다하여라'라는 장을 읽었다면 우리 가정의 빈곤함을 편린으로라도 짐작하리라. 그 시절 부모님들은 두 분이 함께 장사를 하셨기에 철부지 어린애였던 나를 유천(경북 청도와 경남 밀양 사이에 있는 유천역 근처에 있는 시골. 최근에 상동역으로 이름이 바뀜)에 위치한 외가에 보내 놓으셨다. 지금 생각하면 꼬맹이를 보내신 부모님의 마음은 어떠하셨으며 철부지를 돌본 외할아버지와 외할머니의 노고는 어떠했겠는가 싶다. 외할아버지와 외할머니는 오래전에 작고하셨다.

외가는 밀양군 상동면 옥산리의 밀양강(낙동강의 지류)의 하천 둑 바로 아래에 자리하고 있었다. 그 시절 외가는 전형적인 시골집으로 앞뒤로 늙은 감나무가 몇 그루 서 있었고 마당에는 토종닭 수십 마리가 온종일 모이를 찾아 돌아다녔으며 뒷문 부근의 시골 변소(화장실이란 말은 분위기에 잘 안 어울리는 말이다) 옆에는 돼지 우리가 있어서 항상 토종 흑돼지 두세 마리를 키우고 있었다. 변소에 갔다가 나올 때는 꿀꿀거리며 먹이 달라고 보채는 돼지들을 바지를 추스르며 한참이나 처다보고 오는 것도 큰 즐거움이었다.

또한 외가는 밀양강 둑과 국도 아래 자리하고 있었는데 국도와 외가 사이에는 하늘 끝까지 닿아 있는 미루나무들이 보기 좋게 줄지어 서 있었다. 외할아버지께서 사람들이 길을 가면서 집을 내려다보는 것을 막고 또 차가 지날 때마다 도로 포장이 안 된 길에서 먼지가 많이 날아온다고 담장 대신 운치 있는 미루나무를 심어 놓으셨다. 반대쪽에는 외가와 담장이 바로 붙어 있는 곳에 목재 제재소가 있었는데 이 제재소는 아침부터 대여섯 차례 나무를 켜서 송판을 만드는 작업을 하였다. 따라서 조용한 시골집은 하루에도 대여섯 번씩 보통 크기로 이야기해서는 말을 전혀 알아들을 수 없을 정도로 극심한 소음에 휩싸였다.

외가와 밀양강 둑 사이에는 제재소의 통나무를 산더미처럼 쌓아 둔 넓은 야적장이 있었는데 초등학교 시절에 마을의 또래들과 밀양강에서 물고기를 잡다가 싫증이 나면 낫을 들고 가서 나무껍질을 벗겨 외가에 땔감으로 가져가곤 했다. 이것도 어린 시절의 즐거움 중 하나였다.

외할아버지께서는 손 다친다고 보실 때마다 만류하셨는데, 그 일은 할아버지의 잔소리를 듣는다 하더라도 하고 싶을 만큼 상당히 재미난 일이었다. 특히 오랫동안 적치해 둔 나무에서는 소나무껍질과 나무 사이가 썩어서 낫만 살짝 건드려도 방석 크기의 나무껍질이 뚝뚝 떨어졌다.

그날은 1959년 추석날이었다. 서울로 유학 간 외삼촌(한양대 전기공학과를 졸업하시고 초대 한국계측제어협회 회장을 지내신 서영원)이 만들어 둔 케이스 없는 진공관 라디오가 작은 선반 위에서 추석 특집방송을 하고 있었고 온종일 마당에는 비가 주룩주룩 내리고 있었다. 나는 외할머니와 둘째 이모 그리고 막내 이모가 안방에서 도란도란 이런저런 이야기를 하는 걸 들으면서 임신을 하여 아기 낳으러 친정에 와 계신 둘째 이모의 다리를 베개 삼아 누워 깜박 잠이 들었다 깨기를 되풀이했다.

그때 외할아버지께서 오셔서는 철길 건너 이웃 마을에 강둑이 터져서 물난리가 났다는 이야기를 하셨다. 외갓집 앞마당에는 작은 쪽문이 있고, 변소가 있는 뒤쪽에는 대문이 있었으며, 앞마당을 지나 있는 작은 쪽문은 제재소 야적장으로 통하고 있었다. 제재소 앞마당 쪽이 뒤쪽의 대문보다 조금 낮아서 비가 오면 빗물은 넓은 마당을 지나서 닫힌 쪽문을 통하여 흘러나갔다. 이모의 다리를 베고 누워 있는 나의 졸린 눈에 폭우로 인하여 쪽문으로 열심히 흘러나가는 빗물이 보였다.

그때 이상한 일이 눈에 띄었다. 흘러나가던 물이 마당으로 역류하기 시작하는 것이었다. '저게 왜 그럴까?' 하고 이상하게 생각한 순간이었다.

"아이고 둑 터졌다!"

외할아버지의 외마디 외침이 조용한 방 분위기를 일순간 바꿔 놓았다. 할아버지께서는 나를 번쩍 들어서 뒷문(대문) 밖 국도(집 마당보다 3~4미터 높았다)에 나를 올려놓고는 흙탕물이 밀려드는 집으로 뛰어가셨다. 이어서 이모가 소금단지를 들고 나와서 내가 있는 언덕에 올려놓았다. 이 소금단지는 집이 물에 잠기면 녹을까 봐 제일 먼저 들어냈다는데 결과적으로 집에서 가지고 나온 유일한 물품이 되었다. 비는 폭우가 되어 쏟아져 내렸고 빗줄기는 빗물과 눈물로 범벅이 된 내 얼굴을 사정없이 후려쳐서 안 그래도 우는 아이를 더 울게 만들었다.

내 눈앞에 전개된 풍경 이야기를 해보자.

외할아버지가 대문 옆 돼지 우리에서 돼지를 끄집어내려고 하시는 게 눈에 띄었는데 이놈의 돼지는 끄집어내려고 하면 할수록 점점 더 우리 안으로 틀어박히면서 꿀꿀거렸고 그러는 동안에 집 주변은 2미터 가까운 높이의 흙탕물이 소용돌이쳤다. 물 위에 둥둥 떠다니는 제재소의 엄청난 크기의 통나무들은 외갓집 쪽문과 흙담을 단숨에 무너뜨리고는 엄청난 양이 마당으로 밀려들어서는 빙빙 돌며 떠다녔다. 그 통나무 사이로 막내 이모의 비명소리가 들렸고 유난히도 키가 작으셨던 외할머니(외할머니의 키는 150센티미터가 채 안 되었다)는 밀려다니는 통나무 사이에서 머리까지 연신 물속으로 들어갔다가 나왔다가를 되풀이해 댔고 두 이모도 떠다니는 통나무에 이리저리 부딪히면서 할머니를 구출하려고 필사적인 사투를 벌이고 있었다. 흙탕물은 마치 생명이 있는 거대한 아나콘다 뱀이 물속에서 발악을 하고 있는 양 급류를 이루어 이리저리 물의 진행 방향을 바꾸어 가면서 돌아다녔다.

　조금 전까지만 해도 포근한 휴식을 취했던 외갓집은 소용돌이치는 물결에 우지직 소리를 내며 무너져 내리고 있었다. 죽음의 그림자 속에서 허우적거리는 외할머니와 이모들을 보며 다섯 살의 꼬마였던 나는 발을 동동 구르며 목이 터져라 울어대는 것 외에는 할 수 있는 게 없었다. 외가 뒤로 보이던 제재소는 삼각형 모양의 지붕과 건물 상단부만 물 밖에 드러나 있었고 그 뒤로 보이는 시골 마을들은 완전히 물속에 잠겨서 흔적이 없었다. 초가집의 지붕 몇 개가 소용돌이치는 흙탕물에 이리저리 떠다니고 있었고 물살에 휩쓸린 돼지만이 살아 있는 생명체였다.

　지옥. 바로 그 모습은 지옥의 풍경이었다. 돼지몰이를 포기하신 외할아버지까지 가세하여 외할머니 구출을 시도한 지 10여 분 만에 간신히 네 분 모두 내가 있는 국도로 살아서 올라오셨다. 철퍼덕 철퍼덕 물은 악마의 소리를 내며 우리가 있는 작은 언덕 쪽으로 슬금슬금 올라오고 있었다.

　온 가족이 지옥의 풍경에 몸서리치며 밀양강 위에 걸쳐 있는 다리 쪽으로 다가갔을 때 그 다리 위에는 살아남은 마을 사람들이 삼삼오오 6·25 전쟁 때의 피난민마냥, 건져낸 살림살이를 등에 메거나 머리에 이고 건너고 있었다. 다행히 그 다리는 6·25 전쟁 때 탱크가 지나다닐 수 있도록 만들었다는 튼튼한 다리였다. 강바닥에 비하여 아주 높게 세워진 다리(10여 미터 높이)였는데 지금은 다리 상판만 간신히 물 밖에 나와 있었고 그 외에 보이는 것이라고는 다리 건너편 산들뿐이었다.

강 하류 쪽의 경부선 철길 다리는 우리가 있는 인도교 다리보다 조금 낮은 탓에 이미 상판이 물속에 잠겨 있었다. 마을 사람들 모두가 넋이 나간 표정이었다. 나는 외할머니의 팔을 꼭 잡고 다리를 건너고 있었는데 300~400미터 정도 되는 길이의 다리가 당장에라도 우지직하고 물속으로 무너져 내릴 것 같은 불안에 휩싸였다. 흘러가는 흙탕물은 그 높은 다리의 상판에 부딪치면서 엄청난 굉음을 내고 있었고, 그것을 쳐다보노라면 다리가 금방이라도 하류로 떠내려갈 것만 같았다.

"아이고, 저기 사람 떠내려가네!"

마을 아낙의 비명소리에 쳐다보니 무수한 과일과 집 지붕들과 온갖 가재도구들 그리고 아름드리 고목들이 휩쓸려 내려오는 강물에 여기저기 사람 몇 명이 장독 비슷한 모양의 부유물을 잡고 떠내려오고 있었다. 다리 위에는 일순간 지옥의 또 다른 모습을 보는 사람들의 비명과 혀를 차는 소리만 가득했다.

떠내려가는 사람 중 한두 명은 다리 부근에서 잽싸게 움직여서 난간을 붙잡고 올라왔지만 나머지 사람들은 다리 아래로 빨려 들어갔다. 그러고는 다시 물 밖으로 흔적을 드러내지 않았다. 삶과 죽음이 순간에 결정되고 있었다.

다리 건너편에는 산이 있었는데 그 산중턱에는 오래된 작은 정자가 하나 있었다. 죽음에서 살아난 마을 사람들은 모두 정자로 올라갔다.

그날 밤 온 마을 사람들은 물속으로 사라진 동네와, 짐승과 사람들의 생과 사의 갈림길이 된 그 다리 언저리를 보며 밤을 꼬박 지새웠다.

나는 할머니 옆에서 배고픔과 추위 그리고 피곤에 지쳐 아무것도 먹지 못하고 잠에 곯아떨어졌다.

그 다음 날 새벽!

이른 아침의 태양이 붉게 떠오르고 있었다. 잠에서 깬 내 눈앞에 언제 지옥의 모습을 보였나 싶게 흙탕물은 강바닥과 다리 상판의 중간 정도 깊이로 흘러가고 있었다. 정자에서 본 그 모습이 어찌도 그렇게 평온하게 느껴지던지⋯⋯. 붉은 강물 위로는 엄청난 양의 과일들이 둥둥 떠내려가고 있었다. 그리고 다리 건너편에는 동네가 물속에 잠긴 채로 지붕들만 살짝 드러나 있었다.

오후가 되면서 마을은 물 밖으로 모습을 드러냈다. 물이 완전히 빠진 후 우리들은 흔적만 남은 집으로 돌아갔다. 외갓집은 지붕과 집 상단부가 떠내려가다가 제재소 앞마당에 나뒹굴고 있었고 집 하단부만 처음 있던 자리를 지키고 있었다. 부엌에는 우리 집 그릇들이 대부분 떠내려가 없어지고 엉뚱하게도 남의 집에서 흘러들어온 가재도구들이 잔뜩 있었다.

할아버지가 토사로 인해 울퉁불퉁해진 마당을 삽과 곡괭이로 고르고 계셨는데 나도 할아버지를 돕는답시고 내 키보다 더 큰 삽으로 바닥을 고르다가 할아버지께 위험한 짓 한다고 꾸지람을 듣고는 막내 이모의 손을 잡고 마을 구경에 나섰다. 어린애의 눈에도 그때의 그 풍경은 한 장의 지옥도(地獄圖)의 모습으로 아직까지 기억에 남아 있다.

그 다음 날 아침! 상류에서 떠내려 온 과일들이 외갓집 논바닥에 많이 깔려 있더라는 마을 어른의 말씀을 듣고는 막내 이모와 같이 부대자루 3~4개를 들고 논에 갔다. 논은 외갓집에서 40~50분 거리였다. 외갓집 논은 다리를 건너서 우리가 그저께 밤을 보낸 정자 아래에서 산을 오른쪽으로 돌아 유천역 쪽으로 한참 걸어가면 있었다. 지나가는 길 풍경은 지금 기억에는 거의 없고 논바닥에 온갖 과일들이 수북수북 쌓여 있었던 것만 기억에 남는다. 이모와 나는 과일을 부대자루에 주워 담다가 힘이 들면 반쯤 허물어진 논둑에 앉아서 주운 사과를 맛있게 먹었다. 거기까지가 태풍 사라호에 대한 내 기억의 전부이다.

그 후에 들은 이야기로는 대구에 사시는 부모님과 이모부들이 시장에서 구입한 군용 텐트와 이불 그리고 음식들을 트럭에 싣고 외갓집에 오셨고 나는 트럭이 오기 전 날 내가 평소에 '아지야'라고 부르며 따르던 외삼촌의 친구 분(춘원이 그분의 성함이었다)을 따라서 물속에 잠겼다가 복구된 경부선 기차를 타고 부모님이 계시는 대구로 돌아왔다.

그때 대구로 오는 기차 안에서 술에 만취한 어떤 아저씨가 소주병을 깨서 들고는 객실 사이를 왔다 갔다 하며 공포 분위기를 만들던 모습이 작은 기억의 조각으로 남아 있다.

태풍 사라호는 해방 이후 지금까지 최대 규모의 태풍이었고 인명 피해도 가장 많았다. 사라호는 경남 진주 쪽으로 상륙해서 밀양을 통과하여 포항 부근으로 빠져나갔다는 내용을 언젠가 대형 태풍에 대하여 정리한 신문 기사에서 본 적이 있다. 그리고 태풍에 대한 대중가요를 가지고 있는 유일한 태풍이기도 하다. 원로가수 최숙자가 부른 〈눈물의 연평도〉라는 노래가 바로 그것이다. 50대 이후의 중년들은 잘 아는 노래이지만 젊은 분들은 혹시 노래방에서 들어본 적이 있는지 모르겠다.

재작년 외갓집 가족 모임에서 나의 태풍 사라호 이야기를 들은 둘째 이모와 막내 이모님이 다섯 살 때의 일을 어떻게 저렇게 정확하게 기억하는지 모르겠다고 혀를 내둘렀다. 나의 기억력이 좋아서가 아니라 어린애에게도 엄청난 충격을 주었던 사건들은 이렇게 세월이 흘러가도 기억 속에 또렷이 남는 모양이다. 그 나이에 있었던 다른 기억들은 한두 가지를 제외하고는 거의 기억할 수가 없으니 더욱 그렇다.

〈눈물의 연평도〉

조기를 듬뿍 잡아 기폭을 올리고 온다던

그 배는 어이하여 아니 오나

수평선 바라보며 그 이름 부르면 갈매기도 우는구나

눈물의 연평도

태풍이 원수더라 한 많은 사라호

황천 간 그 얼굴 언제 다시 만나 보리

해 저문 백사장에 그 모습 그리면 등대불만 깜박이네

눈물의 연평도

설악산과
여복(女福) 이야기

　오래전에 뚱딴지같은 행동을 해서 마누라 가슴을 철렁하게 했던 이야기를 하나 들려 드리겠다.

　1986년 5월 말, 그동안 몸속에서 가벼운 이상을 느끼게 했던 원인이 무엇인지 병원에 가서 진찰을 받고서 알게 되었다. 신촌 세브란스 병원에서 내시경 검사 결과 위암이라는 진단을 받았다. 검사 결과를 알고 난 후 뇌리에 떠나지 않는 것은 과연 완치가 될 것인가, 아니면 다시는 돌아오지 않을 먼 길을 떠나게 될 것인가에 대한 생각이었다. 나 자신이 죽는 것에 대해서는 그렇게 억울한 생각은 들지 않았다. 비록 짧은 생이지만 나름대로 후회 없이 열심히 살았다는 생각도 했다. 그런데 만일 죽게 된다면 마음에 두고두고 가슴앓이를 할 일이 있었다. 아직 서른 살도 안 된 아내와 백혈병 치료를 받고 있는 네 살된 큰아들 그리고 이제 돌도 채 안 된 둘째(아들인데도 엄마보다 애비를 유난히 좋아했다)를 두고 떠나야 된다는 것이 견딜 수 없는 고통이었다.

아내는 유복한 가정에서 일곱 형제의 막내로 행복하게 자라 왔는데 가난한 집 아들에게 시집을 와서 서른도 안 된 나이에 아기는 백혈병에, 남편은 위암으로 투병하고 있고, 본인은 병간호하느라고 제대로 먹지도 못하고 몸이 쇠약해져서 폐결핵으로 고생하고 있었으니, 만일 내가 죽기라도 한다면 우리 가정은 풍비박산이 날 게 자명했다.

그리고 너무도 고통스러운 삶을 살아오신 어머니께서 장남인 나에게 우리 집안의 마지막 희망을 걸고 서울로 유학을 보내셨는데 그 보답도 못하고 먼저 가는 불효를 어찌할까 싶었다. 이후 병원에서 수술을 하고 20일 정도 입원했다가 퇴원해서, 보름 가까이 집에서 요양을 했다. 의사가 조기 위암이라 완치가 될 거라고 해서 그나마 마음에 큰 위안이 되었다. 그런데 병원과 집에서 한 달 남짓 누워 있다 보니 답답해서 견딜 수가 없었다. 산에 가고 싶었다. 그것도 설악산을……

그날 아내에게 이야기했다.

"요즈음 너무 답답해서 견딜 수가 없고 몸도 조금은 회복이 되었으니 저녁에 도시락을 싸주면 내일 아침 일찍 양수리에 있는 운길산에 잠시 갔다 올게."

설악산에 간다면 절대로 허락하지 않을 게 뻔했기에 운길산에 간다고 거짓말을 했다.

그날 저녁 아내가 도시락을 싸주면서 내일 조심해서 다녀오고 몸이 성치 않으니 천천히 올라가다가 힘이 들면 내려오라기에 건성으로 대답하면서도 내 마음은 벌써 설악의 수려한 연봉을 넘고 있었다.

다음 날 새벽 5시 반!

이른 새벽에 나가는 것에 대해 혹시라도 의심을 받을까 싶어, 곤히 잠든 아내(그때 아내는 백혈병으로 항암제를 투여 받고 있는 큰애를 밥먹이느라고 매일 평균 4~5시간을 씨름했다. 항암제로 인하여 식욕이 떨어진 애는 밥을 입에 넣어 주면 입에 물고 5~10분씩 그냥 있는 게 보통이었다. 그래서 아내는 항상 피곤해 했다)가 깰까 봐 조심조심하며 배낭을 메고 집을 나섰다. 그때 시흥동에 있는 럭키아파트에 세 들어 살고 있었는데 시흥동에서 마장동 가는 버스를 기다리고 있자니 새벽이라서 차가 빨리 오지 않았다.

한참 기다린 끝에 도착한 버스를 타고 마장동 시외버스터미널에 6시 40분에 당도했지만 백담사 방향의 등산 기점인 용대리행 첫 시외버스는 10여 분 전에 떠난 후였다. 그 다음 차는 7시 40분이었다.

그때만 해도 내설악 용대리까지 길이 좋지 않아서 4시간 이상 걸렸다. 갈까 말까 고심하다가 강행군을 하기로 결정했다. 7시 40분 버스를 타고 용대리에 도착한 시간은 11시 50분. 그 시간에 설악산을 당

설악산 비경

일로 넘어가기로 결정했다. 아무리 생각해도 아픈 몸으론 무리가 분명한데도 그날은 무엇에 씌었는지 아무 생각 없이 무작정 걷기 시작했다.

백담사까지는 거의 뛰다시피 하면서 빠른 걸음으로 걸었다. 길에 표시된 거리목으로 판단하건대 처음에는 시간당 8킬로미터가 넘는 속도여서 백담사에 도착한 시간이 오후 1시 정각이었다. 일반적으로 2시간 이상 걸리는 길을 1시간 10분 만에 주파한 것이다. 휴식도 없이 바로 수렴동 대피소로 방향을 잡았다. 강행군하여 수렴동 대피소에 도착한 시간은 오후 2시! 아내와 6년 전에 함께 왔던 수렴동 대피소는 평일인 데다 7월 초여서 계절적으로 산에 오르는 등산객이 많이 없는 까닭에 텅 비어 있었다.

요즈음은 평일에도 등산객이 많지만 그때까지만 해도 주말이나 여름 성수기가 아니면 산에 오르는 사람이 별로 없었던 터라, 용대리에서 수렴동 대피소까지 오는 동안 등산객은 서너 명 정도 외에는 거의 보지를 못했다. 느낌상으로 이 정도 속도라면 설악동에 저녁 7시까지는 충분히 도착할 것 같았다. 틈틈이 비스킷 몇 조각을 먹으면서 걸었다.

그런데 조금씩 몸에 문제가 생기기 시작했다. 가장 큰 문제는 한 달 반 동안 누워 있었던 다리 근육과 무릎에서 통증이 오기 시작한 것과 체력이 빠르게 소진되고 있음을 느낀 것이었다. 수렴동 대피소부터는 길이 험해져서 조금 전처럼 빠르게 걸을 수도 없었다. 길 왼쪽으로는 용아장성의 우람한 암벽이 수직 벽을 자랑하면서 우뚝 서 있었다.

오후 3시 반에 쌍룡폭포에 도착.

대학교 2학년 여름방학 때 처음 왔던 그 모습 그대로 쌍룡폭포는 아름다웠지만 이미 시간과의 전쟁을 치르고 있는 나로서는 편히 쉬면서 경치 구경을 할 여유가 없었다.

다시 걸음을 재촉하여 계곡길이 끝나고 봉정암으로 오르는 급경사의 길 아래 도착한 시간은 4시 10분경. 가파른 봉정암 깔딱길에서 나는 체력이 거의 소진되었음을 느낄 수 있었다. 다리는 심한 통증으로 무릎을 쩔뚝거렸고 체력 소진으로 이제는 빨리 걸어도 속도가 일반 등산객 수준의 속도를 넘을 수가 없었다. 용아장성 끝자락의 아름다운 암봉을 뒤에 거느리고 우아한 자태를 뽐내는 봉정암에 도착한 시간이 4시 30분! 극도의 피로감으로 잠시 휴식하면서 간식거리로 체력을 보충한 후 출발했다.

안개비가 내리기 시작했다. 조금 쉬고 난 뒤 걸으면 다리의 통증이 쉬기 전보다 더욱 심해졌다. 다리 아픈 것도 문제였지만 무엇보다도 아내에게 연락할 방법이 없는 것이 더 큰 문제였다. 캄캄해야 설악동에 도착할 텐데 집에서 걱정을 태산같이 하고 있을 아내가 신경 쓰여

설악산 봉정암과 암봉

더욱 고통스러웠다.

그때만 해도 휴대폰도 없을 때였고 설악산 속에서는 서울로 유선 전화통화를 할 수 있는 방법도 없었다. 힘든 발걸음으로 5시 30분에 소청에 도착했다.

이제부터 하산길이다. 하늘은 간간히 보슬비를 뿌려서 소청에서 희운각 대피소를 내려가는 급경사 길은 미끄러웠고 하늘은 두꺼운 구름으로 많이 어두워져 있었다. 적당한 크기의 나무 막대기를 하나 구해 지팡이를 사용하면서 통증이 심한 다리에 가능하면 체중이 덜 걸리도록 노력했지만 급한 마음에 빨리 걸어 내려가는 것이 우선인 지라 고통을 무릅쓰고 하산 길을 재촉했다. 희운각 대피소에 6시 10분 도착! 그리고 무너미 고개를 지나서 양폭산장에 6시 45분에 도착했다. 양폭산장에는 10여 명의 사람들이 있어서 오랜만에 사람 냄새를 느낄 수 있었다.

산장지기에게 서울로 전화통화가 가능한지를 물었지만 설악동으로 연결된 수동식 전화는 얼마 전에 내린 비에 전화선이 침수되어서 통화가 안 된다는 것이었다. 산장 앞에는 플라스틱 물통에 계곡물을 흐르게 해놓고 사이다와 콜라를 잔뜩 담아 놓았다. 심한 갈증으로 수술을 한 후에는 한 번도 마시지 않았던 청량음료가 너무도 마시고 싶었다. 사이다를 한 병 사서 마시면서 남은 체력을 다시 끌어모았다.

흐린 하늘과 저녁시간이 겹쳐 어두움이 깔리고 있었기에 랜턴 없이는 그냥 걸어 내려갈 수가 없을 것 같아서 배낭 속에서 랜턴을 꺼내 야간산행을 준비했다. 그때 산장지기가 다가와서 지금 설악동으로 내려가는지 물었다. 그렇다고 대답했더니 산장에 여고생 다섯 명이 랜턴도 없이 올라와서 산을 내려가야 한다면서 발을 동동 구르고 있는데 함께 데리고 내려가 달라고 부탁했다.

하늘이 아득해져 왔다. 보통 때 같으면 처녀 5명과 캄캄한 밤에 함께 내려가는 것이 얼마나 즐거웠겠냐마는, 양폭산장에서 비선대까지 혼자 내려가도 경사가 만만치 않아서 속도가 나지 않는 밤길을 랜턴도 없이 산을 오른 초보 여자 등산객 다섯 명을 데리고 내려가야 하다니…….

몇 시쯤에나 설악동에 도착하여 아내에게 전화할 수 있을까 생각하니 앞이 아득했다. 그렇다고 징징거리면서 꼭 내려가야 한다는 여고생들을 팽개치고 혼자 내려갈 수는 더더욱 없었다. 그것은 산사나이의 할 짓이 아니다 싶어 마음을 다잡고 5명의 여고생들과 같이 출발했다. 애들을 앞장세우고 제일 뒤에서 랜턴을 들고 불빛을 길게 비추면서 가는데 조금만 경사가 심해져도 불빛이 경사지를 비추지 못해서 내가 앞으로 가서 한 명 한 명씩 랜턴을 비춰서 내려가도록 해주어야 했다. 당연히 엄청 느릴 수밖에 없었다. 긴장하면서 한 걸음 한 걸음 함께 걸었다.

귀면암의 그로테스크한 모습이 랜턴 불빛에 드러나던 곳에서는 급경사의 길을 내려가는 데 시간이 아주 많이 걸렸다. 짙은 구름 때문에 칠흑같이 어둡고 부슬부슬 내리는 비에 젖어 미끄러운 길에서 다

물안개 낀 계곡에서

섯 명의 동행자들이 다치지 않을까 싶어 조심한 데다 긴장과 체력 고
갈로 인해 옷은 땀으로 흠뻑 젖어 있었다. 30~40분이면 도착할 길을
무려 두 시간이나 걸려서 어둠과 부슬부슬 내리는 비를 뚫고 비선대
에 도착했다.

비선대 휴게소 옆에 잠시 쉬고 있었더니, 이런 망할 가시나들은 고
맙다는 말 한마디 없이 배가 고프다면서 자기들끼리만 먹을 것을 사
서 먹고 있었다. 기가 차지도 않았다. 어디서 배워 먹은 행동인지…
….

이젠 그녀들로부터 완전히 용도 폐기된 나는 아픈 다리와 완전히 고갈된 체력으로 다리를 질질 끌면서 혼자 밤길을 걸어 설악동으로 내려왔다. 밤 9시 반. 서울 가는 버스는 끊긴 지 오래였다.

공중전화 박스에서 아내에게 전화를 걸었다. "여보세요?"

내 목소리를 들은 아내는 한참 동안 아무 말이 없었다. 그동안 혼자 얼마나 온갖 상상을 다하며 걱정했으랴? 욕을 들어 먹어도 할 말이 없었다. 한참 동안 아무 말이 없던 아내는 전화통을 들고 흐느끼기 시작했다. 내가 생각해 봐도 심해도 너무 심했다는 생각에 죄책감이 엄습해서 미안하다는 말도 잘 나오질 않았다. 간신히 기어가는 목소리로 "여기 설악동인데 내설악과 외설악을 종주하고 지금 막 내려왔어"라고 했더니만 어이가 없는지 또 말이 없었다. 용서를 빈 후 지금 서울행 차가 끊어져서 민박집에서 자고 내일 새벽 첫차 타고 서울로 가겠노라고 했다.

전화통을 잡을 때부터 옆에는 민박집 아주머니가 가까이 서서 자고 가라고 호객행위를 한다. 오천 원인가 정확한 기억이 없지만 가격을 결정한 후 따라갔다. 슬레이트 지붕의 전형적인 시골집이었는데 내가 묵을 방은 제법 큰 방을 가운데 미닫이문으로 막아서 두 개로 나눈 방의 반쪽이었고 나머지 반쪽 방은 처녀 두 사람이 이미 들어와 옅은 향수 냄새를 풍기고 있었다. 대청마루를 지나 있는 맞은편 방에는 젊은 부부가 두세 살 먹은 어린애를 데리고 민박을 하고 있었다.

"어이구! 이번 설악산에서는 쓸데없는 여복이 왜 이렇게도 많나?"

혼자 속으로 중얼거리면서 우물가에서 젖은 몸과 얼굴을 씻었다.

그리고 설악동에서 사온 빵으로 간단히 요기를 하고 방에 들어와서 잠을 청하려고 하니 그놈의 여복이 또 나를 가만두지 않았다. 젊은 부부와 처녀들이 대청마루에 앉아서 간식거리를 먹고 있다가 나를 부른다.

"옆방 총각! (젊은 부부의 남편 되는 분은 나를 총각이라 불렀다.) 아직 안 주무시면 여기 오셔서 함께 이야기나 하면서 과일 좀 드시지요?"

몸은 매우 피곤했지만 쉽게 잠이 들 것 같지도 않아서 아픈 다리로 조심조심 걸어서 마루에 갔다. 혼자서 9시간 40분 만에 설악산을 넘어왔다는 이야기에 세 명의 여자와 한 남자가 감탄을 한다. 그리고는 이런저런 이야기를 하면서 자리를 함께하는데 갑자기 옆방 처녀 중 한 여자가 제안을 한다.

"우리 심심한데 고스톱이나 하지요?"

부부의 남편도 찬성하다 보니 엉겁결에 고스톱 판에 끼어들었다. 남편의 아내와 또 한 명의 처녀는 구경꾼으로 참관했다. 사실 나는 고스톱과 같은 잡기나 도박을 좋아하지 않아서 고스톱은 몇 년에 한 번 정도 할까 말까 한 정도이고 간신히 패를 맞추는 수준이라서 그날도 별로 내키지는 않았지만 만 원만 잃어 주고 일어나자고 생각하면서 시작했는데……

마음을 비우면 잘되는 것인가? 아니면 처녀가 돈에 욕심이 많아서 무리를 한 것인지는 몰라도 두 시간 만에 고스톱 판은 끝이 나고 있었다. 결과는 여행비용을 몽땅 털려버린 처녀, 잃지도 따지도 않고 본전인 애기 아빠, 그리고 쓰리 고까지 하면서 피박까지 왕창 씌우는 바람에 처녀들의 여행경비를 몽땅 챙긴 나.

옆에 참관하던 애기 엄마는 안타까워서 어쩔 줄을 몰라 했으며 마음의 여유를 가진 나는 가벼운 미소를 띠면서 고스톱을 했고 돈을 거의 다 잃은 처녀는 얼굴이 하얗게 변했다. 마침내 옆에 앉아 참관하던 또 다른 처녀의 '이젠 집에 돌아갈 차비밖에 없다'는 말에 고스톱 판은 끝났다. 장난기가 발동한 나는 동반자들이 보는 앞에서 천천히 돈을 헤아려 보았더니 무려 12만 원! 대학 초임이 30만 원이 채 안 되었을 때였으니까 지금으로 치면 100만 원은 족히 될 정도의 큰돈이었다.

나는 두 여자의 서울 갈 차비를 제하고 그녀들이 가진 여행경비를 다 따버린 것이다.

"어이구! 이제 돈이 떨어졌으면 그만하고 자야지요."

능청을 떨면서 방문을 열고 들어가는 시늉을 하다가 다시 돌아와서, "아가씨! 재미있게 놀았습니다" 하고는 12만 원을 모두 돌려주었다. 그랬더니만 한사코 받으려고 하지 않는다. 자기가 돈 욕심으로 고스톱을 치자고 했으니 쉽게 돈을 받을 수가 없었겠지. 내가 한마디 했다.

"아가씨! 이 돈이 두 분의 여행경비인 것 같은데 내가 돈을 따서 가져가면 밤새도록 내 마음이 편하겠습니까? 돈 털린 두 분의 마음이 편하겠습니까? 옆에서 지켜본 아기 엄마 아빠의 마음이 편하겠습니까? 그런데 내가 돈을 돌려주어 두 분이 여행을 계속할 수 있겠다는 생각을 하면 내 마음이 편합니다. 또 두 분은 생각지도 않은 돈을 다시 찾아서 기분 좋지요? 그리고 옆에서 지켜보신 두 분도 보기 좋을 텐데, 이것만큼 수지맞는 장사가 어디 있습니까?"

그날 밤 나는 옆방의 여인들이 무척 행복해 하면서 내일 속초에서 나에게 멋진 점심 대접을 하겠노라고 들릴 듯 말 듯 작은 소리로 하는 이야기를 귓전으로 흘려 들으면서 미닫이 문틈으로 스며드는 향수 냄새에 젖어 달콤한 잠에 빠져들었다.

이튿날 새벽 5시. 6시에 서울로 출발하는 첫차를 타야 한다는 느낌이 강했는지 일찍 잠에서 깼다. 우물가에서 가벼운 세수를 하고 떠날 채비를 하니 부부 가족이 이른 시간에 아침식사 준비를 하고 있다가 아침식사라도 하고 가라며 친근감을 표시한다. 그러면서 "옆방 처녀들이 오늘 총각에게 점심 대접을 하고 싶어 하던데……"라고 덧붙인다.

내 마음속에는 시커먼 늑대가 들어 있어서 젊은 처녀들이 밥 산다고 하는데 마다할 리가 있겠냐마는 그때에는 아내에 대한 죄스러움이 더 컸다. 어서 빨리 버스를 타고 서울로 가는 것만이 그 순간의 내 유일한 소원이었다.

"아주머니, 사실 저는 총각이 아닙니다. 네 살, 한 살 먹은 고추 달린 개구쟁이 두 녀석이 있고 여우 같은 마누라가 눈 빠지게 저를 기

설악산 천화대 등반

다리고 있습니다. 그래서 빨리 가야 합니다."

내가 총각이 아니라니까 아기 엄마가 놀란 표정이다. 어제 있었던 일을 아기 엄마에게 대충 이야기해 주고 양해를 구한 후 민박집을 출발했다.

속초에서 서울행 고속버스를 타고 오는 도중에 길고도 긴 어제 하루를 회상해 보니 먼 훗날에 두고두고 기억될 멋진 추억과 아내에 대한 죄스러움, 그리고 여복(?)이 넘쳤던 시간들 생각에 실없는 웃음이 절로 나온다. 벌써 30년이 다 된 옛날 이야기이다.

그때까지 세상 살면서 고스톱으로는 한 번도 따보지 못한 내가 하필이면 처녀들 여행비용을 몽땅 따는 바람에 두고두고 기억될 좋은 에피소드가 생긴 것을 생각하면, 그날은 내 인생에 멋진 추억을 만들어 주려고 누군가 작정이라도 했던 것 같다. 그리고 내가 처녀에게 돈을 돌려줄 때 나를 처다보던 아기 엄마의 감동적인 표정이 지금도 낡은 앨범 속에 있는 카메라 스틸 사진처럼 기억 속에 곱게 남아 있다.

지금도 그때를 회상하면 나의 뚱딴지같은 설악산 종주로 인해 집에서 안절부절못했을 아내의 마음(아내는 내가 운길산의 어느 골짜기에서 쓰러져 사경을 헤매고 있는 것으로 상상했고 경찰에 신고하기 직전이었다고 했다)을 생각하면, 미안함을 넘어서 죄스러움이 앞서고 또 다른 한편으로는 예쁜 처녀들이 밥 사준다는 것을 마다하고 이른 새벽에 홀홀 떠나온 것에 대한 수컷의 본능적인 아쉬움이 남는다.

설악산 잦은바윗골 등반

영월 잣봉에서 만난
여인의 추억

지난 늦은 가을, 회사 산우회에서 동강이 내려다보이는 잣봉 산행을 했다. 이른 새벽 회사에서 출발하여 2시간 30분 가까이 걸려서 영월의 동강마을인 거운리로 접어들었다. 가로수는 올 한 해를 마무리할 때가 다가왔음을 알리는 갈색 잎사귀가 되어 일부는 바닥에 구르고, 나무에 남은 잎들은 늦가을 바람에 흔들리고 있었다. 동강 어귀인 거운분교 앞에 차를 세운 후 잣봉으로 향했다. 잣봉 입구의 마차마을까지는 비포장 차도가 만들어져서 이야기꽃을 피우며 걸었다. 마차마을부터는 본격적인 등산로였다.

등산로가 시작된 지 얼마 가지 않아서 급경사 길이 이어지면서 가

뺀 숨을 몰아쉬어야 했다. 직원들의 재잘거림을 저 앞에 멀찌감치 두고 혼자서 천천히 산을 오르고 있노라니 여기저기 아무렇게나 자란 나무들과 그 나무의 몸을 감싸고 있는 나무껍질의 갈라진 모습도 예사롭게 보이질 않았다. 잣봉은 높이가 540미터 정도이지만 영월 지역의 평균 고도가 높아서인지 급경사의 오름길은 그렇게 길지 않았다.

30여 분의 헐떡거림으로 만지 고개라 불리는 능선에 오를 수 있었다. 만지 고개부터 정상까지는 둘레길 같은 분위기의 능선길이다. 벌써 동료들은 저만큼 멀리 떨어져서 오름 길을 재촉하고 있었다. 만지 고개에서 한숨을 돌리면서 오른쪽 방향으로 시선을 옮기니 나무 숲 사이로 저 멀리 희미하게 내려다보이는 동강의 멋진 풍광이 나의 시선을 사로잡았다. 뱀처럼 이리저리 꾸불거리며 산허리를 휘돌아 나가는 동강의 모습. 정신이 맑아진다.

"이쪽으로 가면 어라연 가는 길인가요?"

갑자기 뒤에서 길을 묻는 여인의 목소리가 들리기에 빠른 걸음으로 산을 오른 다른 팀의 일행이려니 생각하면서 고개를 돌렸다. 그 순간 나는 내 눈을 의심했다. 여인은 등산을 하기 위해 산에 오른 옷차림이 아니었다. 옅은 갈색빛이 나는 차이나풍의 윗도리는 목까지 옷깃이 올라가 있었다. 언젠가 여행을 했던 사이판의 산호섬 주변을 감싸고 있던 바다 물빛처럼 비취빛이 돌면서도 잠자리 날개처럼 하늘 하늘하여 속살이 희미하게 내비치는 치마는 매우 아름답고 신비스러워서 그녀를 똑바로 쳐다볼 수가 없었다.

나는 마치 꿈을 꾸고 있는 듯하여 주변을 둘러보았지만 앞에 있는 몽환적인 아름다움을 지닌 여인을 제외하고는 특별히 다른 느낌을 주는 게 아무것도 없었다. 여인의 고운 미소는 마치 하늘에서 내려온 것처럼 신비로웠고, 그녀의 목소리는 구슬을 굴리고 있는 것처럼 맑았으며, 그 아름다움에는 백합 향기가 묻어 나오고 있었다.

"어, 예. 이 산길로 계속 가면 어라연으로 갈 수 있습니다. 그런데 제가 보기에 산을 오르기에 불편하실 것 같은데, 그런 옷차림으로 등산을 하십니까?"

여인은 답변 대신 정신을 혼미하게 하는 미소를 얼굴 가득 담고 이렇게 말했다.

잣봉에서 바라본 어라연과 동강

"어라연 가는 길이 많이 험할 것 같아 보이는데 바쁘지 않으시면 저와 함께 동행해 주시면 안 될까요?"

천사같이 아름다운 미인이 산길을 함께 가자는데 어느 바보가 싫다 할 텐가? 나는 완전히 얼이 빠져서 정말로 바보같이 더듬거리며 말했다.

"아, 예, 예. 조금도 바쁘지 않습니다. 동행해 드리고 말고요."

산태극 수태극을 그리면서 조용히 흐르는 동강이 오른쪽 절벽 아래로 저만치 내려다보이는 산길을 천상의 존재처럼 아름다운 여인과 함께 오르노라니 가파른 경사 길도 전혀 힘들지 않았다. 바위를 오르는 곳에서는 여인의 옷차림으로 오르기가 쉽지 않을 것 같아서 손을 잡아 주었다. 그녀의 손도 마치 비단을 만지는 듯 부드러웠다. 그동안 무수히 많은 산을 올랐고 암벽 타기로 거칠어진 데다가 이제 중년이 되어 세월의 무게가 묻어나는 내 손에 그녀의 순결하고 깨끗한 손이 더러워질 것만 같아, 손을 잡아 주면서도 무척이나 조심스러웠다. 그러면서도 수컷의 본능이 발동된 내 시선은 속살이 희미하게 비치는 여인의 치마 쪽으로 자꾸만 향했다.

시야가 확 트인 전망대에 도착했다. 동강이 아름다운 자태를 뽐내며 그곳에 있었다.

"저 아래가 된 꼬깔이지요. 정선엘 가면 조양강이 있는데 조양강은 동강의 상류를 부르는 이름입니다. 조양강이 이 지역을 지나면서 동강이라 이름이 바뀌고 영월 시내를 지나자마자 단종의 귀양지로 유명한 영월의 청령포를 돌아서 내려오는 서강과 만나면서 남한강이 되고 남한강은 서울 동쪽의 양수리에서 북한강과 합류하면서 한강이 됩니다.

옛날 정선의 나무꾼들이 뗏목을 엮어서 서울까지 연결되는 조양강, 동강, 남한강 그리고 한강을 내려갔습니다. 여름에는 조양강과 동강의 수량이 풍부하여 뗏목이 저 아래 동강의 바닥에 보이는 바위들에 부딪히지 않았지요. 지금 보이는 동강은 늦가을의 가뭄으로 인하여 아름답게 보이지만 한여름에는 엄청난 수량으로 강물의 유속이 빨랐기에 된 꼬깔을 지날 때면 굉장히 위험했다지요. 삶과 죽음의 갈림길이었기에 긴장을 할 수밖에 없었답니다. 저 된 꼬깔 때문에 뗏꾼의 아내가 과부가 된 경우가 많았답니다."

나는 여인의 아름다움과 향기에 넋이 빠져서 내가 알고 있는 모든 지식을 총동원해서 이런저런 이야기를 만들었는데, 나중엔 내가 무슨 이야기를 했는지도 모르게 정신없이 입에서 나오는 대로 지껄이고 있었다.

"그때 과부가 된 한 맺힌 여인들의 노래가 바로 〈정선아리랑〉입니다. 황천 가신 님이 살아와서 한 번만이라도 자신을 품어 줬으면 하는 애달픔이 절절히 맺혀 있는 노래랍니다."

여인은 나의 이야기에 고요한 미소를 머금고 조용히 듣고 있었다. 잣봉을 내려오는 산길은 급경사였기에 행여 비취빛 치맛자락이 바위에 걸려서 넘어지지 않을까 싶어 그 무게가 느껴질 것 같지 않을 정도로 가냘프고 긴 손가락을 가진 그녀의 손을 잡아 주었다. 여인의 몸에서는 여전히 백합 향기가 은은하게 풍겨왔다.

산길을 내려와 동강 변에 다다르니 어라연 부근엔 지난여름 뜨겁게 달구어졌을 모래밭이 손바닥만 한 크기로 자리 잡고 있어서 주변 풍광을 더욱 아름답게 꾸며 놓고 있었다. 이곳부터 차를 세워둔 거운분교까지는 동강과 나란히 나 있는 강변길이었다.

"시간이 나시면 봄에 어라연을 한번 와보세요. 온갖 꽃들이 핀 산길과 강변길을 걷노라면 그 아름다움과 향기에 취하지 않을 수가 없답니다."

"안 그래도 경치가 너무 아름다워서 내년에 꼭 한 번 더 와야겠어요."

내가 말했고 여인이 대답했다.

"그런데 아까 저에게 이야기해 주셨던 〈정선아리랑〉의 가사를 아세요?"

여인이 다시 물었다.

"대충은 아는데 갑자기 질문하시니까 가사를 틀리지 않고 생각이 날지는 모르겠습니다."

"한 번만 불러봐 주시지 않겠어요? 듣고 싶어요."

아름다운 여인과 동강 변을 걷는데 한껏 신이 난 나는, 어떻게 하면 여인에게 잘 보일까 싶어 목청을 가다듬고 나름대로 정성을 다하여 〈정선아리랑〉을 부르기 시작했다. 산들바람이 그녀의 치맛자락을 가볍게 나풀거리게 했고 저만큼 떨어진 곳에서 갈대들이 분위기에 어울리게 부드럽게 흔들리고 있었다. 흔들리는 갈대를 여인이 하나 꺾어서 노래를 부르고 있는 나의 손에 쥐어 주었다. 여인이 쥐어 준 갈대엔 여인의 몸에서 풍기던 향기가 그대로 배어 있었다. 그리고 내 의식세계는 먼 옛날로 돌아가 한 많은 여인이 정선 아우라지의 콩밭을 매면서 불렀음 직한 〈정선아리랑〉 가락에 젖어 들었다.

눈이 올라나 비가 올라나 억수장마 질라나~
만수산 검은 구름이 막 모여든다~
아리랑~ 아리랑~ 아~라~리~요~
아리랑 고개로 나를 넘겨주소.

아우라지 뱃사공아 배 좀 건너주게~
싸리골 올 동백이 다 떨어진다~
아리랑~ 아리랑~ 아~라~리~요~
아리랑 고개로 나를 넘겨주소.

한치 뒷산에 곤드레 딱죽이 임의 맛만 같다면
올 같은 흉년에도 봄 살아나네.
아리랑~ 아리랑~ 아~라~리~요~
아리랑 고개로 나를 넘겨주소.

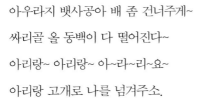

명사십리가 아니라면은 해당화는 왜 피나.

모춘 삼월이 아니라면은 두견새는 왜 우나.

아리랑~ 아리랑~ 아~라~리~요~

아리랑 고개로 나를 넘겨주소.

정선 읍네 물레방아는 사시장철 물을 안고 뱅글뱅글 도는데

우리 집 서방님은 날 안고 돌 줄을 왜 모르나.

아리랑~ 아리랑~ 아~라~리~요~

아리랑 고개로 나를 넘겨주소.

나는 옛 여인의 한을 생각하며 노래에 빠져들어 〈정선아리랑〉을 불렀고 노래가 끝날 즈음에 동강의 끝자락이 저만치서 보이기 시작했다. 그 순간 뭔가 이상한 느낌이 들어서 옆에서 걷던 여인을 돌아봤더니 그 아름다운 여인은 그림자처럼 사라지고 없었다. 무엇에 홀린 것 같아서 한참이나 여기저기를 둘러봤지만 아무 데도 없었다. 걸어왔던 뒤쪽으로 저 멀리까지 여인의 흔적을 찾으려고 고개를 드는 순간!

나는 그 여인의 흔적을 찾아냈다.

늦가을 잣봉의 갈색으로 변한 단풍잎이 여인의 차이나풍의 저고리였고 그 산 아래 흘러가는 푸른 동강 물빛이 그 여인의 비취빛 치마였으며 산과 동강이 만들어내는 물길은 여인의 요염한 몸매였다. 그

순간에도 내 손엔 그 여인이 따서 쥐어 준 갈대가 들려 있었고 갈대 줄기에서는 여인의 몸에서 풍기던 백합 향이 연하게 배어 있었다.

내 곁에는 가슴 시리도록 아름다운 동강과 어라연 그리고 그 곁에서 동강을 산태극 수태극의 아름다운 모습이 되게 만들어 줬던 잣봉이 고운 자태를 뽐내며 자리하고 있었다. 짧은 해가 잣봉을 넘어가면서 산정을 온통 붉게 물들이고 있었다.

시간이 가면서 동강과 어라연은 어둠 속으로 잠겨 들었고 내 눈엔 여인에 대한 그리움인지 어두워지는 어라연에 대한 아쉬움인지 모를 눈물이 고이고 있었다. 그 자리에서 나는 망부석이 되어 어라연의 모습이 어둠 속으로 사라질 때까지 오래도록 고운 자태를 지켜보고 있었다.

어라연과 동강, 그리고 마누라

조물주도 야동을
좋아하는가

|

조물주도 때때로 세속적인 해괴한 모습의 자연을 창조하여 인간들을 희롱하곤 한다. 남설악 점봉산 어느 이름 없는 골짜기에 숨어 있는 이상한 폭포를 알게 된 것은 1970년대 대학생 시절이었다. 한번은 극장에 갔었는데 대한뉴스 화면 가득히 야시꾸리한 모습의 폭포를 보여주면서 점봉산 어느 이름 없는 골짜기에 숨어 있는 폭포라고 소개를 하였다. 이 폭포를 두고 새롭게 네이버 백과사전을 찾아보니 이렇게 설명되어 있었다.

여심폭포는 설악산국립공원 남설악 지구의 흘림계곡(흘림골)에 있는 높이 20미터 정도의 폭포이다. 폭포의 모양이 여성의 음부(陰部)를 닮은 데서 명칭이 유래하였고, 여신폭포(女身瀑布)라고도 한다. 옛날에 선녀탕에서 목욕을 하다 천의(天衣)를 잃어 버린 선녀가 하늘에 오르지 못하고 주전골의 만불동을 넘어 이곳에서 나신(裸身)의 폭포가 되었다는 이야기가 전한다. 이 폭포를 지나 용소폭포 방면으로 향하면 등선폭포와 십이폭포, 주전폭포를 볼 수 있다.

대한뉴스에서 그 모습을 본 후 그때부터 남설악 폭포 아가씨에게 홀딱 빠져서 대학 시절부터 등산을 가기 위해 한계령을 넘을 때면 어느 골짜기 숲을 지나 그 처녀의 비밀스러운 속살을 단둘이 대할 수 있을까 생각하며 가슴 설레곤 했다. 그렇게 보낸 세월이 벌써 25여 성상이 지났다. (이 글은 10여 년 전에 쓴 글이다. 그때까지만 해도 여심폭포가 있는 흘림골에 등산로가 없던 시절이었다.)

무악(대학 공대 산악회 이름이다)의 젊은 후배들이 우리 집 애들과 나이가 비슷한 지금, 점봉산 산처녀도 늙어서 중년이 되었을까? 그것도 궁금하여 모든 것 훌훌 떨쳐내고 지난 주말 산악회 후배들과 함께 물어물어 그 비밀의 문을 두드렸다. 한계령 넘어서 2킬로미터 정도 내려가면 길 왼쪽에 조그만 벤치와 휴식장소가 있는데 여기에 차를 세우고 다시 길을 따라 한계령 쪽으로 100여 미터 정도 올라가니 철망이 앞을 가로막는 계곡이 옆에 있었다. (10여 년 전만 해도 흘림골은 철망으로 막혀 있었고 등산로가 개방되지 않았다.) 그 철망은 마치 "여기

들어가는 자는 성추행범(?)으로 간주하겠음!"이라며 겁을 주는 것 같았지만 25년간이나 짝사랑하던 산처녀의 아랫도리를 죽기 전에 한 번은 보고 죽어야겠다고 작심한 나에겐 그 경고문이 더욱더 그녀를 보고 싶도록 안달하게 만드는 촉매가 되었다.

단숨에 철망을 타넘은 산꾼들은 계곡으로 진입했다. 길은 거의 나 있지 않아서 계곡을 따라 올라갔는데 계곡물은 조금 흐르다가 어느 곳에서는 물이 뚝 끊어진 건천의 모습을 보여주기를 되풀이하였다. 잠시 쉬면서 등줄기의 땀을 식히기도 하고 산처녀의 몸을 타고 흘렀음 직한 계곡물에 엎드려 물을 들이키기도 했다. 계곡물 속에는 언제부터 그곳에 살았는지 가재들이 사나이들을 마중 나와서 신나게 돌아다니기에 몇 마리 잡아서 기념사진 찍고는 다시 그들의 세상으로 돌려보내 주었다.

그렇게 걷기를 1시간 반 정도 했을까? 90도로 꺾여 있는 계곡을 휙 돌면서 나타난 산처녀의 은밀한 속살 같은 여심폭포 앞에 엉큼한 산꾼들은 얼이 빠져 버렸다.

계곡 사이에 너무나도 아름다운 여인의 아랫도리를 닮은 폭포가 숨어 있었으니……. 아이구 망측해라. 이건 완전히 포르노 사진에서나 볼 그런 환상적인 한 폭의 그림이었다. 계곡 건너편에는 건장한 남자의 물건을 연상하게 하는 7형제봉의 암봉이 줄줄이 늘어서 있었다. 산처녀에 흑심을 품은 듯한 풍경이 영 야시꾸리하다.

산처녀 폭포는 25년 전 대한뉴스에서 보았던 그때 그 모습 그대로

남설악 여인의 아랫도리_여심폭포

또 하나의 여인─북한산 여성봉

싱싱하였으니 세월은 산처녀를 비껴가고 우리의 머리와 어깨와 얼굴 주름과 불룩 나온 아랫배 사이로만 찾아들었나 보다. 조물주는 어찌하여 이런 음탕한 풍경을 만들어 놓고 수천만 년 아니, 수억 년 동안 그 아름다움과 야한 모습에 취하시는가?

　아무도 없는 골짜기에는 음기가 가득 덮고 있어서, 그곳에 오래 있으면 정신을 잃고 허물어져 버릴 것만 같았다. 산처녀를 배경으로 멋진 사진을 찍고는 아쉬움을 뒤로한 채 하산 길로 접어들었다.

111

오늘밤 산처녀가 수청 들기 위해 꿈속에 나타나기를 기다리는 상념 속에
환상의 요정은 상상의 침실에서 님프의 부드러운 옷자락을 끌며 다가온다.
청순함 속에 감추어진 요염한 눈웃음과 풍만함은
에로스 속에 감춘 화려한 큐피트의 화살로
사나이 가슴속에서 뜨거운 불꽃을 사르며 지나간다.
가을단풍 속에 곱게 감추어진 처녀의 문을 열고 들어서는 순간,
나는 환희의 짜릿함에 몸부림친다.

내 친구 L 원장

L 원장!

슬하에 아들 하나 딸 둘을 데리고 지금은 평범하고 오붓하게 잘 살아가는 행복한 대한민국 중년 사나이에 대하여 이야기하고자 한다. 이 친구(나보다 나이는 4살 위인데 같은 73학번이라서 친구하기로 했다)는 의지의 한국인이다. 초등학교를 졸업하고 시골에 계시는 아버지를 도와서 8년 동안 시멘트 블록을 만드는 해머를 들다가 어느 날 뜻한 바 있어 과감하게 시멘트 블록 찍던 해머를 팽개치고 경주 남산에 입산수도하여 2년 만에 고입 및 대입 검정고시를 패스하고 연세대 전자공학과에 늦깎이로 당당히 합격한 우리 시대 인간 승리의 표본이다.

그런데 이 친구의 큰 형님도 경주 촌동네에서 공부하여 고려대 법대를 수석 합격한 것만 봐도 천재적인 머리를 가지고 있는 집안인 것만은 분명하다.

대학 다닐 적에 학비 버느라고 아르바이트를 3~4가지나 하면서도 친구들이 여대생들과 미팅한다면 절대로 빠지지 않았고, 주말이면 친구들과 같이 암벽에 매료되어 바위에 대롱대롱 매달리기까지 즐겨 했다.

그런데 이 친구와 같이 있으면 공자 왈 맹자 왈, 삼국지에 관운장이 어떻고 등등 곰팡내 나는 이야기를 엄청 많이 듣는다. 곰팡내 나는 것뿐만 아니라 거의 성인군자 같은 수준의 거룩하신 말도 많이 하신다. 지금 강남에서 학원을 경영하는 학원장인데 특히 학원에 오신 학부형에게 하는 말씀은 학부형의 고개가 저절로 수그러질 정도로 사리에 맞고 올바른 말만 골라서 잘한다. 그리고 실제로 대부분의 행동에서도 타의 모범이 될 정도로 올바른 삶을 살아간다.

그런데!

항상 '그런데'에 문제가 있다. 황진이를 만난 후 그동안의 업적을 모두 여자 치마 속에 가져다 바친 성인군자(황진이를 만나기 전까지는 성인군자였다는 말이다)가 있었다는 이야기를 들은 적이 있을 것이다. 황진이처럼 우리의 L 원장을 타락시키는 대상이 있는데 그것은 황진이도 아니요, 전지현이나 엄정화도 아니요, 걸 그룹도 아니고 안젤리나 졸리 같은 외국 배우도 아니다. 엉뚱하게도 그 요물은 바로 자동차이다. 이 친구, 자동차 핸들만 잡으면 완전히 스피드광의 단계를 넘어서

L 원장은 나의 40년 지기 암벽 친구이다.

거의 크레이지맨 수준이다. 좌우지간 함께 타고 있으면 눈 뜨고 앞을 쳐다볼 수가 없다.

한번은 미시령 고개(옛날 구 도로였던 미시령)를 넘는데 안개가 자욱하여 불과 2~3미터 앞을 분간할 수 없을 정도였다. 그런데도 과감하게 중앙선을 넘어 추월을 시도하여 동승한 동료들 아랫도리에 힘이 잔뜩 들어가게 만들었다. 나중에 속초에 왔을 때쯤에는 다들 속옷이 실례를 한 것처럼 흥건하게 젖을 정도였으니……. 거기다가 이 친구의 시력이 상당히 좋지 않은 데다가, 밤눈은 더 고약하다. 그런데도 안개 속의 미시령 고개를 중앙선 넘어 추월하여 전력 질주하였던 것이다.

아무래도 직업을 잘못 택한 것이 아닌지 모르겠다는 생각이 들었다. 자동차 스피드 경주 쪽으로 돌았으면 벌써 황천으로 갔거나 슈마허 뺨치는 세계적인 F1 선수가 되었을 텐데……. 하여튼 두 얼굴을 가진 사람의 영화가 어쩌면 L 원장을 소재로 한 것이 아닌가도 싶다.

누구든지 삶의 한부분에서는 간혹 일탈하고픈 욕구가 생기는 모양이다. 일반인의 눈에는 바위를 오르고 히말라야의 설벽을 오르는 산사람들의 행동도 스피드광의 모습과 같은 미친 행동으로 비추어지지 않을까 싶다.

또 다른 면에서 볼 때, 나의 오랜 친구이자 학우이기도 하고 스쿠버 다이빙 파트너이기도 한 L 원장은 정말 멋있는 인간이다. 나이에 어울리지 않게 천진난만하게 느껴지는 웃음이 그렇고 그의 신념적 삶이 그렇다. 아마도 그의 일반적이지 않은 삶이 그를 그렇게 강한 성격으로 만들었을 것이다. 운전할 때의 일탈은 있지만, 냉정히 생각해 보면 사람들은 대부분 그런 괴짜 같은 행동을 한두 가지는 가지고 있으리라 싶다.

그러다가 얼마 전에 운영하던 학원 옆 사무실 공간을 새로 구입하여 학원을 확장했다. 그의 강인한 모습이, 그의 성실함이, 학부형에게 우리 아이 잘 가르쳐 줄 것으로 확신시켜 주기 때문인지, 그의 학원은 꾸준하게 안정적인 성장을 지속하는 것 같다.

그런데 L 원장!

돈 많이 벌더라도 자동차 운전교습장은 절대 차리면 안 됩니다. 원장 하시는 행동을 운전교습생들이 배우면 큰일납니다.

*그런데 I. 원장이 환갑의 나이가 지난 후부터는 개과천선했는지 요즈음은 차를 아주 조용히 몰고 다닌다.

우리들의 꼴통 영웅
Y 형님

|

Y 형님 첫 번째 이야기

대학 선배 중에 Y 형님 이야기를 해보고자 한다. 이 선배 형은 우리 나이로 올해 방년 56세이다. (이 글은 10년 전에 쓴 글이니 그 점을 참조하기 바란다. 고로 지금은 66세!)

그렇지만 Y 형님은 아직도 마음은 청춘이다. 오늘은 무면허운전 20여 년으로 첫 이야기보따리를 풀어보자. 말 그대로 Y 선배님은 술 취하면 겁이 완전히 사라지시는 분이다. 몇 년 전에 한번은 어쩌다가 경찰서에 끌려가셨는데 죄명이 거창하다.

운전면허증도 없이 거나하게 취해서 운전하다가 아파트 단지 앞에서 다른 차와 시비가 붙었고 그 차 운전사를 묵사발로 만들어 버렸다. 그런데 그 소식을 듣고 현장에 달려온 경찰 아저씨를 작살내셨고 끌려간 파출소를 또 쑥대밭을 만드신 무용담으로 술이 취하시면 겁이 얼마나 없는지를 만천하에 널리 알렸다.

또 이상한 마패 비슷한 물건(나는 아직도 이것이 무엇인지 정확한 정체를 모르며 몇 년 전까지는 간혹 꺼내서 자랑하셨는데 요즈음은 분실한 것 같다)을 꺼내서 암행어사 비슷하게 행세를 하셨고……. 거기다가 경찰 아저씨들 야간에 출출할 때 라면 사먹으라고 5,000원을 책상 위에 떡하니 올려놓았다니……. 이 선배님 음주운전만으로도 벌금이 최소한 몇 백만 원이 부과될 텐데 이런 말도 안 되는 행동을 했으니.

결과적으로 무면허운전에 음주운전, 폭행, 공무집행방해, 공갈협박, 뇌물수수 등 셀 수 없이 많은 죄목으로 끌려 들어갔는데……. 그런데 그 다음 날 아침 일찍 집으로 전화해 보니까 집에서 떡하니 주무시고 있더구먼.

Y형의 이야기를 듣고 보니 경찰 아저씨가 골 때리는 동포가 겁이 없이 좌충우돌하니 하도 어이가 없어서 그냥 집에 보내주었다는데 이걸 믿어야 할지 안 믿어야 할지. 요즘 같으면 주폭으로 당장 구속이었으리라. 형님! 그 시절 세월 참 잘 만난 겁니다. 하여튼 사고 터진 날 밤에 형수님이 겁에 질려서 나에게 전화해 해결 방법을 상의하셨으니까 사실인 것은 분명한 듯하다.

그런데 Y 형님 지금은 정말 잘나가는 무역회사를 경영하고 계시고 오래전에 함께 방글라데시에 같이 갔을 때 비행기 안에까지 방글라데시 협력회사의 경호원들이 들어와서(이때 다른 승객들은 방송으로 모두 자리에 앉아 있게 했다) 우리를 모시고 VIP실 쪽으로 무사 통과하게 했고 리무진이 와서 픽업까지 해줬던 것을 보면 아직도 그런 배포 큰 모습이 먹혀 드는 건 분명한 것 같다. (최근에 Y 형은 운전면허증을 획득하였는데 앞으로 Y 형님 차에 동승할 기회가 있을 때는 안전벨트를 착용하는 게 만수무강에 좋을 것이다.)

Y 형님 두 번째 이야기

Y 형님이 군대 있을 때 이야기이다. 무면허 음주운전 20여 년에서 파악했듯이, 주위 사람 골 때리는 재주를 타고나신 분이라서 군대에서도 명성이 자자했다. 한번은 고참 제대를 축하하고자 저녁에 부대 밖을 용케 빠져나가서 고참들과 신나게 한잔하셨다. 거나하게 취해서 기분 좋은 표정으로 호주머니에 손 찌르고 흥얼흥얼 콧노래를 부르며 부대 위병소를 통과하는데, 어렵쇼, 위병을 보던 재수 억수로 없는 쫄병이 "손들어" 하고는 수하를 하는 게 아닌가? Y 형님이 '천하의 Y'를 모독했다고 초병을 구둣발로 작살을 내셨는데……

내신 것까진 좋았지만……

잠깐 내가 이 형님이 근무한 부대에 대하여 약간 소개하고 넘어가자. 이 부대의 이름과 위치는 군사 기밀이라서 말할 수 없고, 전시에

군 수뇌부가 모여서 전투를 지휘하는 중요한 곳이라고 한다.

이런 곳에서 초병을 폭행한 것이다. 초병 폭행은 최소한 영창감이다. 당연히 군법회의에 회부될 지경이 되었는데, 군법회의에 회부되기 직전에……. 하여튼 골 때리는 사람 주위에는 도와주는 동포들이 많아서 탈이다. 그래서 이야기가 더 재미나지만…….

부대장이 Y 선배님의 악명을 익히 들어서 알고 있던 중 이와 같은 초병 구타 사건을 듣고는 무슨 생각을 하셨는지 "아니 그 친구 평소에 일 잘하는 친군데……, 하시고서는 3일간 헌병대 영창으로 감형을 해주셨다. 우리 같으면 당연히 감사하는 마음으로 3일간 영창을 조용히 살고 왔겠지만 천하의 Y 형이 그러면 이야기가 안 되지.

영창 인솔 장교와 헌병대 가는 도중에 영등포 객줏집에서 신나게 한잔하시고는 장교님은 부대로, 형님은 그대로 집에 가서 3일간 푹 쉬고 3일 후에 부대에 갔더니만, 황당한 일이 벌어지고 있었다는 게 아닌가. 부대장 호출이 있었고 인솔 장교는 부대장 앞에 무릎을 꿇고 있었다. 알고 보니 헌병대에 입창시키고는 인수증을 받아가야 하는데 골 때리는 장교님은 얼큰히 취하신 기분에 그냥 Y 형을 집에 돌려보내고는 비틀거리며 부대로 돌아갔으니, 결과는 뻔했다.

그 부대장님은 천사의 마음을 가지셔서 인솔 장교를 얼차려시키고는 Y 형을 다시 재입창 조치하는 것으로 마무리를 지었다고 한다. 이번엔 진짜로 겁이(Y 형은 평소에 천방지축 좌충우돌해도 맨 정신일 때는 겁이 엄청 많다) 나서 잘 아는 군 고위 장성에게 SOS 전화를 했겠다(이 이야기는 1970년대의 이야기임. 요즈음은 그런 전화로 도와주는 못된 고위 장성은 없으리라). 그것도 여러 명의 장성에게…….

그래 놓고는 지난번 그 인솔 장교와 다시 헌병대로 가다가 이번에도 역시 그놈의 영등포가 문제였다. 아니 그곳에 꿀을 발라 놓았나? 다시 술을 열심히 마시고는 골 때리는 인솔 장교님은 헌병대에 가서는 친한 장교의 손을 빌려 가짜 인수증을 만든 후 각자 한 분은 부대 앞으로, 우리의 Y 형은 집으로 가셨겠다.

그런데 이번엔 또 다른 엉뚱한 사건이 벌어질 줄이야!

별판들이 줄줄이 Y 형 부대장에게 전화를 하셔서 "아, 그놈 내 조칸데 어쩌다가 실수했는데 좀 봐줘. Y대 다니던 놈이 잘못했으면 얼마나 잘못했겠어?" 어쩌구저쩌구 하면서 전화를 했는데 하나같이 "그놈이 내 조칸데" 했으니…….

맛이 완전히 가버린 부대장이 급히 헌병대로 전화를 해서 Y 상병 (그때 우리의 골 때리는 영웅은 마이가리 병장 계급장을 달고 다녔다)을 입창해 제하고 부대로 보내달라고 말씀하셨겠다.

결과가 어떻게 되었냐고? 휴! 불쌍한 우리의 인솔 장교님은 재수도 없지. 영창에 Y 상병이 없는 것을 확인한 부대장 앞에서 가짜 인수증을 내보이면서 결백을 증명하다가 거의 사망 일보 직전까지 가셨다. 나중에 Y 상병이 집에서 편히 쉬고 있음을 확인한 부대장님은 이번에는 사망 일보 직전까지 구타한 불쌍한 인솔 장교의 등을 두드리며 칭찬했다는, 눈물 없이는 들을 수 없는 코미디를 연출하였던 것이다.

어쨌든 Y 형님의 일화에는 상식적으로 이해가 안 가는 미스터리한 사건이 너무나 많아서 늘 우리를 헷갈리게 한다.

Y 형님 세 번째 이야기

1974년 봄, 그러니까 Y 형님은 26살의 꽃다운 나이이고 나는 어리 삥삥한 대학교 2학년일 때 이야기이다. 그때 Y 형님은 군대를 마치고 2학년으로 복학(나보다 5년 선배이신데 대학을 무지무지 사랑하셔서 2년 더 다니셨다)하셔서 우리에겐 "산악부 선배는 하느님 동기 동창이고 선배 똥은 요강"이라는 역사에 길이 남을 명언을 남기시었다.

아! 그런데 이 선배님은 실제로 암벽등반은 안 하시고 술집에서 순전히 입으로만 옛날에 온갖 바위를 다 섭렵하셨다고 나팔을 불고 다니시니 후배들은 그냥 의심의 눈초리로 바라볼 뿐 선배님의 암벽 실력을 도저히 가늠할 수가 없었다.

어느 날 Y 형님은 술자리에서 선인봉 허리길을 아주 재미있는 암벽등반 코스라고 설명하기에 모두들 탄복하면서 정신없이 듣다가 한번 선등 서주시기를 간절히 부탁했는데, 형님은 술독에 빠져서 상황 판단이 쉽지 않는지 술기운에 쾌히 승낙하셨다.

그리고 그 다음 주 주말! 선등을 서주겠다고 철석같이 약속한 골때리는 선배는 토요일 밤 자정이 되어도 선인봉 바로 아래 야영장에 모습을 드러내지 않아서 다들 그 형은 원래 술이 만든 짜가 실력일 뿐이라고 선배를 안주거리로 삼다가 잠들었다.

새벽 1시가 훨씬 넘어서 모두들 곤히 잠든 시간에 갑자기 "기상" 소리와 함께 우리들의 꼴통 영웅께서 지금은 작고하신 성철이 형님과 거의 고주망태가 되어 야영장에 등장하셨으니……. 어휴! (참고로 성철 형님은 10여 년 전에 LA 외곽 고속도로에서 운전하시다가 거대한 사슴과 부딪혀서 돌아가셨다. 그런데 두 선배 분의 술 취향이 거의 비슷하다. 이 선배의 성함은 성철 스님과 같은데…….) 그런데 그 차림새 또한 장관이었다. 양복 정장에 구두를 신고 나타났다. 양복은 온통 막걸리 자국으로 얼룩져 있었고. 그런데 더 가관인 것은 그때부터 한 보따리 가져온 깡소주를 후배들 입에다가 들입다 부었으니 새벽 4시쯤에는 거의 모든 후배들이 넋이 나가 해롱해롱하고 있었다.

그 순간 술에 취해서 게슴츠레한 눈초리의 Y 선배 하시는 말씀 좀 들어보소.

"내일 새벽 6시(정확하게 말하면 2시간 후)에는 허리길 암벽을 해야 되니까 일찍 자자."

좌우지간 2시간 정도 자고서는 조그만 덩치의 악동 선배님은 술 냄새 팍팍 풍기면서 커도 한참 큰 미제 군화로 만든 덩치 큰 후배 등산화(등산화가 아니라 거의 군함 수준의 신발)를 빌려 신고 꾸역꾸역 바위를 향해 가시는 것이었다(이런 모습 절대 배우지 마시오. 음주 암벽은 음주운전보다 훨씬 더 무섭습니다). 당연히 우리 후배들도 술이 덜 깬 상태에서 빌빌거리면서 따라갔다. 결과부터 말하자면, 그날 Y 형님의 암벽 솜씨는 완전 압권이었다. 성룡이 주연한 영화 중에 〈취권〉이란 영화가 있는데 이건 완전히 취벽등반이었다. 언제 술을 드셨나 싶게 날렵하게 암벽을 휘젓고 방방 날아다니시는데……. 나는 그날 이후로 꼴통 선배의 마법에 휩싸여서 아직도 그 선배의 손아귀에서 못 벗어날 정도로 매료되어 버렸다. (그런데 아직도 간혹 술 드시다가 손자 볼 나이의 불쌍한 후배를 술집 아가씨 앞에서 원산폭격 시킨다.)

그런 선배님도 술에 이기는 장사가 없다는 말이 틀림이 없는지 지난가을 설악산 잦은바윗골에서는 체력이 고갈되어 후배들 도움으로

우리의 꼴통 Y 형님과 설악산 잦은바윗골에서(좌에서 두 번째)

간신히 살아서 내려오는 수준이 되었다. 그래도 나는 아직 아스라이 멀어져 간 옛 추억을 더듬어 갈 때면 추억의 책갈피에서 한 부분을 차지하는 Y 형님의 선인 허리길에서의 멋진 모습을 잊을 수가 없다.

Y 형님!

이번 가을에 한 번 더 선인 허리길 선등하시지요?

제가 확보 봐드릴게요.

Y 형님 네 번째 이야기

이번에는 우리의 작은 영웅 Y 선배의 방글라데시에서의 영원히 기억에 남을 명연설을 소개하겠다. 우리의 골 때리시는 영웅은 어디 가서도 술이 영원한 벗이다.

그런데 방글라데시는 회교 국가라서 술 구하기가 쉽지 않다. 그래서 우리의 Y 선배는 공항 면세점에서 술을 한 보따리 사 가신다. 어떻게 세관을 통과했냐고 묻는 것은 아무 의미가 없다. 항상 방글라데시에서는 VIP 통로로 유유자적하게 무사 통과하셨다 한다. 그 나라 높으신 분들의 경호원들이 그렇게 해주셨다니까……

역사에 길이 남을 그날도 술로 밤을 하얗게 꼬박 새운 다음 날 아침이었다. (참고로 술을 드시다가 주변에 후배의 머리통이 있으면 머리카락이 빠지지 않을 정도로 잘 쥐어뜯는다. 또한 엄청 호탕해져서 가지고 있는 것을 아무에게나 잘 준다. 한번은 형수님이 사주신 까르띠에 시계를 택시비가 없다고 차비 대신 기사에게 준 적도 있다는데……. 그게 정말인지 잘 모르겠다. 왜냐하면 간혹 술 취해서 나에게 집에 갈 때 택시비 하라고 지갑 속의 돈을 손에 잡히는 대로 한 움큼 주는 경우가 있긴 한데 택시에 탄 후에 보면 모두 천 원 짜리라서 차비 하고 나면 남는 게 거의 없다. 그걸 보면 술이 취해서도 정신은 말짱한 것 같다.) 방글라데시 라이온스 클럽 모임에 초청되어 술이 안 깬 흐리멍텅한 얼굴로 참석하셨더니만, 한국에서 유명한 기업가가 오셨다고 방글라데시 대통령 바로 옆자리에 앉게 하였고, 대통령과 폼나게 악수까지 한 건 좋았는데…….

자리에 앉아 있는 도중에 한국에서 오신 기업가께 방글라데시에 도움이 될 만한 연설을 사회자가 부탁한 것이다. Y 형님은 술김에 쾌히 승낙을 했다. Y 형은 술이 취해야 '선인 허리길 사건'처럼 엄청난 사건을 만들어 낸다. 방글라데시 대통령 연설 후 다음 차례는 Y 형 차례가 되었다. 술이 덜 깬 흐리멍덩한 정신을 추스른 후, 컬컬한 목청도 가다듬고, 불룩 나온 배도 힘 주어 확 집어넣고 연설대에 올라섰다. 연설 내용을 요약하면 다음과 같다.

"50년대 한국은 농업국가로서 국민소득은 50불 수준이었는데, 지금은 공업국가로서 만 불 전후의 소득으로 선진국 반열에 올라섰다. 그 사이에 한국전쟁, 4·19 혁명, 5·16, 12·12 군사 쿠데타 등 엄청난 시련이 있었는데도 이와 같이 고속 성장한 것은 여러 가지 요인이 있겠지만 근본적으로는 '한국의 어머니들의 극성스러운 교육열이 있었기 때문이다. 한국 어머니들은 끼니를 굶어도 자식 교육에 대하여서는 온 가정의 모든 역량을 다 바친다. 바로 이 점이 70% 이상이 산으로 뒤덮인 국토에다 겨울에는 온 국토가 얼어붙는 한국을 견인했던 원동력이다. 나는 방글라데시가 지금은 국민소득 300불의 개발도상국이지만 미래는 엄청나게 밝다고 확신한다. 풍부한 양질의 인적 자원과 온 국토가 삼각주의 비옥함을 가지고 있으며 일 년 12개월 항상 살기 좋은 기후 조건을 가지고 있다. 여기에 이 땅의 어머니들에게 자녀 교육열만 심어진다면 훗날 동방의 커다란 불꽃이 되어 꺼지지 않을 경제 선진국이 될 것이다."

하여튼 Y 형님의 립 서비스는 언제나 상상 이상으로 멋지다. 돈도 안 들이면서 감동을 주니까. 연설이 끝나자 전 참석자들이 무려 5분 (선배의 기분학적으로 그 정도 된 것 같다는 뜻이다) 동안 기립박수를 쳤고, 방글라데시 대통령은 우리의 Y 형님을 격정적으로 끌어안았다니 정말 감동적인 연설이었던 모양이다.

그 다음 날 방글라데시 신문에는 Y 형님의 연설 장면이 1면에 전문과 함께 대문짝만 하게 실렸다니 방글라데시 사람들이 얼마나 감격했는지 독자들은 짐작할 것이다.

지금도 Y 형님 아파트에 가면 방글라데시 대통령과의 감격적인 포옹 장면이 신문에 난 것을 액자에 담아 걸어 놓은 것을 보면 사실임은 분명한 것 같고, Y 형님은 요즈음도 술을 한잔하실 때마다 그날의 감격을 되새김질하는 걸 보면 자신이 생각해도 감동적이었던 모양이다.

선배의 최대 장점 중 한 가지는 돈 들이지 않고 남 기분 좋게 하는 립 서비스다. 아름다운 풍경을 대할 때도 그 찬사를 듣노라면 우리에게 현실의 모습보다 더 멋지게 느껴지며 해수욕장 같은 곳에서 수영복 입은 예쁜 처녀를 보고 아름다움에 대해 말하면 우리는 그 표현력의 현란함에 탄복을 금할 수 없다. 이렇게 평소에 갈고닦은 립 서비스 솜씨를 방글라데시에서 유감없이 발휘했던 모양이다.

그런데 Y 형님은 요즈음도 술이 취해 거의 의식이 오락가락할 때조차 이치에 맞는 이야기를 잘해서 함께 있는 후배들을 놀라게 한다. 아마 그날도 술이 덜 깬 상태에서 했기에 그런 명연설이 되지 않았나 싶다.

하여튼 Y 형님의 배불뚝이 어수룩한 외모를 보다가 형님이 이룩한 업적을 대하면 앞뒤 연결이 잘 안 된다. 1990년대 초에 이미 2000만 불 수출탑을 받았고(이것도 집에 진열되어 있다), 한때는 방글라데시로부터 인력수입회사를 운영하셨는데 IMF 전에 잘나갈 때는 인력수입회사에서만도 큰돈을 버셨다. 부인은 세계적 명문인 미국 패션 스쿨을 나오신 미인에다가 호리낭창한 몸매를 가지고 있는 한국 최고 수준의 패션 디자이너이다.

참고로 알려 드리면 한때 한국 연예계를 주름잡았던 미모의 여인들과 외교사절단의 부인들을 포함해서 비중 있는 분들이 형수님에게

서 옷을 장만하셨다(형수님은 한때 TV 프로에도 고정 출연하셨다). 좌우 지간 여복이 엄청 많으신 것은 자타가 공인할 정도이고 사업체를 끌고 나가는 능력은 어수룩한 행동거지와 전혀 어울리지 않을 정도로 멋지다.

얼마 전에 아들이 수능시험 전국 30등 이내의 좋은 성적으로 서울대 컴퓨터공학과에 들어갔는데 전액 장학금을 받는 걸 보면 아들 만드실 때도 술 취해서 얼떨결에 일 저지른 게 실수로 그렇게 된 게 아닌가 싶다.

하여튼 우리들의 배불뚝이 영웅 Y 형님은 나에겐 영원히 풀리지 않는 미스터리로 남아 있다.

아! 그런데 Y 형님! 아들 서울대 들어간 기념으로 한턱 내기로 한 것은 언제 약속 지키려고 질질 끄십니까?

창조경제는
교육제도의 이노베이션부터

　얼마 전 유튜브에서 우리나라 고등학생이 수업시간에 여선생님을 공개적으로 모욕하는 동영상을 접했다. 한 명은 모욕을 주고 다른 한 명은 어쩔 줄 몰라 하는 선생님의 모습을 카메라에 담아서 유튜브에 올린 것이다. 그 장면을 보는 순간 분노를 넘어 슬픔이 밀려들었다.

　그런데 중·고등학교 교사로 재직 중이거나 대학 교수로 있는 친구들의 이야기를 들어보면 그것은 빙산의 일각이라고 한다. 그들의 이야기를 듣다 보면 실제 학교 교육 현장에서는 이와 유사한 교권 모독이 부지기수로 일어나는 모양이다. 그들은 요즘 학생 가르치기가 너무 어렵다고 입을 모은다. 그러면 어떻게 학생들에게 지식을 가르치고 그들의 인격을 완성시켜 나갈 수 있을까?

이것은 마치 군대에서 장교가 사병들을 통제하지 못하는 것과 같다. 소대장과 중대장이 자신의 부하들을 통솔하지 못하면 그 군대는 군대의 존재 이유인 전쟁을 치를 수 없다. 군대와 학교가 그 목적은 다르지만, 군대에서는 장교들의 명령, 학교에서는 교사들의 권위가 지켜져야 한다는 점은 마찬가지이다.

왜 이런 일이 발생했을까? 많은 원인이 있겠지만, 그중 하나로 현재의 수능과 내신제도로 대표되는 획일적인 입시 시스템도 한몫을 하고 있음을 이야기하고 싶다.

어릴 적의 에디슨과 애플의 창업자인 스티브 잡스나 페이스북의 주커버그는 우리들의 상식으로 본다면 비정상적 인간(속칭 '돌아이' 또는 '또라이')에 가깝다. 또라이는 상식선에서 행동하지 않는 인간의 총칭이다. 그런데 또라이는 대체로 호기심이 많은 인간이다. 호기심이 많으면 창의적인 행동을 하는 경우가 많아진다. 즉, 방향만 잘 잡으면 얼마든지 사회에 유용한 인간으로 성장할 수 있다. 그런 아이들을 사회가 용인하고 수용할 수 있느냐, 아니면 단순히 별종 인간으로 자리매김해서 우리 사회의 낙제자로 만드느냐 하는 것은 그들을 바라보는 사회의 인식과 깊은 관련이 있다.

나도 요즈음 기준으로 봤을 때는 완전한 또라이였다. 나는 중학교 1학년 때부터 공부와는 담을 쌓고 지냈다. 나이가 같은 이종사촌(최상일)과 시간만 나면 어울려 단파 라디오와 오디오 같은 초보적인 전자제품을 만든답시고 밤을 새우기가 일쑤였고, 방과 후에는 부속품을 구하러 대구 자갈마당과 교동시장에 있는 고물상을 찾아 돌아다니는 게 주요 일과였다. 방학 때는 한밤중에 시골에 있는 외가 뒷산 중턱의 공동묘지에 역할 분담을 해서 말뚝 박기와 뽑아오기 놀이를 했다. 누가 더 담력이 센가를 가리는 철없는 아이들의 놀이였지만, 지금 젊은 학생들의 기준으로 봤을 때 쉽게 상상이 안 되는 놀이일 것이다.

방학이 되면 이종사촌과 함께 외가 초가지붕이나 장독대에 올라가서 당시 유행했던 가수 김상희의 〈대머리 총각〉을 온 동네가 떠나가도록 목이 터져라 부른 적도 있었다. 여름방학 때는 물고기 잡는다고 하루 종일 뙤약볕에 벌거벗고 돌아다니다가 등을 홀딱 태우고서는 물집이 생긴 등이 아파 울었고, 그런 외손자가 안쓰러운 외할머니는 등에 차가운 물수건을 갈아 주시면서 밤을 꼬박 새우시기도 했다. 천방지축에다 이상한 짓만 골라 하는 나와 최상일 군을 보는 부모님과 누님들의 걱정은 태산 같았다.

그러다 보니 중학교에 입학해서는 꼴찌를 밥 먹듯이 했다. 공부는 뒷전이었고, 전자회로 책에 파묻혀 살면서 새벽 네댓 시까지 잠도 자지 않고 진공관 라디오와 전축(오디오)을 조립하곤 했었기 때문이다. 고등학교 2학년까지 나의 성적은 항상 최하위권이었다. 대학입학자격을 주던 예비고사시험의 합격권을 한참이나 벗어나 있었으니 더 말할 나위가 없었다. 그러다가 고3이 되어서야 이러다가 내 삶이 어떻게 될까 싶어 고심 끝에 정신을 차리고 공부를 시작했고 1년을 코피 쏟으며 몰입한 끝에 전자공학과에 입학했다.

세월이 흘러, 또라이 취급받던 나는 세계적 기업에 자동제어 관련 장비를 개발, 납품하는 기술혁신 기업의 최고경영자가 되었다.

지금도 나이에 걸맞지 않게 암벽등반을 하고 배낭여행이나 스쿠버 다이빙도 즐기다 보니 쉬운 일보다는 어려운 일을 접할 때 도전 정신이 생기고 의욕이 솟구친다. 아직도 나는 세상에 궁금한 것이 너무 많다. 설악산 토왕성 폭포 너머엔 어떤 멋진 풍광이 있을까? 마추픽추 뒷산에는 뭐가 있지? 인도 사막 동네 사람들은 먹거리를 어디서 구하나? 아프리카 오지 사람들은? 거기에는 뭐가 있지? 그런 곳엔 내가 가서 확인해 봐야 해! 주변 분들이나 친구들은 환갑이 다 된 내가 그런 행동이나 생각을 하면 웬 뚱딴지같은 짓이냐고 핀잔을 준다. 하지만 나는 그런 꿈을 현실화시킬 때 진정한 행복을 느낀다.

나와 함께 어린 시절을 보낸 이종사촌 최상일 군은 한국의 슈바이처가 되는 것이 그 시절의 꿈이었다. 그 후에 서울 공대를 졸업하고 한국전자통신연구원(ETRI)에 입사한 후 결혼할 때까지만 해도 그의 꿈은 어린 시절의 객기 수준으로 생각했었다. 그런데 ETRI를 3년 정도 근무하던 어느 날, 부산 고신대 의과대학에 장학생으로 입학했다는 소식을 들었을 때 그도 자신의 삶을 의지대로 이끌어 가는 옛모습 그대로구나 싶었다. 그 이후 남들보다 한참이나 늦게 외과의사가 된 그는 유엔(UN)에서 건립한 캄보디아 오지 병원의 병원장이 되어 그의 꿈을 실현했고, 아프리카의 모리타니아에서 봉사하는 삶으로 자신의 젊음을 바쳤다. 의대 졸업 후 인턴 시절에는 학내 분규로 동료 의사들이 대부분 파업에 동참하였지만, 그는 파업을 하는 의사들과 뜻은 같이하지만 의사는 환자와 같이 있어야 한다면서 몇 달간 혼자서 병원에서 숙식하며 환자 치료를 계속했다. 캄보디아에서 병원장으로 재직하던 시절에 KBS TV의 〈한민족 리포터〉에서 '킬링필드의 한인 의사 최상일'로 소개되기도 했다. 학창 시절 호기심 많고 뚱딴지같은 행동을 일삼았던 두 인간이 지금은 각자의 분야에서 열심히 사회적 책임을 다하고 있는 것이다.

어릴 때 우리를 걱정스런 눈으로 바라보던 이종사촌 누님(최상일 군의 친누나)은 초등학교 교감을 하다가 정년 퇴임했는데, 얼마 전 이런 취지의 말씀을 했다.

"어릴 때는 천방지축인 너희들을 보고 걱정을 많이 했다. 하지만 오랜 교사 생활을 하면서 너희들과 같이 좌충우돌하는 학생들이 당시에는 어른들에게 걱정을 끼치기는 해도 긴 시간을 지켜보면 국가의 기둥으로 우뚝 서고 우리 사회의 쓸모있는 인간으로 자리매김하는 모습을 많이 경험했다. 남들과는 다르게 생각하고 행동하는 아이들이 결국에는 무엇인가를 해내는 창조적 인성을 가진 경우가 많더라."

현재 우리나라 대입의 근간은 내신과 수능이다. 공교육의 정상화를 위해 도입한 것이 내신이지만, 지금 공교육이 정상이라고 생각하는 사람이 얼마나 될까? 수능 역시 창의적 인재를 배제하고 학생들을 엄친아로 획일화하는 잣대는 아닐까? 내신과 수능 성적으로 아이들을 서열화하고 능력을 평가하는 시스템은 모험을 좋아하고 호기심 많고 창의성 있는 인간을 서열 밖으로 내모는 결과를 가져온다. 단적인 예로, 공무원 시험에 20~30만 명이 몰리는 사회가 창의적인 사회의 모습인가? 왜 공무원 시험에 그렇게 많이 응시할까?

가장 큰 이유는 공무원이 안전한 직장이라는 인식 때문일 것이다. 공무원이나 교사와 같이 안정적인 직장으로만 인재들이 몰려드는 원인 중에는 수능과 내신을 통해 통제에 순응한 인재들을 대학에서 뽑고 사회에 내보냈기 때문이다. 내신에서 미래의 꿈을 차단당한 호기심 많은 아이들은 자신의 숨은 역량을 국가에 봉사할 기회를 잃는다.

일부에서는 여러 대입 전형을 통해 특기가 있는 학생들을 선발하고 있는 것으로 알고 있다. 하지만 그 정도로는 안 된다. 지금의 내신 제도는 창조적 인간을 만들기에는 너무 많은 문제점을 가지고 있으므로 제도 자체를 혁신적으로 개혁해야 한다. 만약 지금과 같은 대입 제도였다면 나는 대학에 입학할 수 없었을 것이다. 내신 성적 때문에……

서두에 예를 든 것과 같은 도덕적으로 나쁜 행동이 아니라면 다소 엉뚱한 생각과 행동을 하는 학생들에게 그 가능성을 살펴 진로를 열어주기 위해서, 내신은 성적순으로 만들게 아니라 합격과 불합격이라는 단순 구조로 재편하거나 다른 변화를 검토해야 한다. 창조경제에 필요한 인재를 수급받기 위해서는 창의적 인간을 대학에서 받아들여 그 특성에 맞게 교육해야 한다.

창조경제가 현 정부만의 구호가 아니라 우리 한국 경제의 지속적인 성장 동력을 확보하기 위한 명제이기에, 국가는 창조적 인간을 끊임 없이 가정과 학교로부터 공급받을 수 있는 시스템을 만들어야 한다. 지금의 획일적인 입시제도에서 과감히 벗어나 호기심 많은 인간에게 더 많은 기회를 제공할 수 있는 교육 시스템으로의 전환이 필요한 시점이다.

팔자에도 없던
이노비즈 협회장 감투 쓰기

이노비즈 협회(중소기업 기술혁신협회) 회장을 맡은 지도 어느새 1년 반이 지났다. 평범한 중소기업 경영자가 1만 7,000여 첨단기술 엘리트 기업을 대표하는 단체장을 맡아서, 내가 경영하는 기업이 아닌 다른 기업들의 성장에 걸림돌이 되는 부분을 해결하기 위해서 동분서주하리라고는 상상도 못했다.

30여 년을 곁에서 지켜본 아내는 내가 불쑥 협회장을 맡게 되었다는 이야기를 듣고는 뜻밖이란 표정을 지었다. 왜냐하면 평소의 나는 내성적인 성격에다 주말이면 가까운 산 친구들과 산을 오르고 때로는 암벽등반을 하면서 지내는 것을 좋아했기 때문이다. 그렇지 않으면 책을 읽으면서 사색하는 것을 즐겼다. 알퐁스 도데의 《별》이나 생 텍쥐페리의 《어린왕자》, 《야간비행》, 황동규의 《우연에 기댈 때도 있 었다》, 성석제의 소설, 그리고 별과 우주를 좋아해서 칼 세이건의 《코스모스》 같은 책에 푹 파묻히곤 했다. 때로는 혼자 산길을 걸으면 서 깊은 사색에 빠져들기도 했다. 그런 나만의 시간을 사랑했다.

그런 내가 기술혁신 기업을 대표하는 중소기업 단체장이라니……. 지금으로부터 6년 전으로 기억하는데 그때 이노비즈 협회장을 맡고 계셨던 한미숙 회장님(이노비즈 협회 최초의 여성 협회장으로서 그 후 청 와대 중소기업 비서관을 역임하셨다)께서 나에게 협회장을 맡아 보라고 권하기에 이렇게 대답했었다.

"저에게 협회장 맡으라고 하면 이노비즈 회원사에서 탈퇴할 겁니 다."

나의 단호함에 한 회장님은 어쩔 수 없이 더 이상 말을 꺼내지 않 았는데, 지금 생각해 보면 그 이후에도 뒤에서 협회 임원진들에게 한 회장님이 생각하셨던 부분을 계속 이야기했던 모양이다. 나는 협회 임원들에게 끊임없이 협회장 맡기를 요청받았고, 절대로 안 한다고 화까지 냈음에도 결과적으로 바보같이 지금 협회장을 맡고 있다.

협회장을 맡게 되면서 내가 생각했던 주안점은 2년 임기 동안 대 단한 일은 못하더라도 이노비즈 기업들의 성장 동력을 키우기 위해 서 뭔가 의미 있는 작은 변화를 만들어야 한다는 것이었다.

첫째 이야기-중소기업지원통합센터

2013년 2월 20일에 협회장을 맡았는데, 그러고 나서 닷새 후에 박근혜 대통령이 취임하였다. 박 대통령은 취임하시면서 '창조경제'와 '중소기업 대통령'이라는 화두를 정책의 어젠다로 삼았고, 그러다 보니 협회장으로서의 하루하루가 정신없이 바쁘게 돌아가기 시작했다. 왜냐하면 창조경제에서는 기술혁신 기업과 벤처 기업이 주요 역할을 담당해야 하기 때문이었다.

첫번째 변화가 대통령의 미국 국빈 방문부터 나타났다. 대그룹 총수들이 수행 경제사절단의 주류였던 전임 대통령들과 달리 박 대통령께서는 중소·중견 기업 경영자들을 대거 참여시켰기에 혁신 및 벤처 기업 관련 단체장들이 단골로 참석하게 된 것이다. 미국 순방 때부터 대통령을 가까이에서 접할 기회가 많아지면서 제일 힘든 게 나의 성격적인 실체였다.

어디 가서도 나서길 좋아하지 않고 혼자 있는 시간을 좋아하는 내성적인 성격 때문에 이를 극복하는 것이 쉽지 않았다. 그렇지만 기술혁신 기업 단체장을 맡았으니, 단체장으로서 대통령 및 고위관료들에게 기술혁신 기업의 애로사항을 끊임없이 건의해야 하는 위치에서 역할을 해야 했다. 협회장을 맡으면서 기술혁신 기업인 이노비즈 기업과 창업 초기 단계의 벤처 기업의 차이점이 무엇인지 검토했다. 얻은 결론은 다음과 같다. 창업 초기 벤처 기업들은 일반적으로 창업 멤버 안에 독자적인 기술을 가지고 있기에 큰 문제는 '자금 부족'이었다. 연구 개발하거나 개발한 제품을 양산 및 마케팅하기 위해서 부족한 자금을 어떻게 조달하느냐가 벤처 기업의 관건이었다. 그러나 벤처로 창업하고 나서 죽음의 계곡을 넘어 안정적인 기업의 모습을 갖춘 평균 업력이 14년이 되는 이노비즈 기업군들이 지속 성장하기 위해서는 꾸준한 연구 개발 역량을 키우는 것이 절실했다. 즉, 연구 개발 인력의 부족이 첫 번째 난관인 것이다. 이 부분을 해결한 후 양산 및 마케팅에 소요되는 자금을 제때 지원받을 수만 있다면 이노비즈기업들의 성장 동력을 현재보다 더 확대시켜 나갈 수 있으리라 판단했다.

1만 7,000여 기술혁신 기업의 평균매출액이 150억 원 수준이다. 기술혁신 기업의 최고경영자는 기술 트렌드에 적응해 나가면서 미래의

글로벌 중소기업간담회에서

먹거리를 어디서 찾을까 끊임없이 고민해야 한다. 대기업이야 업무를 분담할 수 있는 능력 있는 경영자가 여럿 있지만, 기술혁신 기업의 경우 경영자 혼자 모든 것을 맡아서 해결해야 하는 경우가 많다. 연구 개발은 엔지니어 인력의 충원으로 가능하겠지만 현실은 회사가 원하는 제품을 개발할 수 있는 하이테크 연구 인력을 구하기가 쉽지 않다. 대기업과 중소기업의 연봉 차이(2013년 기준 대기업의 52.9%)와 사내복지 등으로 인하여 하이테크 인력들이 중소기업을 기피하기 때문에 연구 인력 부족이 기술혁신 기업의 가장 큰 난제다. 또 이노비즈 기업들을 글로벌화 시켜서 더 많은 기업들이 해외 시장에 진출할 수 있는 방법을 찾아야 한다. 하지만 많은 이노비즈 기업이 해외 시장 진출에 대한 경험이 부족하기 때문에 이 일도 결코 쉬운 과제가 아니었다.

이 두 가지가 제대로 된다면 더 많은 일자리 창출이 가능할 것 같았다. 그런데 대통령과 미국 국빈 방문 시 경제사절단의 일원으로 수행했을 때 중소기업 단체장들이 대통령에게 건의할 시간을 주겠다는 전갈이 왔다. 나에게 주어진 시간에 선택과 집중을 해서 한 가지만 건의하기로 했는데 기술혁신 중소기업의 연구 개발 인력 보강에 대하여 평소에 생각하던 내용이었다.

미국 워싱턴에서, 대한민국을 짊어지고 나가시는 대통령과 주요 각료들 그리고 삼성 이건희 회장, 현대자동차 정몽구 회장을 위시한 대그룹 회장들과 한국을 대표하는 중소·중견 기업 회장 및 단체장들

앞에서 발표한다는 것 자체가 엄청 떨리는 일이었다.

어쨌든 눈 질끈 감고 소신 있게 정부 출연 연구소 인력을 보강한 후 이를 중소기업 연구 개발 인력으로 지원하고, 기술 지원하는 가운데서 연구 인력이 중소기업으로 전직(轉職)을 원할 시 이를 적극 지원해 달라고 말씀드렸다. 대통령께서는 중소기업 단체장들의 건의사항을 꼼꼼히 수첩에 기록하셨고 내가 건의한 사항도 열심히 받아 적으셨다. 그 후 두세 달이 지나도록 건의사항에 별다른 후속 조치가 없기에 내가 이야기한 내용이 대통령의 관심사항은 아니었구나 싶었다.

그런데 4~5개월이 지난 2013년 8월 말에 안산에 있는 생산기술연구원에서 중소기업지원통합센터 개소식이 있다는 연락과 함께 이노비즈 협회장의 참석 요청이 왔다. 나는 행사의 실제적인 내용도 정확

중소기업 단체장과의 간담회에서

히 파악하지 못한 채, 참석하고서야 내가 대통령께 건의 드린 내용을 토대로 만들어진 행사임을 알았다. 미래창조과학부 산하에 중소기업의 연구개발 인력을 지원하기 위한 '중소기업지원통합센터'를 만들어 주신 것이다. 현판식에서 미래창조과학부 장관의 축사문 중 "1379로 전화하면 정부 출연 연구소의 연구 개발 인력이 기업의 연구 개발을 지원해 드릴 것이다"라는 내용에서 나는 대통령의 중소기업에 대한 세심한 배려에 감사했다.

둘째 이야기-중국 국빈 방문

한국과 중국 양국 국가원수가 베이징 인민대회당 금색대청(金色大廳)에 들어서고 있었다. 그 순간 행사장을 가득 메운 경제사절단과 내빈들은 너 나 할 것 없이 한마음으로 박수갈채를 보내며 어느새 함께 자리한 분들과 운율을 맞추고 있었다. 함성과 박수 소리가 거대한 금색대청이 뽐내는 웅장함과 함께 적당한 긴장감으로 바뀌며 공식만찬이 시작됐다.

일반적인 중국에서의 국빈만찬과는 어울리지 않을 정도로 간결하게 준비된 만찬이었다. 시진핑 주석의 소박함을 한눈에 느낄 수 있었고 처음부터 특별한 멘트 없이 자연스럽게 이어졌다. 만찬의 끝 무렵 국빈행사의 긴장감은 양국 민속 공연과 함께 한국어 전공 한족 학생들이 부르는 〈고향의 봄〉을 통해 서로를 생각하는 배려심으로 바뀌었다. 불필요한 권위주의는 찾아볼 수 없었다. 이례적이라는 말이 어울릴 법했다. 시진핑 주석은 함께 사진 촬영을 원하는 사람들과 일일이 포즈를 취하며 불필요한 권위주의를 배격하고 부드러운 친화력과 멋스러운 카리스마로 '새로운 중국'을 보여주고 있었다.

인민대회당 행사 전 중소기업 신중국 진출 전략토론회에서는 새로운 중국에 대한 기업 성공 전략을 배울 수 있었다. 중국에 진출한 대표적인 성공 기업의 전략은 간단하지만 명쾌했다. 소위 말하는 '관시'라는 편법을 배제하고 원칙을 준수했고 기업의 사회적 책임(CSR)을 다하는 착한 기업 이미지를 심어주면서 현지 특성에 맞는 전략을 통해 친화력을 높였던 것이다. 기업인이라면 쉽게 이해할 수 있는 내용이었지만, 행동으로 옮기느냐 그러지 못하느냐가 성공과 실패를 좌우하는 방정식임을 절실히 느꼈다.

어디 중국에서 기업 하는 것뿐이겠는가? 귀국 비행기 안에서 기술혁신형 중소기업인 이노비즈 기업이 기술 수출 및 융합을 통해 진출하고자 하는 베트남, 인도네시아, 필리핀 등 동남아시아 신흥 개발국에서도 이런 성공 방정식이 똑같이 적용될 것이란 생각을 했다. 지난 미국 방문 때도 그랬지만 이번 방중에서도 중소기업 단체장을 경제사절단에 대거 포함시킴으로써 대통령의 중소기업에 대한 지대한 관심을 확실히 느낄 수 있었다. 박 대통령께서 집권 5년 동안 경제와 외교 부문에 집중할 것이며, 특히 경제 부문에서 일자리에 높은 비중을 두고 국정을 운영해 나갈 것이라는 의지는 방중 이후 양국의 지속적인 경제 협력을 위한 한중 자유무역협정(FTA) 추진과 함께 우리 중소기업에 큰 희망을 품게 하기에 충분했다.

변화의 속도가 빨라지고 경쟁이 심해지는 요즘, 한두 가지 해법만 가진 경영자는 기업의 발전은 물론 산업의 미래를 이끄는 데 한계에 봉착할 수밖에 없다. 대통령이 베이징 댜오위타이(釣魚臺)에서 말씀하신 '시엔쭈오 펑요우, 호우쭈오 성의(친구를 사귀게 되면 비즈니스는 저절로 따라온다)'라는 중국인들의 비즈니스 기본 원칙이 가슴에 와 닿는다. 이런 중국인들의 생각처럼 기업 경영과 인생살이 역시 창조적 혁신의 한 과정이고 우리에게 다가올 미래는 그 연속일 것이다. 삶과 경영, 기업과 국가에 대한 안목과 통찰은 어려운 곳에서 찾을 필요가 없다. 그 실천과 경험은 지금 우리가 살아가고 있는 삶의 원칙과 일맥상통하기 때문이다.

셋째 이야기–베트남 국빈 방문

대통령을 수행해 외국을 가면서 협회장으로서의 역할은 크게 두 가지로 나누어 생각할 수 있다. 첫째는 방문 국가와 협회 소속 기업들의 비즈니스 연결고리를 만들어 투자 또는 시장 개척의 교두보를 만들 수 있는 기회를 타진하는 것이고, 둘째는 함께하는 정부 관계자와 기업인들에게 협회를 알려서 이노비즈 기업들에게 필요한 정책을 결정하는 데 도움을 받을 수 있는 네트워크를 만드는 것이다.

평소에 베트남은 국민 정서상으로도 그렇고 국가의 기술 수준으로 봤을 때도 이노비즈 기업처럼 기술력을 가진 기업들이 시장 개척 및 투자에 최적지로 생각했던 곳이다. 이미 대통령 국빈 방문 이전에 협회 차원에서 하노이 및 호치민 시에 시장개척단을 파견하였고 협회장인 내가 선두에서 참가업체 CEO들과 호흡을 맞추면서 같이 뛰었다. 그 과정에서 베트남 과학기술부에서 이노비즈 협회에 이노비즈 기업들의 기술 지원 및 기술 투자를 강력하게 요청해 왔기에, 이 부분에 대하여 대통령 국빈 방문 시에 확대할 수 있는 연결고리에 대하여 초점을 맞추었다.

베트남과 이노비즈 협회 사이에 지금까지 진행된 사항을 요약하자

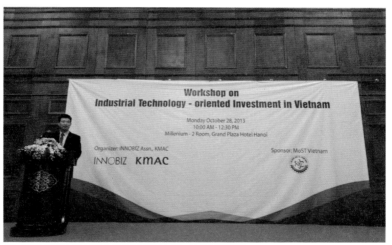

이노비즈 베트남 기술투자 워크숍(베트남 하노이 플라자호텔)

면, 과학기술부 산하의 기술혁신국과 긴밀하게 연락을 하면서 상호 방문 및 스킨십을 지속해 오고 있으며 이노비즈 기업으로 구성된 시장개척단을 지속적으로 파견하는 등 활발하게 관계를 발전시키고 있다.

이노베이션과 이노비즈
—이노비즈는 대한민국 성장사다리의 허리

　일자리 창출과 성장 동력을 키우는 것이 정부의 가장 큰 숙제일 것이다. 대한민국 일자리 창출과 성장 동력에 도움이 될 방안에 대하여 평소에 생각했던 부분에 대하여 말하고자 한다.

　대한상의에서 발표한 성장곡선그래프를 보면 업력 9년에서 17년 사이의 중소 제조 기업은 창업 초기 벤처 기업이나 중견 기업들에 비하여 성장률이 현저히 떨어지는 정체기를 나타낸다고 한다. 이에 대한 일반적인 분석은 기업들이 창업 초기 벤처 단계에서 죽음의 계곡을 넘어서면서 먹고살 만하니까 상대적으로 도전 의식도 떨어지고 현실에 안주하려는 경향을 보이기 때문이라는 전문가들의 의견도 있다.

업력 9년에서 17년이 되는 제조업체 중에 혁신적인 기술로 성장해온 이노비즈 기업들을 분석해 보면 정체기에 속한 기업들의 성장속도를 어떻게 키울 것인가에 대한 해답이 나오고 일자리 창출에 대한 해법도 나올 것이다.

최근 3년간(2010~2012년) 이노비즈 기업들은 연평균 4.4% 수준의 신규 고용을 해왔다(이노비즈 기업 1만 7,200개, 평균 임직원 43.2명, 연평균 3만 2,000명, 2013년은 약 3만 8,000명 고용). 일반적으로 우리나라 중소기업 종사자 수가 약 1226만 명으로 통계가 나오는데 이들 기업들이 이노비즈 기업처럼 매년 4.4%의 인력을 신규로 채용한다면 해마다 약 54만 명의 일자리가 생겨나는 것이다. 이노비즈 기업군에 속하는 기업들의 채용 규모가 중소기업 전체로 확대된다면, 현 정부의 일자리 창출 목표인 매년 48만 명은 중소기업만으로도 넘을 수 있게 된다는 의미이다. 이렇게 많은 인력을 채용하는 데도 불구하고 업력 9~17년의 기업들의 성장그래프가 현저히 둔화되는 이유는 뭘까?

이노비즈 협회에서는 이 부분에 대하여 다양한 각도에서 분석하고 검토했다. 결론은 간단하게 답이 나왔다. 창업 초기 벤처 기업은 창업을 한 대표자나 그 주변의 동료가 제품을 개발할 기술력을 가지고 있다. 따라서 창업 초기 벤처 기업에 필요한 부분은 자금이다. 자신들이 시장에 내놓은 제품을 만들 기술은 이미 가지고 있기 때문이다. 그러나 죽음의 계곡을 넘어선 이후의 기업들은 자금도 필요하지만 더욱 시급한 문제는 창업자들이 규모가 커진 기업의 경영자가 되면서 생기는 기술력의 빈 공백을 메워줄 인력들(그것도 기존의 창업그룹보다 미래 지향적인 첨단기술을 가진 기술 인력)을 필요로 한다는 점이다.

그런데 현실은 어떠한가. 중소기업과 대기업의 연봉 차이는 말할 것도 없고 교육의 획일성으로 인하여 도전 의식이 사라진 젊은이들은 대기업, 공무원, 정부 출연 연구기관, 교사, 각종 고시로 몰려든다. 중소기업은 연구 개발할 인력이 필요한데 적정한 기술력을 가진 인력들은 쳐다보지도 않는 것이다. 참고로 기술혁신 기업이나 성공한 벤처 기업 같은 경우에 하이테크 기술 인력은 기업이 필요로 하는 인력의 10~30% 정도밖에 채용이 되지 않는다고 한다. 엘리트 기술혁신

연말을 결산하는 이노비즈인의 밤

및 벤처 기업들에게도 핵심기술 인력은 손사래를 치면서 오지 않는데 규모가 더 작은 기업들의 기술 인력 부족은 오죽하겠는가?

이러다 보니 채용 인력을 지속적으로 늘리는데도 수준 높은 제품을 개발할 역량은 부족하다 보니 성장 동력이 떨어질 수밖에 없다.

창업 초기 벤처 기업은 자금이, 이노비즈 기업군에 속하는 기술혁신형 중소기업들은 기술 인력에서 절대적인 어려움에 직면한다. 정부가 창업 열풍을 일으켜 창업 초기 벤처 기업을 육성하겠다는 부분에 대하여서는 기업가의 한 사람으로서 올바른 정책이라고 생각한다. 그러나 벤처 기업이 창업 후 죽음의 계곡을 넘어서 계속 성장하는 경우는 소수에 불과하고 시간이 많이 걸린다. 최근 미국이나 기타 선진국에서 나온 자료를 보더라도 일자리 창출에 있어서는 업력이 있는 제조 기반의 기술혁신 기업들이 견인하고 있음을 알 수 있다. 따라서 현재와 같은 창업 초기 벤처 정책만으로는 일자리 창출과 성장 동력을 키우는 데 한계에 직면할 수밖에 없다.

여기서 나는 우리나라의 성장사다리가 '창업초기 벤처기업 〉 중견기업 〉 대기업'이 아니라 '창업초기 벤처기업 〉 기술혁신 중소기업(엘리트 중소기업, 예비 중견기업) 〉 중견기업 〉 대기업'으로 바뀌고 여기에 걸맞는 맞춤형 정책을 발굴해야 대한민국의 성장 속도를 지금보다 높일 수 있다고 확신한다.

왜냐하면 창업 초기 벤처 기업 정책은 규모가 갖춰진 기술혁신 중소기업들에겐 적절한 정책이 아닌 경우가 많기 때문이다.

기술 수출 수입 부분의 관점을 보면 개발도상국에 기술을 수출할 역량을 가진 기업은 창업 초기의 벤처 기업이 아니라 상당한 업력에 기업 경영의 Know-How를 가진 기술혁신 중소기업이다. 참고로 일본이 50년 전 우리나라에 기술 지원을 하면서 그들의 부품을 사용하도록 했던 전략 때문에 50년이 지난 지금까지도 우리는 일본과의 무역 역조의 그늘에서 쉽게 빠져나오질 못한다.

2011년 우리나라 무역수지는 +360억 불이지만 기술 수출 수입에 있어서는 −58억 불이라고 한다. 그러면 기술 수지를 역전시킬 방법은 무엇일까?

일본이 했던 방식처럼 개도국에 기술 지원을 하면서 핵심 부품이나 컨텐츠를 우리 제품으로 쓰게 하는 전략인데 이는 가장 효율적인 기술 수출 방법이다. 창업 초기 벤처 기업은 미래의 시장을 장악할 신제품을 개발하는 데 모든 역량을 다하지만, 이노비즈 기업군들은 매출의 1/3을 수출(수출 기업당 평균 수출액 500만 달러)하는 것만 봐도 알 수 있듯이 해외 시장을 역동적으로 찾아나가는 기업군이다. 따라서 기술 무역 역조를 개선하려면 혁신기술 기업군이면서 어느 정도 안정적인 규모를 갖춘 이노비즈 기업들이 한 부분을 담당해야 한다.

따라서 우리나라가 4~5%대의 성장을 하려면 성장에 타는 목마름은 있지만 현실적으로 성장 동력이 떨어진 기업군에 적절한 정책이 있어야 한다. 그 타는 목마름을 가진 기업은 우리나라 기업군에서 허리 역할을 담당하는 기술혁신 기업(이노비즈 기업)이다.

기술혁신 기업 외에 관심을 가져야 하는 기업군은 여성 기업들이다. 대한민국에서 여성 기업은 기업 수에서는 우리나라 전체의 절반을 차지할 정도로 수적으로는 한몫을 하지만 전체 이노비즈 기업 1만 7,200개에서 여성기업은 900개 정도로 불과 5% 남짓밖에 차지하지 못한다. 골프의 박인비, 피겨의 김연아처럼 한국의 여성들은 각 분야에서 세계적으로 괄목할 만한 역량을 발휘한다. 그러나 우리나라 여성들이 유독 힘을 발휘하지 못하는 분야가 정치계와 산업계이다. 정치계는 박근혜 대통령이 국가의 수반이 되면서 그 분위기를 어느 정도 바꾸었지만, 아직도 기업계에서 여성 기업은 대부분 생계형의 규모를 벗어나지 못하고 있기에 여성 기업 규모를 확대시킬 방안이

한국—UN 지속가능발전해법(KSDSN) 네트워크 창립 추진위원회에서

필요하다.

여기서 예비 중견 기업들인 이노비즈 기업들의 성장 동력을 키울 방법에 대하여 생각해 보자. 얼마 전에 모 국책 연구기관에서 5명의 연구원을 뽑는데 250여 명이 지원했다는 이야기를 들었다. 이처럼 양질의 연구원들은 벤처나 혁신형 중소기업이 아니라 연봉 높고 일이 편하며 정년이 보장되는 곳으로만 몰리는 것이다. 그러면 이와 같은 불균형을 시장경제 원리대로 내버려두면 좋아질까?

재래시장에게 이마트나 홈플러스와 같은 대규모 양판점과 시장원리에 따라 경쟁하라고 한다면 재래시장은 점점 더 비참한 상황에 놓일 수밖에 없듯이, 인력 시장의 균형이 무너진 현실에서 중소기업은 기술 인력에 항상 목말라 한다. 중소기업이 힘들면 그만큼 국가의 성장 동력도 떨어질 수밖에 없다.

창업 초기 벤처 기업과 중견 기업 사이에서 끊임없는 기술 개발로 중견 기업으로 발돋움하고자 하는 기술혁신 중소기업(이노비즈 기업)은 우리나라 균형 발전의 허리 역할을 담당하는 기업들이다. 국가 성장 동력도 이들 기업을 지원하면 지금보다 성장률을 높일 수 있다. 자유로운 영혼을 가진 젊은이, 도전하는 젊은이와 같은 인력들을 이노비즈 기업들은 필요로 한다. 정부도 이런 기술 인력들이 중소기업에 충원될 수 있도록 필요한 정책을 펴나가야 한다.

아프리카 케냐에서의
우물파기

|

아프리카란 단어는 역마살이 충만한 나에겐 항상 가슴을 뛰게 하는 단어이다. 그런 아프리카에 드디어 갈 기회가 찾아왔다.

국가경영전략연구원(NSI)에서 '녹색성장 CEO 과정'을 함께 공부했던 김태현 사장님께서 아프리카에서 봉사활동을 하는 '팀앤팀'이라는 NGO 단체의 행사에 참석해 달라고 부탁하셨다. 팀앤팀 주최로 케냐의 대학생 성가대가 한국에 와서 공연을 하니 시간이 되면 와서 공짜 식사도 하고 공연도 보고 가라는 것이었다.

나는 솔직히 말해서 종교에는 큰 관심이 없다. 그러니 마음 내키지 않는 종교단체 행사에 시간을 뺏기기 싫었지만 김 사장님의 간곡한

초대를 뿌리칠 수 없었고, 녹색성장 과정을 함께 배운 학우들도 참석을 권유하기에 어쩔 수 없이 팀앤팀 NGO 행사에 갔다. 그런데 이것이 계기가 되어 케냐행 비행기를 타게 되고, 케냐의 오지 중의 오지를 방문하게 될 줄은 꿈에도 생각하지 못했다.

팀앤팀은 아프리카, 인도네시아, 북한 등을 돕는 NGO 단체인데 그날 팀앤팀의 정신적 지도자이신 이용주 선교사는 나에게 이렇게 말했다.

"우리는 기독교 관련 단체이지만 이슬람교도와 같은 이교도에게 억지로 선교를 하지 않습니다. 즉, 우리는 고객이 원하지 않는 것을 사라고 조르지 않습니다. 하지만 그들도 하나님의 피조물이기에 우리는 아무런 조건 없이 그들을 도와줍니다. 그들이 하나님을 믿든, 믿지 않든 가리지 않고요. 따라서 우리는 기독교 단체지만 이슬람교도를 현지 책임자로 임명하기도 합니다."

팀앤팀의 이런 생각이 나를 그들과 정서적인 공유가 가능하도록 했다. 이용주 선교사는 이런 이야기도 했다.

"《요한복음》의 [하나님이 세상을 이처럼 사랑하사 독생자를 주셨으니……]라는 구절에 비추어 보면 하나님은 세상을 조건 없이 사랑하시기 때문에 팀앤팀은 하나님의 참뜻에 따라서 이교도라도 조건 없는 베풂의 대상이라고 생각한다. 하나님이 인류를 사랑하사 독생자를 주셨는데, 그 인류는 기독교인뿐 아니라 모든 인류를 뜻하며 하나님은 아흔아홉 마리 양보다는 길 잃은 한 마리 양을 올바르게 인도

하는 것을 바라신다. 이슬람 지역에서 개종을 목표로 하는 선교는 오히려 역효과를 가져온다. 근본적 기독교 정신으로 돌아가서 열악한 환경에서 인간다운 삶을 누리지 못하는 세계의 모든 사람들을 돕는다는 것이 바로 팀앤팀의 봉사 정신이다."

나는 팀앤팀의 그러한 정신이 마음에 들었다.

아프리카 대학생 한 명을 후원하는 데 월 3만 원이라고 해서 후원서에 사인을 하려고 보니까 후원 항목 중에 '우물파기' 항목이 눈에 들어왔다. 1500만 원을 후원하면 아프리카에 우물(재래식 수동펌프)을 하나 파줄 수 있다는 내용이었다. 금액이 너무 많은 것 같아서 조금 갈등하다가 회사 차원에서 CSR(기업의 사회적 책임)을 실천하고자 하는 뜻에서 큰마음먹고 여기에도 사인을 했다.

그 이후 개인적으로 사인한 월 3만 원 기부는 매달 통장에서 빠져나가는 것을 확인할 수 있었는데 우물파기에 대해서는 통 소식이 없었다. 그래서 김태현 사장님에게 전화를 드렸더니 우물파기는 부담을 많이 주는 것 같아서 취소시켰다면서 월 3만 원 기부만 해도 충분히 감사하다는 말씀을 하셨다. 나는 김 사장님께 "아닙니다, 회사 차원에서 가난한 지구촌 가족들에게 좋은 일 하려고 생각해서 결심한 것이니 추진해 주십시오"라고 부탁드렸다. 그 이후 팀앤팀 관계자가 회사를 방문해서 정식으로 계약을 하고 후원금을 냈다.

우물파기에는 상당한 시간이 걸렸는데 과정을 알고 봤더니 먼저 우물을 필요로 하는 오지의 주민들을 찾아낸 후 그때부터 해당 지역을 탐사해서 수맥을 찾고, 수맥이 있다 싶은 그 지점에 시추 장비를 운반(장비 운반도 건기에만 가능한데, 우기철에 물이 흘러내리는 물길을 건기철에 차량 진입이 가능하도록 다듬은 후 그 물길로 옮긴다고 한다)하여 실제로 시추해 물이 있는지를 확인한 후에 우물 공사 자재를 중국이나 인도에 발주하고, 그 자재를 오지까지 어렵게 운반해야 하는 여러 과정을 거쳐야 한다는 것이었다. 그러다 보니 우물 파기 진행사항을 한참 동안 잊어버리고 있었는데, 2012년 말 드디어 첫 번째 우물 파기를 마쳤다면서 아프리카 원주민들이 자기들을 도와준 회사 대표인 나에게 '통수식'에 꼭 참석해 달라고 요청해 왔다. 그렇게 하여 엉뚱하게도 케냐행 비행기를 타게 된 것이었다.

첫째 날

2012년 12월.

하필이면 통수식 날짜가 대통령 선거일과 겹치는 바람에 선거도 못하고 황열병과 말라리아 예방주사를 맞고서는 장장 14시간의 비행 끝에 케냐의 수도 나이로비에 도착했다. 공항에는 팀앤팀의 홍정욱 팀장이 마중 나와 있었다. 적도를 지나는 나이로비 공항은 열대 지방답지 않게 선선했고 하늘은 새파란 가을 하늘을 대하는 듯한 느낌이었다.

2,000미터가 넘는 케냐고원에 있는 나이로비는 선선한 날씨로 인하

여 적도 부근이라는 느낌이 전혀 들지 않았다. 거기다가 오랫동안 영국 식민지였던 지역이라서인지 시가지는 영국풍의 아름다운 건물이 즐비했다. 단지 길거리를 다니는 사람들이 검은 피부의 아프리카 사람이라서 여기가 아프리카로구나 하는 느낌을 가질 수 있을 정도였다.

공항 근처에서 아침식사를 햄버거로 가볍게 끝내고 다시 케냐 국내선 비행기로 갈아타 케냐의 옛 수도이자 두 번째 도시인 동부 연안의 해양도시 몸바사로 향했다. 몸바사 공항을 나서자 아프리카 특유의 후끈한 열기가 밀려왔다. 비로소 적도의 나라인 케냐에 도착했다

케냐의 신발장수 아저씨

는 것이 실감났다.

이날의 목적지는 소말리아와의 접경 지역에 있는 소도시 가르센. 택시를 타고 가르센까지 5시간을 달렸다. 몸바사에서 가르센을 잇는 도로는 대부분 아스팔트 포장이 되어 있었지만 여기저기 구멍이 잔뜩 파여 있어 운전기사는 구멍을 피해서 곡예운전을 했다.

한 가지 재미난 것은 구멍 난 아스팔트 부위를 차가 피하지 않고 편하게 달릴 수 있게 흙으로 보수해 놓고 지나는 운전기사가 돈을 주기를 바라는 표정으로 쳐다보는 마을 청년들이 있다는 것이었다. 그런데 운전기사가 돈을 꼭 줘야 하는 의무도 없고 청년들도 돈을 주면 받고 안 주면 안 받았다. 그래도 집에서 일 없이 노는 것보다는 작은 용돈벌이라도 되니까 나오는 모양이었다.

가르센을 가는 도중에 김두식 대표와 홍정욱 팀장이 살벌한 이야기를 들려주었다. 얼마 전 가르센 인근에서 부족 간 패싸움(농경 부족인 포고모 족과 목축을 하는 오르마 족이 물과 목초지 문제로 싸움)으로 50여 명이 죽어서 가르센 지역에 계엄령과 야간 통행금지가 실시되었다고 한다. 그저께 통행금지가 풀렸는데, 아직도 치안이 불안정해서 내일 현장 방문 시에도 무장경찰들이 실탄을 장전한 채 경호할 것이란 말을 덧붙였다. 그 말을 듣고 보니 함께 오고 싶어 하는 아내를 안 데리고 온 게 잘한 일 같다는 생각이 들었다. 한 달 후면 둘째아이 결혼식인데 만에 하나라도 부부가 아프리카 오지에서 사고가 나면 결혼식이 제대로 될까 싶었기 때문이다.

케냐의 바오밥나무

가르센을 가는 길가에 여기저기 서 있는 바오밥나무가 아프리카의 멋을 더해 주었다. 그런데 케냐의 바오밥나무는 우리가 마다가스카르에서 볼 수 있는 나무 뿌리가 하늘로 향해 있는 듯한 일반적인 바오밥나무와는 조금 다르게 생겼다.

어둠이 아프리카의 사바나에 내려앉는 시간에 가르센의 팀앤팀 현장사무소에 도착했다. 젊은 한국 여직원(정필선)이 반갑게 맞아 주었다. 이 여직원은 현지명으로 써니(Sunny)라고 불렀는데 현지인들이 이름의 마지막을 영어식으로 부르면서 멋진 닉네임을 갖게 되었다고 한다. 그녀는 대학을 휴학하고 위험한 지역에서 봉사활동을 하고 있었다. 그 용기에 마음속으로 갈채를 보냈다. 사무소에 계신 분들과 가벼운 인사를 나누고 가르센 시내의 호텔로 이동했다. 그저께까지 계엄령이 내려진 곳이라 군인들이 호텔 전체를 사용하고 있었기에 계엄령이 해제되지 않았다면 호텔에 빈 방이 없어서 내가 팀앤팀의 현장 사무소에서 숙박을 해야 할 뻔했다고 한다.

호텔은 단층건물인데 외관은 제법 그럴듯했다. 하지만 호텔의 특실이라는 방에 들어서는 순간, 내가 관광 온 것이 아님을 실감했다. 에어컨은 60~70년대 우리나라 부잣집이나 회사 사무실에서 간혹 볼 수 있었던 벽 부착형이었는데 호텔 주인은 군인들이 고장 냈다고 투덜댔다. 내가 보기에는 군인들이 고장 낸 게 아니라 40~50년은 사용한 듯한 에어컨이 그동안 작동했다는 자체가 신기할 정도의 고물이었다.

호텔 특실의 낡은 침대, 모기장과 깨진 유리거울이 이 나라의 경제 상황을 말해 주는 듯했다. 화장실에는 거미줄이 여기저기 덕지덕지 붙어 있었고, 시멘트로 대충 만들어 더울 때 샤워가 겨우 가능한 수준이었다. 천장의 대형 선풍기는 침대로 떨어져 내릴 것처럼 덜덜거리며 간신히 돌아갔다. 단층건물의 방 안이 한낮의 열기로 달아올라 있어서 빌빌거리는 선풍기로는 제대로 더위를 달랠 수가 없었는데, 이놈의 선풍기마저 잠시 후 고장 나버렸다.

적도의 아프리카에서 달아오른 호텔방이 너무 더워 마당으로 나왔더니 쏟아지는 하늘의 별들이 보였다. 은하수와 별들이 얼마나 아름

가르센 특급호텔의 외관

가르센 특급호텔 특실 풍경_거울 아랫부분이 깨져 있다.

다운지……. 하지만 밤하늘의 아름다움도 잠시였다. 오랜 여정으로 지칠 대로 지쳤기에 몸은 나에게 잠을 요구하고 있었지만 적도의 찌는 듯한 더위에 도저히 잠을 이룰 수가 없었다. 새벽 1시가 넘은 시간에 나의 비참한 소식을 들은 팀앤팀 직원이 사무실에 있는 선풍기를 한 대 갖다 주어 그나마 겨우 선잠으로 밤을 보낼 수 있었다.

둘째 날

평소에 땀을 많이 흘리는 체질인데다 후끈 달아 있는 실내에서 불안한 치안 상황과 말라리아 모기가 무서워 방문을 꼭 걸어 잠그고 잤던 탓에 온몸이 땀으로 푹 젖어 있었다. 하지만 건기의 이른 아침의 마당 공기는 아직 대지를 달구는 태양이 뜨기 전이라서 싱그러웠다. 호텔 마당에는 닭과 가축들이 한가로이 돌아다녔다. 닭고기가 들어간 카레와 밥으로 소박한 아침식사를 하는 도중에 오늘 방문지에 우리를 태워 갈 랜드크루즈 차량이 도착했다.

팀앤팀 관계자의 말로는 한국산 SUV 차량을 가지고 왔더니 도로 사정이 얼마나 열악한지 1년을 제대로 못 견디고 망가져 버렸다고 한다. 아프리카 케냐의 오지에서 차가 고장나면 죽음을 각오해야 한단다. 어쩔 수 없이 오지 전문 차량으로 제작된 랜드크루즈를 마련했는데 이 차는 최소 3~4년은 고장이 없다고 한다.

랜드크루즈의 내부를 살펴보니 그야말로 오지용 차량의 조건을 다

2부 | 인생과 기업의 아노베이션

167

우물 파기 현장 방문길(무장경찰 2명이 경호했다.)

갖추고 있었다. 옛날식 라디오에 계기판도 수동회전식, 에어컨도 디스플레이와 같은 전자부품은 전혀 쓰지 않고 단순히 강약을 손잡이를 돌려서 조절하는 방식이고 그 외에 운전자를 위한 편의 장치라고는 거의 없었다.

아예 고장이 안 나도록 단순화한 것이다. 우리나라의 도심을 운전하기에는 너무 불편해서 아무도 돈 주고 살 것 같지 않은 차였지만 아프리카 오지 운행 시에는 최고의 차였다.

5인승 랜드크루즈에 탑승해야 할 인원은 모두 9명, 그중 2명은 실탄을 장전한 총을 든 무장경찰이라서 가벼운 공포를 느낄 만한 분위기였다.

　기사까지 포함해서 5명은 좌석에 앉을 수 있었지만 4명은 어쩔 수 없이 짐 싣는 뒷공간에 몸을 웅크려서 간신히 탔다. 나는 운전석 옆자리를 배정받았는데 VIP로 대접 받는 셈이었다. 오늘 방문지는 가르센에서 약 110킬로미터 거리에 있는 워터팬 사이트인데 3시간 반이 걸린다고 한다. 이 지역은 우기에는 진입이 거의 불가능하기에 건기에 우기의 물길을 길로 사용해서 진입한다고 했다. 차는 5분 만에 구멍 난 아스팔트 길을 비켜나서 밀림과 사바나의 중간쯤 되는 풍경을 보이는 지역의 물길로 진입했다. 강도나 테러의 위험 때문에 천천히 달릴 수 없다면서 길 상태가 나쁘지 않은 데에서는 60킬로미터의 속도로 마구 달렸다. 원주민 마을까지 가는 3시간 반 동안은 온몸이 사정없이 흔들렸고 나중에는 뱃속 내장까지 아파와서 한 손으로는 차량 내부의 손잡이를 꽉 잡고 나머지 한 손으로는 아랫배를 잡고 가야 했다. 내가 이렇게 고통스러운데 짐칸에 타신 분들은 이 진동을 어떻게 다 감당했을까 싶어 배가 아프다는 이야기를 할 수 없었다.

　하지만 차창 밖의 사바나 풍경은 아주 근사했다. 길가에는 엄마 혹멧돼지가 열 마리 남짓 되는 새끼들을 데리고 차 곁을 지나가는 모습이 보였다. 혹멧돼지 가족은 동물 만화영화에서 봤던 모습 그대로의 재미를 주었다. 그 외에도 전형적인 아프리카의 야생동물들의 흔적이 심심찮게 눈에 띄었다. 흰개미집도 보였고, 기린도 보았다. 그러다 보니 은근히 신이 났고 지금 내가 며칠 전 TV에서 봤던 김병만의

케냐의 마을 풍경

〈정글의 법칙〉의 한 장면 속에 들어와 있는 것 같은 기분이었다.

　말라 버린 물길 좌우엔 아카시나무들이 즐비했다. 이 아카시나무의 가시가 우리나라의 아카시아와는 크기와 굵기의 수준이 완전히 다르다. 가시 길이가 7~10센티미터에다가 손가락 힘으로는 꺾어지지가 않았다. 그런데 이 가시가 계절적으로 건기와 우기를 거치면서 일년에 한 번씩 낙엽지듯 우수수 떨어지는 때가 있다고 한다. 그럴 때 그 지역을 자전거나 오토바이로 지나가면 가시가 얼마나 억센지 타이어에 박혀서 바퀴를 폐품으로 만들어 버린다고 한다.

오반디 마을의 초등학교(학생 수 80명)

처음에 들른 곳은 외국의 NGO 단체가 설치한 워터팬이 있는 마을
이었다. 워터팬이란 수맥을 찾을 수 없는 지역에서 물길이 모아지는
지역에 땅을 파서 우기에 물을 받아 사용하는 일종의 저수지를 말한
다. 이 저수지의 바닥은 흙이 마사토와 비슷해서 물을 받아도 고이
지 않고 며칠 후면 모두 투과되어 버려서, 바닥에 멤브레인 같은 것을
깔아 물 투과 방지 공사를 해야 한단다. 그곳을 구경하고 오반디 마
을로 향했다.

이 마을은 조만간 팀앤팀에서 워터팬을 축조하게 될 지역이었다.
오반디 마을 부근에 있는 물웅덩이 근처에 차를 정차했을 때 내가 봤던 물웅덩이는 도저히 사람이 식수로 쓸 상태의 물이 아니었다. 야생동물과 가축 그리고 사람도 함께 쓰는 웅덩이였는데, 완전한 흙탕물인 데다가 물속 여기저기 동물의 배설물들이 널려 있었다. 따라서 주변에 마을 사람들이 맑은 물을 쓸 수 있도록 워터팬을 설치할 계획이라고 한다. 마을에 들어서는 순간, 21세기에 이렇게 열악한 환경에서 살아가는 지구촌 가족이 있다는 게 마음이 아프면서도 한편으론 경이롭기까지 했다. 돼지 막사로도 한국에서는 쓸 것 같지 않은 구멍이 뚫린 2평 남짓한 흙집이 마을 학교라고 했다.

　오반디 마을의 오도간다 추장 일행이 반갑게 우리 일행을 맞이했

오반디 마을의 오도간다 추장(가운데), 옆의 여인이 추장의 네 번째 아내

다. 오도간다 추장은 60대 중반의 나이라는데 그의 옆에는 나오미 캠벨을 능가할 미모의 여인이 있는 게 아닌가! 나이를 물어봤더니 16 살이라는데 오도간다 추장은 그 여인이 자신의 넷째 부인이라며 소를 30마리나 주고 사온 비싼 아내라고 했다. 나도 소 30마리 주고 저런 아가씨를 사서 아프리카 오지에서 살아 보면 얼마나 행복할까 실없는 상상을 해보다가 나도 모르게 히죽 웃음이 나온다. (귀국해서 아내에게 농담으로 한마디 했더니 아내가 되받아서 한마디 한다. "예쁜 케냐 아가씨 한 명 데려오시지 그랬어요. 식사 준비도, 빨래도, 밤일도 대신 시켜먹게.")

이 마을 사람들은 오르마 부족으로 1,300년 전 에티오피아에서 온 민족이라고 했다. 실탄을 장전한 무장경찰 2명이 항상 전후에서 우리를 경호하고 있어서 안심이 되면서도 뭔가 살벌한 분위기가 깔려 있었다.

추장이 우리에게 케냐식 차이를 한 잔씩 대접했다. 이 차이를 만들기 위한 물의 출처가 어디일까 궁금했다. 아무리 생각해도 조금 전에 우리가 본 짐승 대변이 잔뜩 깔린 물웅덩이 같았다. 오래전에 위암으로 인한 위수술 후 과민성 대장 증세가 조금 있는 까닭에, 오염된 물때문에 화장실도 따로 없는 오지마을에서 급한 볼일(?)이 생길까봐 곤혹스러웠지만, 추장님의 성의를 무시하면 안 될 것 같아 감사의 예를 표하고 마셨다. 어쨌든 차이의 맛은 나쁘지 않았다. (조금 후에 인천 공항에서 구입한 정로환을 챙겨 먹었더니 다행히 별 탈은 없었다.)

2부 | 인생과 기업의 아노베이션

다시 문명세계인 가르센으로 돌아와서는 우리가 방문한 오반디 마을과 도심지 반대 방향에 있는 마을을 방문했는데 타나 강에서 멀지 않는 곳으로 십대 여자아이들이 강에서 물통에 물을 담아 머리에 이고 지나가면서 활짝 웃는다. 까만 피부에 하얀 이빨의 미소가 아름답다. 근처에는 우물용 시추작업이 진행 중이었다. 여기는 강과 가까워 물이 풍부한데 왜 굳이 우물을 파야 할까 하는 의문이 들었다. 팀 앤팀 관계자의 이야기로는 타나 강에 악어와 하마가 많아서 여자아이들이 물을 긷다가 일 년에 몇 명씩 희생된다는 것이다. 그래서 물을 길을 때도 함께 간 동료들이 나뭇가지나 돌멩이를 던져 악어나 하

온갖 야생동물과 가축과 사람이 함께 마시는 물

마의 접근을 막는다고 했다. 그런데 아이들을 보니 2/3 정도는 눈알이 새빨갛다. 감염질환인 트라코마 때문이란다. 이 질환은 심한 시력 장애를 가져오는데 수인성 전염병이라서, 치료를 해주더라도 오염된 물로 세수를 하면 재감염되므로 우물을 먼저 파서 식수를 위생적으로 마시게 한 다음 치료해야 한다고 한다.

돌아오는 길에는 깨끗한 공기 때문인지 정글 속에서 바라다보는 석양이 무척 아름다웠다. 이 아름다운 자연에서 이토록 열악하게 사는 사람들. 그들의 미래는 어떻게 될까? 호텔에 돌아와서 저녁식사를 마치고 하늘을 올려다봤더니 하늘에는 여전히 아름다운 별들이 반

우물 시추작업

짝였다. 낮 동안 에어컨을 고친 모양인지 자갈밭에 깡통을 매달고 달리는 우마차처럼 요란한 소리를 내면서도 에어컨은 그럭저럭 작동이 된다. 시끄럽긴 해도 덕분에 지난밤보다는 잠을 편하게 잘 수 있었다.

셋째 날

고물 에어컨이 그나마 버텨준 덕에 숙면을 취해서인지 어제보다는 몸이 가볍다. 오늘은 여의시스템에서 후원해서 설치한 우물을 찾아가는 날이다. 어젯밤에 비가 아주 조금 내렸다. 건기에는 비가 내리는 경우가 거의 없다는데, 좋은 조짐인 것 같다. 하지만 우리가 가는 길은 그 작은 비에도 토질이 진흙이라서 엉망이었다. 랜드크루즈가 잘못하다가는 길 옆 사면으로 처박힐 것처럼 좌우로 비틀거렸다.

이 지역은 어제 방문했던 지역과는 기후가 전혀 달라서 아프리카 특유의 밀림이 우거져 있는 데다가, 길가엔 아름드리 망고나무가 지천으로 자라고 있었다. 그런데 여기에는 망고나무가 너무 많고 심기만 하면 잘 자라서 집에서 먹을 정도로만 딴다고 한다. 시장에 가져가도 돈이 안 되기 때문에 대부분은 나무에 매달린 채로 그대로 썩는다고 한다.

팀앤팀의 김두식 대표는 케냐에 유통되는 망고 제품은 전량 남아프리카에서 수입한다고 하면서 우리나라 기업 중에 관심 있는 기업이 이곳에 망고 주스 및 망고 관련 제품의 제조 공장을 세운다면 망고 제품을 만들고, 망고를 따고, 나무를 심고, 제품을 유통할 인력들의 일자리를 창출할 수 있을 거라면서 아쉬워한다. 시장은 확실히 눈에 보이지만 이곳의 치안 불안 때문에 기업인을 모시고 와도 쉽게 투자를 결정하지 못할 것 같다는 생각이 들었다.

길가에는 대형 컨테이너 차량이 어제 내린 비에 진흙 지반이 물러지면서 바퀴가 빠졌는지 꼼짝을 못하고 있었다. 그나마 다행인 것은 컨테이너 차량 옆으로 간신히 랜드크루즈가 통과할 수 있는 공간이 있어서 어렵게 50가구 400여 명 살고 있는 마을에 갈 수 있었다. 어

여의시스템의 후원이 이 마을의 생명의 샘이 되었다

린아이들이 학교 주변에 설치된 우물가에 모여서 물도 마시고 빨래도 하고 물도 길어가는 것을 보니 뿌듯한 행복감이 다가왔다. 나도 우물 손잡이를 눌러 봤더니 맑은 물이 펑펑 쏟아진다.

1500만 원의 돈이 400여 명의 생명줄이 된 것이었다. 이제 이 마을에서도 우리가 만들어 준 우물로 인하여 수인성 전염병에 대한 걱정 없이 물을 마실 수 있다고 생각하니 가슴이 뭉클했다. 국제기구가 조사한 바로는 케냐의 오지마을에 사는 주민들의 평균 수명이 50세를 넘지 못한다고 하는데 우물 한 개를 파주면 그 지역의 평균 수명이 5년은 늘어난다고 한다. 인간 생활에 있어 깨끗한 물을 마실 수 있게 하는 것보다 중요한 것이 얼마나 있을까 싶다. 우물을 완성하기까지 수고를 아끼지 않으신 팀앤팀 관계자들에게 감사의 뜻을 전했다.

우리가 도착하니 마을에서는 환영 행사를 한다고 부산한데 언뜻 봤을 때 250명 이상의 사람들이 모인 걸로 봐서는 밭일을 하고 있거나 몸이 불편한 분을 제외하고는 모두 나온 것 같았다. 졸지에 나는 아프리카 오지마을의 VIP가 되었다.

원주민 여인들이 곱게 옷을 차려입고 우리를 반겼다. 분위기를 봤을 때는 축하 공연을 최소한 서너 시간 정도 펼칠 요량으로 준비한 것 같았으나 바쁜 일정으로 춤과 노래 두어 곡만 듣고 마을을 떠날 수 밖에 없었다. 그들은 짧은 시간 동안이었지만 아프리카 특유의 열정적인 춤과 노래로 나를 감동시켰다. 떠나는 우리를 보고 너무도

우물 후원 감사 환영파티

우물 후원 감사 환영파티에서의 연설

179

아쉬워했는데, 그 아쉬워하는 표정에 진정성이 담겨 있어 가슴이 짠했다.

축하공연을 주도했던 여인이 매우 열정적으로 춤을 추었기에 작별 인사를 하면서 봤더니 몸이 땀으로 흥건했다. 감사의 마음과 안타까운 마음에 그 여인의 얼굴과 목에 흐른 땀을 손수건을 꺼내 닦아 주었더니 그 자리에 모인 마을 사람들이 얼마나 큰 환호성을 질러 대는지, 환영식장을 먼저 빠져나갔던 팀앤팀의 김두식 대표가 놀라서 뛰어왔다.

"너무도 큰 소리가 나기에 성 사장님이 원주민들에게 납치된 줄 알고 깜짝 놀랐습니다."

"김 대표님! 피부색과 삶의 방식은 달라도 사람들은 진정성 담긴 서로의 표정과 행동에서 감동을 하게 됩니다. 저도 뜨거운 환영행사에 감동했고 여기 계신 분들도 제가 손수건으로 흘린 땀을 닦아줌에 환호성을 보이는 것을 보면서 느낀 겁니다."

나의 답변이었다.

그들의 환영을 뒤로하고 다시 몸바사까지 긴 여행을 하였고, 비행기를 타고 나이로비 공항에 내렸다. 그리고는 팀앤팀의 나이로비 본부로 갔다. 본부의 이용주 선교사 및 서울에서 오신 팀앤팀 직원들과 2박 3일 동안의 짧은 여정이었지만 아프리카 오지에서의 경험담과 팀앤팀이 우물 파기를 하면서 있었던 에피소드로 담소를 나누었다. 이용주 선교사의 고향이 삼척이라는데 이야기를 나누다 보니 연세대

전자공학과를 같이 졸업한 삼척이 고향인 친구(이용균)와 절친한 친구 사이라고 한다. 세상은 이래서 나쁜 짓 하고는 마음 편히 못 산다는 말이 맞는 모양이다.

알려지지 않은 이야기지만, 처음 KBS 한민족 리포트팀이 케냐에 와서 팀앤팀의 이용주 선교사를 취재하려 했다고 한다. 이용주 선교사는 자신은 그 자리에 설 만큼 대단한 사람이 아니라면서 한사코 취재에 응하지 않았고 자기보다 훌륭한 분이 있다며 소개한 분이 〈울지마 톤즈〉의 주인공인 남수단의 이태석 신부였다. 이용주 선교사님과 KBS 취재팀이 남수단으로 취재하러 가다가 케냐의 1번 국도에서 노상 무장강도를 만나 카메라도 일부 빼앗기고 또 함께 동행했던 팀앤팀의 김두식 대표는 총알 파편을 맞아 한쪽 눈을 실명했다고 한다. 그런데도 이용주 선교사는 부상자를 병원으로 보내고 사태를 수습하자마자 KBS 취재팀을 남수단 국경까지 안내했다고 한다. 우리들에게 가식 없는 눈물을 듬뿍 흘리게 해줬던 이태석 신부의 아름다운 삶과 죽음이 한국에 알려진 배경에는 이용주 선교사님의 헌신이 있었던 것이다.

나이로비의 팀앤팀 본부는 가르센의 현장사무실에 비하면 천국이었다. 평소에 사용하시던 침실을 나에게 내어준 이용주 선교사님께 감사하면서 꿀맛같이 편한 잠을 잤다. 다음 날 새벽 4시에 일어나서 나이로비에서 세 시간 반 거리의 카바락대학교 캠퍼스에서 아프리카 대학생들의 워크숍을 참관하러 갔는데 그 이야기는 다른 글에서 이

이노비즈 사회지원책임센터의 활동(관악장애인종합복지관 후원물품 기부)

야기하도록 하겠다.

　워크숍 장소로 가는 길이 케냐의 1번 국도였는데 아직도 주위가 완전히 캄캄한 도로를 막고 경찰들이 차 창문을 열게 하고는 랜턴을 비추면서 한마디 한다. "Are you safe?" 김두식 대표의 설명으로는 노상강도가 하도 많아서 경찰들이 혹시나 강도에게 납치된 차량인지 아닌지 내부를 확인하는 것이라고 한다. 갑자기 등골이 오싹해진다.

　케냐 방문을 계기로 나 자신과 여의시스템의 사회 공헌에 대해 다시 생각하게 되었다. 그동안 여의시스템은 성장, 연구 개발, 경영의 효율성, 신사업 영역 확대 등등 기업 고유의 경제적 활동에 모든 노력을 경주했다. 기업의 존재가치는 수익 창출이기에 그 모든 것이 가장 중요하다. 하지만 아프리카와 같이 너무도 열악한 환경에서 태어나고 자란 지구촌 가족들이 이 세상은 살 만한 곳임을 느끼게 하기 위한 사회적 책임이라는 측면도 고려해야 할 한 부분이라는 것을 절감했다. 케냐에 다녀온 뒤 이노비즈 협회에 임원들의 중지를 모아 사회지원책임센터를 개설하고 그 활동을 개시했다. 사회지원책임센터 개설 후 여의시스템이 이노비즈 협회를 통해 우물파기 사업에 기부한 것도 케냐에서의 생생한 체험이 한몫을 했다.

이노비즈 협회에 사회지원책임센터 개설 직후 에이원카프의 홍성소 대표가 음성 꽃동네와 관악 장애인 자립생활 센터에 탑차 한 대 분 량의 식료품을 후원했다. 작은 냇물이 모여 강이 되고 바다가 되듯 이노비즈 기업들의 사회 책임에 대한 작은 출발이 세상을 더 따뜻하게 만들 것이다.

케냐 카바락대학에서
주한 우간다 대사의 특강

케냐에 가서 우물 후원 환영식에도 참석하고 원주민 마을도 둘러보면서 많은 것을 느꼈지만 또 한 가지 나를 감동시켰던 것은 'SAM 2012 HARVEST CONFERENCE'에서의 주한 우간다 대사의 특강이었다. 돌아오기 이틀 전 나이로비에서 1번 국도를 타고 북동쪽으로 약 150킬로미터 떨어진 나꾸루에 있는 카바락대학에서 열린 이 행사는 미래의 아프리카 지도자가 될 케냐, 우간다, 탄자니아 3국의 대학생들이 모여서 그들의 고민과 진로, 국가의 미래 등을 토의하는 자리였다. 이 자리에서는 다양한 주제로 토론과 강의가 있었는데, 그중 가장 인상 깊었던 부분은 주한 우간다 대사를 지냈던 분의 특강이었다.

여기에 그 특강 내용을 요약해서 담는다.

    지금으로부터 50년 전인 1962년의 대한민국 국민소득은 87불이었다. 케냐, 우간다, 탄자니아의 국민소득도 대한민국과 비슷한 수준이었다. 그리고 50년이 지난 후인 2012년 한국의 국민소득은 2만 3,000불이 넘는데 케냐는 865불, 탄자니아 609불, 그리고 내 조국 우간다는 547불이다. 50년이란 시간 동안 무슨 일이 있었기에 이와 같은 극단적인 차이가 만들어졌는지 생각해 보자. 당시의 한국 지도자는 박정희 대통령이었다. 한국 지도자와 국민들은 우리가 유럽의 지배를 받았던 것처럼 일본에 의한 식민 지배를 받았고 정부를 수립한 지 불과 2년만에 6·25 전쟁으로 폐허가 된 조국을 재건하기 위해서 뛰고 또 뛰었다.

    한국인들이 한 가지 목표를 위해 부지런히 일하고 있을 당시 우리 국민들은 현실에 안주하며 살았고 부패한 지도자들은 자신의 사리 사욕을 채우기에 바빴다. 우리나라의 지도자였던 이디 아민을 생각하면 짐작이 갈 것이다. 생각해 보자. 만약 지금 우간다, 탄자니아, 케냐의 국가 지도자가 '우리의 미래 먹거리는 전자, 자동차, 철강, 조선, 화학이다'라고 한다면 미친놈 소리를 들을 것이다. 1960년대 초 대한민국의 지도자 박정희는 그런 미친 소리를 했고, 5,000년간 찌든 가난을 떨쳐내고자 국민들을 설득해 자신이 생각한 미래의 먹거리가 국가의 성장 동력이 될 때까지 혼신의 힘을 모았다.

또 다른 예를 들어보겠다. 대한민국의 초대 대통령으로 독재자란 소리를 들었던 이승만은 국민소득 60불도 안 되던 시절인 1959년에 미국으로부터 구걸하다시피 하여 고물 원자로를 수입했다. 그것도 오늘의 아프리카처럼 원조로 간신히 국민들을 먹여 살리던 극빈국의 지도자……. 장관들이 반대했을 때, 이승만 대통령은 다음과 같이 말했다. "나는 우리 젊은이들에게 보잘것없는 이 원자로와 원자력이라는 에너지가 자원도 없이 가난한 대한민국의 미래의 희망이라는 것을 보여주고 싶고 그들에게 그 꿈을 심어주고 싶어. 어쩌면 먼 훗날 우리의 젊은이들이 원자력발전소를 만들고 수출하는 나라를 만들 수도 있을 거야."

지금 한국은 원자력발전소를 수출하는 나라가 되었다. 지금 내가 여기서 무슨 복잡한 이야기가 필요하겠는가? 지금 한국은 스마트폰 세계 1위, 메모리 반도체 세계 1위, 조선 세계 1위다. 한국에는 세계적인 자동차그룹 현대, 세계적인 철강회사 포스코, 세계적인 화학제품 기업 LG화학 등이 포진해 있다. 무역 규모 세계 10위권이 바로 지금의 선진국(우간다 대사는 우리를 '선진국'이라고 표현했다) 대한민국이다.

그렇다. 지도자가 국민들에게 꿈을 심어주는 나라와 그렇지 못한 나라가 어떻게 바뀌는지 50년의 시간이 잘 말해주고 있다. 대한민국이 깨어서 뛰고 있을 때 우리는 잠에 취해 있었다. 아프리카를 짊어질 젊은이들이여, 무엇을 망설이는가? 우리 조국의 미래를 부유한 국가로 만들기 위해서라면 한국을 보고 한국을 배우자.

이 감동적인 연설이 끝났을 때 나는 나도 모르게 눈물이 흐르고 있음을 알았다. 뿌듯하고 자랑스러웠다. 머나먼 아프리카에서 대한민국을 배우자는 외침이 들리지 않는가! 대한민국은 바로 나의 조국이었다. 한국의 새마을 운동이 아프리카에서 하나의 성장 모델로 인식되는 것도 우리의 눈부신 경제 성장과 밀접하게 연관되어 있었다. 현재 아프리카 케냐와 우간다 등지에는 가나안 농군학교가 개설되고 새마을 운동이 전파되고 있다는 이야기도 들었다. 원조 받는 가난한

카바락대학에서의 SAM 2012 HARVEST 컨퍼런스에서 Singalong

나라에서 원조하는 나라가 된 것도 중요하지만, 이제 가난한 아프리카의 젊은 청년들에게 우리나라가 '한국의 정신'이라는 끝없는 도전 정신을 전파하고 있다는 사실이 나의 눈물샘을 자극하고 있었다.

인천공항으로 돌아오는 비행기 안에서 돌이켜 생각해 보니 케냐에서의 4박 5일 동안의 숨가쁜 일정이 주마등처럼 지나갔다. 몸은 피곤했지만 쉽게 잠을 이룰 수 없었다. 아프리카 원주민들의 열악한 삶이, 그들의 순박한 눈동자가 눈에 밟혔다. 생각해 보면 한국의 50년대, 60년대도 그랬을 것이다. 찢어지게 가난했고 환경은 열악했다. 그리고 50년이 지난 지금 우리는 세계가 놀랄 정도로 엄청난 발전을 했다. 하지만 아프리카는 여전히 가난했다. 지금 다수의 아프리카인들은 인간 삶의 기본적인 조건조차도 스스로 해결하지 못하고 있다. 우리가 그들을 돕는 것, 기업의 사회적 책임을 다하면서 인류애를 실천한다는 것 자체가 얼마나 멋진 일인가. 앞으로도 나는 힘닿는 대로 그 역할을 할 것이다. 하지만 내 마음속을 떠나지 않는 말이 있다. 바로 주한 우간다 대사가 한 연설의 한 구절이었다.

'대한민국의 지도자는 열악한 환경 속에서도 국민들에게 미래를 위한 비전을 제시했다'는 말이다. 50년 전 케냐나 우리는 모두 빈곤한 삶을 살았다. 하지만 지도자의 비전이, 그리고 온 국민의 실천이 아프리카 케냐의 국민들과 우리를 이렇게 다르게 만들었다. 지금 우리는 돕고 그들은 도움을 받는다. 비전이 그러한 차이를 만들었고 그 비전이 현재 한국인의 자긍심의 원천이 되었다.

중소기업의 생존 전략
—움직이는 표적

군복무를 포천 지역에 있는 공병여단 통신대에서 했다. 시력이 좋아서인지 모르겠지만 사격에 있어서는 어느 정도 실력을 인정을 받아서 여단 관할의 중대 대항 또는 군단 직할부대 대항 사격 경연대회가 있을 때면 전문 사수로 여러 번 차출되었다. 그런데 중대 대항 사격대회 때는 50미터 거리의 고정 표적을 두고 사격을 하기 때문에 명중시키기가 쉽지만, 군단 직할부대 대항전일 경우에는 200~300미터 거리에서 갑자기 표적이 튀어나오기 때문에, 정해진 시간 안에 표적을 명중시키기가 아주 어려웠다.

20개의 표적이 시차를 두고 연속해서 나타나는데 직할부대 대항이라서 결과에 대한 정신적 부담이 있는 데다가 매번 표적이 나타나서 움직이다 없어지기를 되풀이하고 있었기에 전체의 3/4을 넘어서는 순간부터는 긴장을 너무 많이 한 탓인지 목표물이 안개처럼 아른거렸다. 때로는 표적이 나타나지도 않았는데 신기루처럼 잔상이 남아서 정신을 어지럽히곤 했다. 간신히 사격을 끝낸 후에는 총을 쥔 손바닥이 땀으로 축축히 젖어 있었다.

얼마 전 우리 회사가 코엑스의 전시회에 참가했는데, 참관하신 분 중에서 평소에 여의시스템을 아시는 분이 "여의시스템이 이런 분야의 사업도 합니까?" 하고 의아해 했다.

그분은 산업용 컴퓨터와 네트워크 장비, 컴퓨터 네트워크 보안 하드웨어 플랫폼 등 그동안 우리 회사의 비즈니스 영역이었던 소량 다품종의 자동제어 관련 장비와 전혀 다른 아이템을 한다고 생각했기에 그렇게 질문했을 것이다. 여기에 대한 답을 다음과 같이 설명하고자 한다.

우리 회사의 주력 아이템인 산업용 컴퓨터, 산업용 네트워크 장비 등의 국내 시장 규모는 아이템당 기껏해야 1~2천억 원 규모이다. 이 시장에서 많은 업체들이 각축을 벌이고 있다. 따라서 어느 한 영역에서 업체별로 시장 분할이 결정되고 난 후에 매출을 더 늘리려면 다른 회사의 고정 고객을 파고들어 가서 우리 고객으로 만들어야 한다. 이것은 생각보다 쉬운 일이 아닐 뿐만 아니라 업체 간에 가격 경쟁을 초래해서 요즈음 즐겨 쓰는 표현으로는 '시장의 레드 오션화'가

되는 것이다. 그러다 보면 우리 회사만이 아니라 경쟁 회사들도 상대편의 시장을 잠식하기 위해 사력을 다하기 마련이다. 때문에 매출을 늘리기는 고사하고 방어하기도 쉽지 않다. 참고로 최근 5년간의 실적을 분석해 보면 산업용 컴퓨터 등 오랫동안 영업해온 주력 아이템들은 연 5% 성장에 머물렀다. 그렇지만 최근 2~3년 사이에 만들어 낸 새로운 비즈니스 모델은 시장 진입에 성공했을 경우, 연평균 30% 이상 고속 성장을 해왔다.

이 결과에 대하여 나는 이렇게 평가한다.

우리가 오랫동안 해온 기존의 아이템들은 경쟁 회사들이 시장의 규모가 어느 정도인지 알고 있고 또 경쟁 회사의 시장 전략도 어느 정도 파악하고 있기에 아무리 노력을 많이 한다고 해도 시장 확장이 쉽게 되지 않는다. 그러나 새로운 비즈니스 모델(새로운 것이라고 해봤자 기존 아이템에 작은 차이를 만들어내 새로운 시장에 적용시키는 전략이지만 시장에서 고객들이 받아들이는 차이는 엄청나게 큰 경우가 종종 있다)을 찾아내 그 분야 고객들의 요구에 발 빠르게 대응하게 되면, 시장은 빠르게 늘어나게 되는 것이다.

경쟁 회사들이 미처 새로운 시장에 대하여 전열을 가다듬어 준비하고 생각하기 전에 우리 회사는 그 아이템 시장에 주도적인 기업으로 깊게 진입하여 있는 것이다. 당연히 새로운 시장에의 진입은 리스크를 감안해야 한다. 따라서 진입하기 전에 회사가 감당할 충격을 면밀히 저울질해야 하는 것은 물론이다. 최근에 만들어진 뉴 비즈니스 모델 중 한 가지는 시장에 진입한 지 불과 3년 만에 회사의 전통적인 캐시 카우였던 산업용 컴퓨터 매출을 능가할 정도의 선전을 펼치고 있다.

우리 회사는 해마다 새로운 비즈니스 모델을 찾아내고 있으며 이로 인하여 많은 시행착오를 겪으면서도 새로운 모델을 신성장 동력으로 만들기 위해 노력한다. 이처럼 우리는 기존의 아이템이라는 고정 표적이 아니라 새로운 비즈니스 모델을 지속적으로 만들어내 경쟁 회사가 공략하기 쉽지 않은 여러 개의 이동 표적을 만드는 전략을 써왔다. 기업의 전통적 아이템이 꾸준한 캐시 카우인 것은 사실이나 현실적으로 작금의 국내 시장의 건설 및 생산설비 증설이 위축된 상황에서 신성장 동력은 새로운 비즈니스 모델을 꾸준히 만들어야만 가능하다. 즉, 새로운 비즈니스 모델은 경쟁 회사의 관점에서는 사격에서 '움직이는 표적'이 되는 것이다.

기업이 해마다 2~3가지의 변형된 비즈니스 모델을 만들어내고 그 아이템 중 일부가 성공을 거두면 경쟁 회사에 대해 비교우위에 설 수 있게 된다. 앞으로도 나는 새로운 아이템을 지속적으로 찾아내고 기존의 아이템 중 경쟁력을 상실한 아이템은 과감하게 정리해 나갈 것이다. 이 방법이야말로 우리의 생존 전략이며 한국 중소기업의 생존 전략 중 한 가지라고 믿고 있다.

●얼마 전 모 기관에서 이노비즈 기업 CEO들을 초청해 탈북여성의 강의 및

테러, 적성국의 동향 등에 대하여 설명을 들은 적이 있다. 그리고 마지막에 5발을 한꺼번에 모두 쏘는 권총 실탄 사격을 체험했다. 나이가 들다 보니 눈도 침침해서 가늠쇠를 통해서 바라보는 표적이 가물가물해 사격이 잘될까 심히 걱정되었다. 거기다가 제대를 한 지 벌써 35년이나 되었으니……. 결과는 표적지에서 확인 바란다. 사격장 통제실장님 말씀, "가늠쇠 정열만 하고 나면 완전 일등사수입니다."

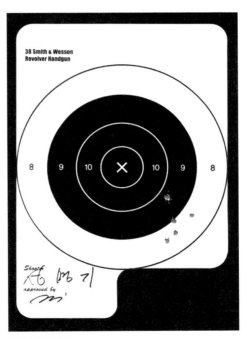

권총사격결과표

병원에서의 단상

|

얼마 전 건강진단을 위하여 A 병원에 들렀을 때 있었던 일이다. 병원에서 진찰받을 때를 기다리고 있었는데 유난히도 꼼꼼히 환자들을 진찰하시는 담당 의사선생님으로 인해 예약시간보다 40여 분 지연이 생겨서 책을 읽으면서 차례가 되기를 기다리고 있었다. 그때 대기실 분위기가 약간 소란해지는가 싶더니 아주머니 두 분이 카트에 커피, 녹차 등의 음료수를 가지고 와서 내가 앉아 있는 바로 옆에서 대기 환자와 보호자들에게 무료로 나누어 주기 시작했다. 카트에 'HOT WATER'라고 쓰여 있는 물통이 있기에 마침 목이 말라서 뜨거운 물 한 모금 마시기 위해서 다가갔다.

주변에 몰려 있는 환자 및 보호자들에게 음료수를 나눠 주기 위해서 바쁘게 손길을 움직이는 아주머니 옆에 빈 종이컵이 수북이 있어서 종이컵을 들고 HOT WATER 통으로 손을 가져가는 순간이었다.

"물만 드시면 안 됩니다."

고객들에게 무료로 음료수를 나눠 주시는 고마운 분의 입에서 나온 말이라고는 도저히 느껴지지 않을 정도의 딱딱한 목소리가 내 손을 주춤하게 만들었다.

"아니 음료수도 무료로 나눠 주시는데 물 한 잔을 마시는 게 왜 안 됩니까?"

두 분의 아주머니의 입에서 거의 동시에 나온 답변은 이랬다.

"그 물은 손님들에게 녹차를 타주기 위한 것이라서 뜨거운 물만 마시는 건 안 된다니까요."

어이가 없었다. 무료 커피와 무료 녹차는 되는데 무료로 물을 마시는 건 안 된다니…….

요즈음 A 병원을 가면서 오래전과 비교하여 여러모로 변화하는 모습을 발견하고는 작은 감동을 느낄 때가 많았다. 특히 노환으로 돌아가신 아버지와 어머니의 마지막 가시는 길을 A 병원의 의사선생님과 간호사들이 보살펴 주었기에 A 병원을 찾아왔을 때의 마음은 항상 편하고 좋은 느낌을 주었다. 진찰실에서 친절하게 환자에게 설명해 주는 의사가 그렇고 간호사들의 환자를 대하는 태도에서 나이팅게일을 떠올릴 때가 많았다. 그리고 전반적인 환자 진료도 빠르게 진행될 뿐만 아니라 외래 환자 진료에 지연이 발생할 경우 무슨 이유로 지연이 발생하는지 모니터와 방송으로 알려주고 또한 진료 예약일이 다가오면 친절하게 휴대폰 문자로 알려주었다. 거기다가 외래 진료실과 입원실 복도를 찾아다니며 고객 서비스 차원에서 무료 음료수를 제공하는 것도 신선한 느낌을 주었다.

그런 좋은 느낌을 받았던 병원에서 카트에 있는 뜨거운 물 한 모금 마시러 갔다가 제지를 받게 된 것이다. 그분들의 행동에도 이유가 있었을 것으로 짐작은 된다. 즉, 나처럼 물만 그냥 마시는 손님이 여러 명 있으면 녹차나 커피를 타주기 위해 필요한 뜨거운 물이 부족해진다는 것이 주된 이유일 것이다.

그렇지만 병원에서 무엇 때문에 많은 돈을 들여 환자와 보호자들에게 무료 음료수를 준비한 것일까? 그것은 환자와 보호자가 A 병원의 고객이니, 고객 만족 차원이 아니겠는가? 이런 일이 병원이 아니라, 비행기나 자동차 전시판매장에서도 발생하리라고 상상할 수 있는가? 어떻게 따뜻한 물 한 잔을 주기 위한 수고나 아량도 없이 대고객 접촉 서비스 창구에서 일을 한단 말인가? 확신하지만, 병원 측에서 환자나 보호자에게 이런 식으로 대하라고 하지는 않았을 것이다. 하지만 이를 실행에 옮기는 실무자들의 차가운 말 한마디로 인하여 씁쓸한 기분을 느끼고 돌아서야 하는 부분에 대해서 안타까운 마음이 들었다.

"물은 안 된다니까 그러면 녹차라도 한 잔 주십시오" 하고는 줄에 서 있는 분들 뒤에 잠시 서 있다가 아무리 좋게 생각하려고 해도 아주머니들이 타주는 녹차가 마음 편히 목구멍으로 넘어갈 것 같지 않아서 줄을 빠져 나와 대기실 의자에 앉았다.

이 작은 해프닝을 다시 생각해보자. 분명히 환자나 보호자에게 많은 비용(모르긴 해도 음료수, 종이컵, 아주머니 인건비를 포함하여 최소 하루 수십만 원은 들 것이다)을 들여서 음료수를 무료로 나눠 주는 호의적인 서비스를 하면서 경직된 사고로 행동하는 아주머니들로 인하여 받는 고객의 마음의 상처는 결코 병원이 원했던 바가 아닐 것이다. 차라리 내가 그런 상황에서 고객에게 서비스를 해주는 위치에 있고 물이 부족하거나, 아니면 자신들이 가지고 나온 음료수와 녹차를 모두 소비해야만 업무가 종료된다고 가정한다면 물 한 잔 먹으려는 사람에게 "녹차 타서 맛있게 드십시오" 하면서 봉지 녹차를 고객의 손에 쥐어주는 배려를 하였을 것이다.

병원에서 받은 씁쓸한 기분을 가지고 대기실에 앉아 있다가 문득 우리 직원들도 이와 같은 경직된 행동으로 고객의 마음을 상하게 하는 일들은 없을까 생각해 보았다. 우리 회사에서의 대고객 창구는 영업부와 연구소, 영업관리부서 그리고 고객지원부서로 분류하여 생각할 수 있다.

영업부에서는 한 개의 제품을 더 팔기 위하여 혼신의 노력을 하고 연구소에서는 고객이 요구하는 기능을 만들어 내기 위하여 끊임없이 고객과 스킨십을 해야 한다. 또한 고객이 사용하다가 불량이 난 제품을 수리하기 위해 고객지원부서는 야간이라도 현장에 뛰어가야 하고 영업관리팀에서는 악성 미수금이 없도록 만들기 위하여 매달 고객들에게 미수금 요청을 하게 된다. 고객 만족과 회사 생존을 위하여 노력하다가 자신의 업무만 생각한 나머지 고객의 감정을 상하게 하여 더 큰 문제를 불러일으킨 적은 없었을까?

우리 모두 한번 생각해 볼 문제이다. 앞의 예에서 보듯 고객을 위한 좋은 프로그램도 자신의 입장에서만 생각하고 행동하다 보면 충분히 생겨날 수 있는 일이라 생각된다.

언젠가 모 회사를 방문한 적이 있었는데 그 회사 영업사원은 손님인 내가 찾아와서 대표이사와 대화를 하고 있는데도 한쪽 귀퉁이에서 전화통을 붙들고 큰 소리로 미수금 독촉을 하고 있었다. 나중에는 큰 소리를 지르다 못해 "야이 XX놈아! 당장 돈 안 내놓을 거야? 개XX야!"라고 소리치는데, 뭐라고 할 말이 없었다.

분명히 그 영업직원은 돈을 안 주고 애를 먹이는 고객으로 인하여 엄청 화가 났었고, 보나마나 그날따라 상사에게 혼이 났을 것이고, 따라서 자신의 목표를 달성하기 위해서 전화를 했는데 "없는 돈 만들어 줍니까?"와 같은 고객의 능글대는 말투에 화가 머리끝까지 치솟았을 것이다. 그러나 아무리 화가 났다 하더라도 영업담당자가 전화로 고객에게 쌍스러운 욕을 하는 행동은 고객은 왕이라는 진부한 말을 생각하지 않더라도 도저히 있을 수 없는 일이었다.

'우리의 월급은 고객이 주는 것이다'라는 생각을 할 수만 있다면 조금 더 고객 입장에서 생각해 보면서 설득력을 가지고 접근할 수 있게 될 것이다. 대화로 문제를 해결할 수 없는 상황이 발생하여 법적인 조치를 취하기 전 단계인 내용증명 편지를 띄우더라도 편지 속에 진실된 마음으로 고객의 애로사항을 십분 이해하면서 '업무상 피치 못하게 법적인 조치를 취하게 됨을 유감으로 생각합니다'라는 말을 첨언하는 것이 극단적인 감정싸움으로 비화하는 것을 막는 좋은 방법일 것이다.

"수많은 문제들이 생겨날 수밖에 없는 상황에서, 생겨난 문제를 순차적으로 차근차근 풀어나가는 능력을 갖춘 조직을 우리는 기업이라 부른다"라는 경제학자의 말을 되새겨 본다. 우리가 속한 조직에서 일을 하면서 생겨나는 문제는 우리의 조직이 건전하게 살아 움직이기 때문에 발생한다고 생각하면 거친 감정이 묻어 있는 말도 부드럽게 바꾸어 볼 수 있는 여유가 생기지 않겠는가?

병원에서의 작은 일에서 받은 느낌으로 진료실 앞에서 기다리는 내내 서운한 감정이 가시지 않았지만 이로 인하여 우리 회사 직원들에 대해서도 한 번 더 생각해 볼 기회를 가질 수 있었으니, 이것도 나름 좋은 경험을 한 것이라 여기기로 했다.

행복이란

행복이란?

얼마 전 모 금융회사로부터 투자 제의를 받았다. 국책기관이라서 기업 이미지 재고에도 충분히 도움이 될 것이라 판단되어 기업 평가 자료를 제출했고 며칠 후 IR(투자설명회)을 했다. 처음 해보는 IR 발표였지만 나름대로 담담하게 설명을 했고 심사하시는 분들도 긍정적으로 받아들였다. 그런데 질문 및 답변 시간에 한 분이 이런 질문을 했다.

"기업 실적도 괜찮고 여러 부분에 대하여 좋게 생각됩니다. 그런데 대표이사가 암벽등반을 즐긴다는 게 마음에 걸립니다. 그래서인데 투자 조건으로 암벽등반 중지를 요청하고 싶은데 의견이 어떠신지요?"

나의 답변은 간단명료했다.

"그게 투자에 따른 필요조건이라면 투자를 받지 않겠습니다. 왜냐하면 저의 행복을 빼앗는 것이기 때문입니다."

그분은 아마도 속으로 이렇게 말하지 않았을까 모르겠다.

'그 인간 엄청 교만하구면. 이때까지 투자설명회 하면서 그런 인간은 처음 봤네.'

내가 생각해 봐도 나의 답변은 당돌할 뿐만 아니라 겸손하지 않은 면도 있었던 것 같다.

어쨌든 금융회사는 우리 회사에 투자를 결정했다.

그러나 나도 이 자리를 빌려 나를 위한 변명을 해야겠다. 사람마다 자신이 살아온 환경으로 인하여 다양한 취미를 가지고 있다. 등산, 골프, 스쿠버 다이빙, 스키, 바둑, 화초 가꾸기, 악기 연주하기, 여행 등등. 그런데 나에게 있어서 취미는 나 자신의 인생에서 차지하는 비중이 절대적이다. 나에게 암벽등반을 하지 말라는 것은 내 인생에 가장 중요한 행복을 빼앗아가겠다는 말과 동의어이다.

나는 대학에 입학하면서 한 가지 목표를 세웠다. 그 목표란 180센티미터란 큰 키에 어울리지 않게 겁이 너무 많은 것을 없앨 방법을 찾는 것이었다. 결론은 대학 산악부에 드는 것이었다. 그렇지만 그때 나는 산악부가 등산을 하는 동아리로만 생각했고 암벽등반을 하는 곳이라고는 생각도 못했다. 단지 산을 오르는 것만 해도 나의 소심한 성격으로는 감당하기 쉽지 않은 무서운 것임을 알고 있었고(초등학교

대학 1학년 때 첫 암벽등반의 떨림

때 소풍 갔던 친구들과 그렇게 높지 않은 산을 올랐는데 산길 옆으로 까마득한 절벽을 보면서 무서움에 떨었던 적이 있었다), 겁 많은 성격을 변화시켜 줄 것으로 생각했었다. 그래서 등산을 하려고 가입했는데, 나중에 보니 산악부의 산행은 대부분이 암벽등반이었던 것이다. 첫 암벽등반은 도봉산 우이암(우이동에서 올려다보이는 손가락 모양의 바위)이었는데 등반 중에 나는 거의 제정신이 아니었다. 손바닥엔 땀이 흥건히 고였고…….

그날 밤 나는 '가위 눌린다'는 말이 어떤 것인지 실감했다. 꿈속에서 몇 번이고 절벽에서 추락하다가 잠을 깼다. 온몸은 땀으로 푹 젖어 있었다.

이렇게 악연으로 시작된 산악부와의 인연은 그 후 나의 삶을 완전히 바꾸어 놓았다. 나중에 대학 산악부 회장까지 하게 되었고 지금까지 산악부와의 인연은 내 삶을 지배하고 있다. 거기다가 2학년 마치고 군복무 후 복학했을 때, 눈에 띄었던 산악부 여자 후배가 같이 살자고 내 옆구리를 찔렀고……. 그 덕분에 지금까지 30년 가까이 한이불 덮고 열심히 살아가고 있다.

이젠 시간이 나면 도봉산이나 북한산 그리고 설악산 등산을 하거나 암벽을 오르는 게 삶의 중요한 의미 중 하나가 되었다. 지난 초가을엔 설악산 노적봉의 아름다운 리지 코스인 '한 편의 시를 위한 길'에서 혼자 등반하던 도중 주변 풍경과 울산바위가 만들어 내는 풍경이 얼마나 아름답던지 넓은 바위에서 막걸리 한 잔 하고는 누워서 하

늘에 흐르는 구름이 만들어내는 기기묘묘한 형상들에 푹 빠진 적이
있었다.

그러다가 잠이 든 모양이었다. 잠에서 깨어 보니 두 시간이나 지나
있었고 어느새 땅거미가 주위에 깔려 있었다. 하산 길을 터덜터덜 걸
어 내려오는데, 어둠을 함께하던 풀벌레 소리가 얼마나 정겹던
지······.

산을 오를 때 나는 자유인이 된다. 행복이란?

삶이 물질적으로 풍요로워지는데도 사람들은 더 행복하다고 생각
하지 않는 것 같다. 세상이 풍요로워지고 살기 편해지는 것 같은데
자살하는 사람이 꾸준히 늘어나는 것만 봐도 알 수 있다. 자신의 일
에 몰입할 수 있을 때, 사람은 행복해진다는 것이 나의 개인적인 생
각이다.

요즈음 아내가 아코디언에 흠뻑 빠져서 매일 저녁 회사나 협회 일
로 늦게 집에 들어가면 서방이 왔는지도 모르고 아코디언을 끌어안
고 연습에 열중이다. 사실 나는 아내의 그런 모습이 참으로 보기 좋
다. 자신의 삶에 빠져 있는 모습이 내가 느끼는 아내의 가장 아름다
운 모습이기 때문이다.

아내가 요즈음 즐겨 연주하는 노래가 조경수의 〈행복이란〉이다.

행복이 무엇인지 알 수는 없잖아요?
당신 없는 행복이란 있을 수 없잖아요.

이 생명 다 바쳐서 당신을 사랑하리.

이 목숨 다 바쳐서 영원히 사랑하리.

이별만은 말아 줘요

내 곁에 있어 줘요.

당신 없는 행복이란 있을 수 없잖아요.

북한산 암벽등반

몰입

장면 1

오래전 이야기인데 아내와 연인으로 만나고 있을 때, 같은 학교 캠퍼스 커플이었던 우리는 거의 매일 밤 10시쯤 학교 도서관을 나와 여의도로 갔다. 나는 여의도 전경련 회관 뒤에 있는 미래의 처가인 광장아파트까지 아내를 바래다준 후 영등포시장까지 걸어간 후 다시 버스를 타고 집에 가곤 했다. 밤이 늦은 시간에도 우리는 여의도 순복음교회 근처에서 버스를 내린 후 여의도광장을 걷는 게 헤어지기 전의 마지막 수순이었다.

여자친구(아내)와 데이트할 때마다 매번 하던 자질구레한 이야기를 되풀이하면서 여의도광장을 가로질러서 걷던 그 시간이 얼마나 짧게 느껴지던지……. 요즈음은 마포대교에서 전경련 회관까지의 길을 승용차를 타고 가면서도 만만치 않은 거리구나 싶을 정도로 길게 느껴지는데, 그 길이 곁에 있는 상대가 누구인지에 따라서 엄청나게 짧게 느껴지기도 하는 모양이다.

장면 2

암벽등반을 하기에는 이제 철 지난 나이도 되었건만 아직도 주말에 시간이 나면 나는 암벽에 매달린다. 혹자는 기업체 CEO가 너무 위험한 취미를 가진 것이 아니냐고 지적하지만 안전수칙을 준수하면 스쿠버 다이빙이나 운전보다 덜 위험한 게 암벽등반이다. 어쨌든 요즈음도 암벽등반을 즐기는데 어쩌다가 평소 나의 암벽 실력보다 높은 고난이도 암벽을 오를 때면 바람 소리, 물 소리도 듣지 못하는 정적의 순간을 맞이하곤 한다. 모든 신경이 오직 바위 오름의 몸동작 하나하나에 몰두해 있는 것이다.

어떤 생물학자는 남녀가 진한 육체적 사랑을 나눌 때 분출되는 아드레날린이 암벽등반을 하는 알피니스트의 몸에서도 분비된다고 한다. 때문에 암벽등반이 아드레날린에 의하여 마약과 같은 중독성을 가진다고 설명하기도 하지만, 그 생물학적 원리에 상관없이 나는 지금도 바위를 오를 때면 한 마리 새처럼 한없는 자유로움을 느낀다. 일상의 내가 부딪치는 잡다한 일들과 순간적으로 단절되어 느끼는

자유로움일 것이다. 그것은 가슴 시리도록 짜릿하다. 아드레날린이
원인 제공인자인지는 알 수 없지만…….

장면 3

중학교 1학년 때부터 나의 학업 성적은 엉망이 되어 있었다. 시간
만 나면 대구 시내에 있는 고물상이란 고물상은 모조리 헤매고 다녔
다. 그러다 눈에 띄는 망가진 진공관식 단파라디오가 있으면 헐값에
구입하여 밤새도록 수리하느라 매달렸는데 여름철 36~38도를 오르
내리는 대구의 무더위 속에서도 나는 부모님께 혼날까 봐 선풍기도
없는 방에서 방문을 잠그고 한 장의 수건을 목에 건 채, 흐르는 땀을
연신 닦아가면서 고장 난 라디오를 주무르고 또 주물렀다.

어쩌다가 수리가 되어 희미하게나마 단파 밴드의 전파가 전리층에
반사되어서 이역만리 미국에서의 한국어 방송이나 모스크바나 유럽
에서 송출된 외국어 방송이 들릴 때면 잡음 속에 들리는 음악이나
사람의 목소리에 귀를 곤두세우곤 했었다. 그때는 청취하는 게 불법
이었던 이북 방송도 단파라디오로는 심심찮게 들을 수 있었다. 그러
다 보면 어느새 동녘이 훤하게 밝아 오고 있었기에 늘 잠이 부족한
상태였지만 학교에 가서도 나는 수업시간에 선생님 몰래 전자회로
사전을 펼치고는 라디오나 무전기 회로를 분석하며 보냈다.

그랬기에 학교 성적은 항상 꼴찌에서 두세 번째 이내에 있었다. 그

후 어른이 될 때까지 그때 내 귀에 단파라디오를 통해 들려오던 머나먼 이국 방송처럼 강렬한 짜릿함은 느끼지 못하는 것 같다.

얼마 전 나는 제수씨로부터 한 권의 책을 선물 받았다. 칙센트미하이(Csikszentmihalyi)라는, 스펠링으로는 발음하기 거의 불가능한 이상한 이름의 교수가 쓴 《FLOW》란 책이었는데 한국어로는 《몰입》으로 번역되었다. 저자는 FLOW(몰입)에 대하여 사람들이 다른 어떤 일에도 관심이 없을 정도로 지금 하고 있는 일에 푹 빠져 있는 상태를 말하며, 이때의 경험 자체가 매우 즐겁기 때문에 어지간한 고생도 감내하면서 그 행위를 하게 되는 상태라 정의하였다.

지금도 어떤 일에 쉽게 그리고 깊숙이 빠져드는 나의 모습을 보고 벗이나 선후배에게 나이에 걸맞지 않은 철부지 행동을 한다거나, 그럴 나이가 아닌데도 벌써 치매가 왔다는 빈정거림을 듣는 시숙의 행동을 한 권의 책으로 정의해 주었던 것이다. 그 이후로 나는 몰입할 수 있는 인생은 아름답다는 표현으로 나의 행동에 대한 변명 아닌 변명을 할 수 있게 되었다. 몰입이란 멋진 무기를 《FLOW》란 책에서 얻었다.

기업을 경영하면서 나는 우리 회사를 거쳐 간 무수히 많은 직원들과 만나고 또 헤어졌다. 20년 동안 여의시스템과 인연을 맺은 사원이 근속상으로 유급 해외 배낭여행을 하게 된 사례가 있었고, 반대의 사례로는 입사한 지 불과 몇 달 만에 사표를 책상 위에 두고 바람과 함께 사라져 버린 신입사원도 있었다. 사표를 낸 사원은 본인의 개인

사정도 있을 수 있고 또는 회사가 원인 제공자일 수도 있고 우리나라의 중소기업과 대기업의 현실적인 차이에서 기인했을 수도 있다. 하지만 요즈음 젊은 사원들을 대하게 되면 그들이 너무 쉽게 자신의 길을 수정하고 조금만 힘이 들면 감당하지 못하고 쩔쩔맨다는 생각이 든다.

끊임없이 잔머리를 굴려서 주변의 환경을 비교 분석해 나의 현재 조건에 따른 이해관계를 따지는 경우, 어떤 조직에서도 본인의 능력대로 인정받기는 쉽지 않다. 오히려 자신의 일에 몰입하는 집중력을 지닌 사원이 짧은 시간에 사회가 필요로 하는 인재에 도달하고 회사에서도 인정받는 모습을 보게 된다.

취업대란이라고 신문지상을 도배하는 모습을 보면서도 사람이 없어서 허둥대는 현실을 피부로 느끼는 게 오늘날 중소기업의 실상이다.

나는 세상을 살아가는 분들에게 자신이 만나는 현실에 몰입해 보기를 권한다. 그런 삶을 살아가노라면 아무리 힘든 일도 즐거움으로 다가올 것이며 그 즐거움이 성공적인 삶을 만들 가능성이 그렇지 않은 경우보다 몇 배로 높다는 것을 확신하고 있기 때문이다.

백조의 호수

대학 다닐 때부터 산악부에서 함께 등산을 다니던 후배와 먼 산을 찾아서 세상살이, 기업 이야기를 나누며 오르다 보니, 어느새 가을이 깊었는지 산은 붉은 단풍의 얼굴로 가까이 다가와 있었다. 땀을 흘리면서 산을 오르다가 잠시 휴식을 취하면서 뒤돌아보면 발아래 세상은 집들이 점점이 보이고 게딱지 같은 자동차의 행렬도 보인다. 저 속에서 우리들이 그렇게 아옹다옹하면서 살았던가 싶기도 하다. 산속의 단풍에 젖어서 잠시 발걸음을 멈추고 가벼운 간식거리로 배의 허전함을 달래노라니 후배가 불쑥 한마디 한다.

"명기 형은 여의시스템이란 회사에서 백조입니다."

갑자기 그게 무슨 소리인가 싶어서 한마디 했다.

"야! 인간아! 여자도 아니고 남자에게 백조라는 표현은 잘 안 어울리잖아."

그랬더니 후배 말이 이렇다.

"형은 여의시스템을 대표하는 경영자이면서 끊임없이 비즈니스 모델을 찾아내고 직원들과 열심히 스킨십하면서 기업을 건강하게 만들어 가고 있습니다. 그래서 외부에서 여의시스템을 보면서 닮고 싶은 기업이라고 이야기하지요. 그런데 백조가 우리에게 아름답게 보이는 것은 차가운 물속에 있는 발을 쉼 없이 놀리고 있기 때문에 그렇습니다. 오늘의 여의시스템의 모습은 형이 차가운 물속에 담긴 발을 열심히 움직였기에 가능했던 것입니다. 저도 어디에서 들은 이야기인데 인용해서 헛소리해 봤습니다."

지금의 우리 회사가 건강한 기업의 모습을 보이기까지 묵묵히 고객들과 전쟁 아닌 전쟁을 했고, 수주를 하기 위해서 뛰고, 문제를 해결하기 위하여 밤새워 연구 개발을 하고, 기업의 미래가치를 창출하기 위하여 끊임없이 변화를 시도했다. 또 완성도를 높이기 위하여 작은 실수도 용납하지 않는 제품을 만들고 단 한 개의 불량이라도 고객에게 전달되는 경우가 생기지 않도록 품질관리를 했다. 불량 제품이 발생했을 때 지구 어디까지라도 달려가 최단 시간에 고객 불만을 해소시키고 그 가운데서도 직원들의 애로사항을 풀어주기 위하여 관리자들은 작은 문제도 세밀히 관찰했다. 그 결과로 비로소 지금의 회사 모습이 됐다.

고고한 백조가 물 위에서 우아한 모습으로 떠 있기 위해서는 백조의 모습에 어울릴 것 같지 않은 다리와 발들이 보이지 않는 곳에서 부지런히 움직여야 하듯, 그렇게 기업을 꾸려왔고 그런 노력을 통해 비로소 그 아름다운 모습이 세상에 보여지고 있었던 것이다.

생각해 보니 나뿐만 아니라 우리 회사에 몸담고 있는 직원 하나하나가 열심히 물밑에서 발을 움직였기에 지금의 회사 모습을 갖춘 것이었음을 느끼면서, '기업은 백조의 호수'라는 적절한 표현을 해준 후배 덕에 함께 일하는 직원들에게 더 깊은 감사를 하게 된다. 기업 경영을 하다 보면 어쩌다 발생하는 실수들이 모여 생긴 문제점만 항상 눈에 먼저 들어와 끊임없이 잔소리를 하게 되고, 그래서 지금의 우리 회사가 만들어지기까지 임직원들의 노력과 땀이 어떻게 모여졌던가 하는 생각에 미치지 못할 때가 있다. 산후배가 산길에서 나에게 그것을 깨우쳐 주었다.

3부 여행,
그 삶의 활력

나의 좌충우돌
신혼여행기

　어릴 적 외할머니 무릎을 베고 누우면 외할머니께서는 재미난 옛 이야기를 들려주시면서 "나도 꽃다운 처녀 시절이 있었는데 벌써 이렇게 늙어서 쪼그랑 할망구가 돼 버렸구나. 세월이 어쩌면 이렇게도 빨리 지나가는지 모르겠다"며 흐르는 세월과 늙어감을 안타까워하셨다. 이제 그 외할머니도 돌아가신 지 벌써 30년 가까이 되었고 세월의 무상함을 나도 절감하고 있다.

　얼마 전에는 결혼하는 직원이 주례를 부탁하기에 나름대로 많은 시간을 들여서 원고를 만들어 주례사를 했는데 아내가 신혼부부에게 겁주는 이야기만 하면 어떡하느냐고 집으로 돌아오는 차 안에서

217

핀잔을 주었다. "차 조심하고 물 조심해라"고 늘 말씀하시던 할머니처럼 어느덧 나도 벌써 나이가 들만큼 들어서 쓸데없는 노파심만 자꾸 늘어가는 모양이다.

내년(2015년) 3월 말이면 결혼 35주년이 된다. 은혼식이란 말이 늙으신 부모님에게만 해당되는 용어인 줄 알았더니 어느새 우리 부부가 살아온 시간이 은혼식을 지난 지 10년 가까이 되었다. 그동안 아내와 인생의 고비를 여러 구비 넘었고 그러다 보니 어느덧 얼굴엔 주름살이 세월의 무게인 양 느껴진다. 그래서 더 늙기 전에 아내와의 신혼여행에서 있었던 에피소드를 글로 써보기로 했다.

대학 산악부에서 선후배로 만나서 눈이 맞아 결혼을 하게 된 우리는 제주도로 신혼여행을 가기로 했는데 산악부 커플답게 한라산 등산을 하기로 했다. 결혼식이 3월 29일이라서 한라산에는 아직도 많은 눈이 있어 멋진 신혼여행이 되리라 판단했다. 침낭이 시원찮으면 첫날밤이 뼈와 살이 타는 밤이 아니라 추위에 떠는 밤이 될 게 뻔해서 신혼여행에서의 가장 중요한 행사에 차질이 없도록 남대문시장에 가서 오리털 침낭을 두 개 샀다. 그리고는 남대문시장 뒷길의 재봉틀 아줌마에게 가서 침낭 두 개를 합쳐서 큰 침낭으로 만들어 달라고 했다.

처음 보는 사람들은 나를 실제 나이보다 조금 어리게 보는데 그때도 서너 살은 어리게 봤다. 거기다가 나는 대학을 졸업하고 불과 한 달 만에 결혼을 하게 되었고 아내는 아직 대학원 재학 중인 학생이었으니 우리의 부탁으로 침낭을 재봉질하던 아줌마는 "요즈음 젊은 것들은 시집 장가도 안 간 것들이 산속에 가서 뒤엉켜 붙어먹으려고 침낭까지 만들어 가니 세상이 어떻게 되려는지 모르겠네" 하는 표정으로 우리를 쳐다봤다. 사실 그 아줌마가 그 침낭이 우리들의 신혼여행 준비물인 줄 어떻게 알았으랴? 그렇다고 "아줌마! 우리 신혼여행 가서 그 속에서 사랑하려고 해요"라고 말할 수도 없고……. 어쨌든 재봉틀 아줌마의 혀 차는 소리와 따가운 시선을 뒤로하고 우리는 신혼여행 준비를 모두 마쳤다.

그리고는 남들 하는 것처럼 하객들 모시고 결혼식을 했다. 그런데 결혼식 날 신부화장을 한 아내가 장인어른의 손을 잡고 들어오는데 그놈의 신부화장이 뭔지, 나랑 결혼하기로 한 여자가 아닌 다른 여자가 식장을 잘못 알고 들어오는 줄 알았다.

여기서 장인어른에 대하여 한 가지만 이야기하고 넘어가자. 한평생을 한의사로 보내신 장인어른께서는 전형적인 옛날 양반이셨다. 성이 진주 유 씨였는데 장인어른이 세상에서 제일 존경하시는 분은 조선시대 단종을 복위시키려다 세조에게 참수당한 사육신 중 진주 유 씨인 유성원이었다. 결혼 승낙을 받으려고 긴장된 표정으로 장인어른 되실 분을 처음 대면했을 때 "성씨가 어딘가?" 하고 물으셨는데 "창녕 성가입니다"라는 나의 답변에 "그러면 우리 유성원 어른과 같은 사육신 중의 한 분이신 성삼문 어른의 자손이구나" 하시며 두말 안 하시고 이십여 년 동안 고이 키운 7형제의 막내딸을 맡기셨던 분이다. 그

결혼식장의 화장으로 변장한 아내와 장인어른

런 분에게 우리가 신혼여행 가서 배낭을 메고 등산하고 눈 속에서 텐트 치고 잔다는 것은 도저히 있을 수 없는 일이어서, 혹시라도 아시게 되면 신혼여행도 못 가고 파혼당하지 않을까 싶었을 정도였다.

장인어른의 성격을 잘 아시는 장모님과 처형 그리고 처남이 합동작전으로 장인어른 몰래 배낭 빼돌리기를 한 끝에 공항행 신혼여행 승용차(장인어른 차)에 간신히 올라탔다. 차 안에서 아내의 첫 행동은 결혼식 도중에 하고 있었던 신부화장을 지우는 일이었다. 화장을 지우고 입술의 루즈도 다 닦아낸 맨 얼굴에 학교 다닐 때 입고 다니던 낡은 등산복 차림으로 우리는 희희낙락하며 공항에 갔다.

"제주도에 폭우가 쏟아져서 비행기가 못 뜹니다. 죄송합니다."

티켓팅 하려는 순간 카운터 앞에 적혀 있는 알림 글로 인하여 제주도 신혼여행의 꿈은 사라져 버렸다. 잠시 아내와 상의한 후 한라산 대신 설악산 등산으로 신혼여행 코스를 바꾸었다. 우리는 커다란 배낭을 다시 메고 김포공항에서 강남 고속터미널로 부랴부랴 가서 간신히 강릉행 마지막 고속버스를 탈 수 있었다. 밤 11시가 넘은 시간에 강릉에 도착했는데 그때만 해도 야간 통행금지가 있던 시절이라서 빨리 잠잘 곳을 구해야 했다.

택시를 타고 기사에게 부탁해서 강릉에 있는 호텔이란 호텔은 다 다녀봤는데 제주도행 신혼여행 팀들이 먼저 와서 모두 차지해 버렸는지 빈방이 없었다. 시간은 어느새 11시 40분을 넘었기에 하는 수 없이 택시기사에게 가까운 여관 중에서 깨끗한 여관이라도 찾아달라고 부탁했고 아저씨가 데려다 준 여관 앞에서 방이 있다는 여관 주인의 말에 택시비 외에 약간의 팁까지 주고 여관에 들어갔다.

그런데! 세상에 우째 이런 일이 있나?

택시기사 그 인간은 우리가 신혼여행 왔다는 이야기(재봉틀 아줌마의 혀 차는 소리와 눈초리가 마음에 걸려서 이야기했다)까지 했는데, 안내해 준 곳이 싸구려 여인숙이었다. 잠깐 그 여인숙의 내부를 묘사해 보자.

우리가 잘 방은 한 평 반 정도 되는 방의 가운데를 베니아 합판으로 막은 후 합판 위에 벽지를 도배해서 방을 두 개로 나누었는데 옆방과 우리 방 사이에 있는 합판 벽은 손으로 살짝 건드려도 삐걱거리면서 흔들거렸고 방은 두 사람이 하늘을 보고 누우면 좌우로 거의 빈틈이 없을 정도로 작았다. 방바닥에는 때 묻은 두꺼운 솜이불이 놓여 있었다. (방값이 2,000원인가 했는데 자장면 한 그릇 값이 600원 정도 하던 시절이었다). 세면장은 3~4평 정도 크기의 마당 한 귀퉁이에 수도꼭지가 있어서 거기서 세수를 해야만 했다. 화장실도 여인숙 대문 바로 옆에 있어서 방문을 열고(방문을 열면 쪽마루도 없이 바로 마당으로 연결된다) 나가야 했는데 화장실은 속된 말로 '푸세식' 화장실이었다.

화장실이 그런 것이야 참을 수 있었지만, 베니아로 막은 옆방의 부부가 조용조용 세상 사는 이야기를 하는 소리가 베니아판 벽을 넘어서 들려오니 황당하기 짝이 없었다.

27년 고이 지켜온 사나이의 깨끗한 동정을 바쳐야 될 역사적인 순간에 이 무슨 기가 막힌 신혼 첫날이란 말인가? 거기다가 방바닥은 얼마나 뜨거운지 손을 대고 있을 수 없을 지경이었다. 좌우지간 우리는 그날 따끈따끈하게 데워진 온돌방에서 베니아판 한 장 건너 옆방에 안 들리게 때 묻은 두꺼운 솜이불을 머리까지 완전히 푹 뒤집어 쓰고 땀을 뻘뻘 흘리며, 아내에게 동정을 바쳤다.

다음 날!

하도 더운 방이라서 잠을 설치면서 새벽 일찍 일어났다. 공동화장실 옆의 세면장에서 찌그러진 양은(알루미늄) 세면대야에 여인숙 아줌마가 가져다주는 바가지에 반도 차지 않은 더운 물로는 양이 너무 적어서 찬물을 듬뿍 타서 간신히 냉기만 없앤 물로 세수를 했다.

그런데 여인숙 아줌마도 우리의 차림새와 화장기 없는 아내의 얼굴 때문에 우리를 신혼부부로 보지 않고 불량기 많은 젊은이들로 보았나 보다. 요즈음 세상 같으면 예사로 보겠지만 그때만 해도 그런 일이 흔하지 않았으니 그럴 만도 했겠지만 바가지로 물을 가져다주는 여인숙 아주머니의 표정이 우리를 손님으로 대하는 게 아니라 "네이 못된 놈들!" 하는 표정이었다. 어쨌든 대충 얼굴을 씻어내고 텐트와 2인용 침낭까지 들어 있는 빵빵한 배낭을 메고는 여인숙을 나섰다. 그리고는 허름한 식당에 들러서 콩나물 해장국으로 아침식사를 해결했다.

강릉 시외버스터미널에서 내설악 백담사 출발점인 용대리행 버스에 몸을 실었다. 강릉에서 낙산해수욕장과 속초 그리고 설악동 입구인 물치를 지나는 지금의 고속도로와 다르게 좁고 꼬불꼬불한 국도였다.

거기다가 속초에서 진부령을 넘어가는 길은 비

설악산 신혼여행–계조암 흔들바위 앞

포장이었는데 겨울 눈이 녹아서 길은 온통 진창이었다. 그래도 우린 뭐가 그렇게 좋은지 이리저리 흔들리는 버스의 제일 뒷좌석에서 연신 조잘조잘대면서 갔다.

길이 좋지 않다 보니 강릉에서 무려 4시간이 걸려서 백담사 입구인 용대리에 도착했다. 백담사 올라가는 길을 배낭을 메고는 열심히 올라가는데 매표소 아저씨 말씀 좀 들어보소.

"산불 조심 기간이라서 입산 금지입니다."

우리의 신혼여행은 첫날부터 '헤까닥'의 연속이다. 아침 식사를 한 후 5시간이 넘게 지났기에 매표소 부근의 계곡에서 쌀을 씻어서 밥을 하고 김치찌개를 끓여 점심식사를 했다.

다시 진창길로 오랜 시간 동안 버스를 타고 설악동 여관촌까지 오니 밤이었다. 그러니까 신혼여행 둘째 날은 강릉에서 용대리 왕복하면서 시간을 다 보낸 것이었다.

어제 첫날밤을 보냈던 여인숙에 비하니 눈에 보이는 모든 여관이 호텔 수준으로 보였다. 그중 외관이 그럴듯해 보이는 여관에 들었다. 그런데 이 여관은 어제와는 또 다른 문제를 가지고 있었는데 객실 수에 비하여 손님이 너무 적어서인지 난방을 제대로 안 해 방바닥이 거의 냉방 수준이었다.

3월 말의 설악동이었으니 산에서 부는 산 공기가 얼마나 추웠겠는가. 주인에게 춥다고 이야기했더니 조금만 기다리면 따뜻해진단다. 그런데 조금 후 따뜻해진다는 그 시간은 다음 날 아침까지 오지 않았다. 너무 추워서 우리는 이불을 푹 뒤집어쓰고는 신혼부부가 사랑하면서 만들어내는 인위적인 열기로 추위를 달래며 간신히 신혼의 두 번째 밤을 보냈다. 오죽하면 발가벗고 자도 아쉬운 신혼여행에서 있는 옷 없는 옷 다 입고 그것도 부족해서 파카까지 껴입고 잤겠는가? 하루는 찜질방이고 하루는 냉동실이니 말 그대로 온탕 냉탕의 신혼여행이었다. 그래도 아내는 서방과 함께하는 게 좋아서인지 아니면 텐트 생활보다는 양호해서 그런지 불평하지 않고 밝은 표정으로 열심히 따라다니는 게 고마웠다.

너무 추워서 새벽 일찍 일어난 우리는 입산 금지로 인해 야영을 할 수가 없기 때문에 가벼운 배낭을 메고 케이블카를 타고 권금성에 오르기로 했다.

여관촌에서 설악동을 올라가는 길에 저만치에 큰 호텔이 보였는데 대우에서 건설한 뉴설악 호텔(지금의 켄싱턴 호텔)이었다. 신혼여행 숙박지로는 너무 비참한 장소에서 이틀 밤을 보낸 우리는 여관에 돌아가서 짐을 꾸려 뉴설악 호텔로 갔다.

세상에 태어나서 난생처음 들어가 본 호텔이었다. 신혼여행 사흘 동안 여인숙, 여관, 호텔을 두루 섭렵했는데 마지막에 호텔에 오면서 느낀 그 행복함을 무엇에 비기랴.

"희야! 우리 첫날을 호텔에서 자고 돈 떨어져서 마지막 날 여인숙에서 자는 것보다 하루하루 레벨 업 하는 기분이 훨씬 좋지?" 하곤 낄낄거렸다. (산악회 선후배 사이였던 우리는 서로의 호칭을 '희야ー아내의 이름이 영희다—라고 불렀고 아내는 나를 산악부 선배 호칭인 '형'이라 불렀다. 형이란 호칭 때문에 시집엘 처음 갔을 때 시어머니로부터 "남편 보고 형이 뭐냐?"란 꾸중을 듣고 난 이후부터는 '자기야'로 호칭이 바뀌었고 요즈음은 많이 늙었는지 '여보'라고 부른다.)

대충 호텔에서 짐을 정리해 놓고는 가벼운 배낭 차림으로 산행에 나섰다. 설악산엔 차가운 봄비가 내리고 있었다. 작은 우산 한 개였지만 얼마나 찰싹 붙어다녔는지 우산 한 개에 두 사람의 몸을 감추고도 여유가 있었다.

비 오는 3월 마지막 날의 설악동에는 인적이 거의 없었다. 케이블

연애하던 시절, 아내와의 산행

카를 타고 권금성으로 향했다. 텅 빈 케이블카를 둘만 타고 오르는데 산정은 짙은 비구름으로 덮여서 보이질 않았고 우린 구름 속을 뚫고 올라가고 있었다. 케이블카가 2/3정도 올라갔을까? 주변은 비가 진눈깨비로, 진눈깨비는 케이블카의 고도가 올라가면서 다시 하얀 눈으로 바뀌고 있었다. 권금성에 도착하니 함박눈이 펑펑 내렸고 온 세상은 은세계로 바뀌었다.

권금성 케이블카 상부 계류장에서 산장으로 올라가는 길에는 발자국 하나 없었다. 눈 오는 소리가 싸락싸락 들리는 길에 우리 두 사람의 발자국이 만들어내는 뽀드득 소리는 지난 이틀 동안의 황당함을 말끔히 씻어 주었다. 권금성 산장에 도착하니 산장지기 외에는 아무도 없었다. 준비해 간 쌀을 씻고 된장찌개를 끓여서 점심식사를 했다. 저만치 떨어진 자리에서 졸고 있는 산장지기 몰래 아내랑 가벼운 입맞춤을 하면서 먹는 밥맛이란(밥맛인지 입술맛인지 분간이 안 갔지만) 꿀맛이었다.

그날 저녁 멋진 뉴설악 호텔에서 어둠 속에 봄비 내리는 설악의 연봉을 향한 창문의 커튼을 활짝 열고 구멍가게에서 사온 진로 포도주(그땐 가게에 와인이라고는 진로 포도주밖에 없었다)를 마시면서 행복한 신혼의 마지막 밤을 보냈다.

마지막 날 아침.

일찍 서둘러서 울산암에 올라가기로 했다. 제대로 사용해 보지도 못하고 계속 메고 다닌 골칫덩어리 배낭을 국립공원 관리사무소에 계신 아저씨에게 부탁해서 맡겨 두고 올라갔다. 하루 사이에 세상은 날씨가 완전히 바뀌었다. 울산암 가는 길엔 이름 모를 노란 들꽃이 길가에 곱게 피어 있었고 저만치 멀리 보이는 권금성은 하얀 눈 모자를 쓰고 있었다. 둘이서 사진을 찍노라니 길 가시던 분이 너무도 반가운 말씀을 하신다.

"아이고! 신혼여행 오신 모양이네."

우리 보고 신혼여행 온 것으로 인정해 주는 처음이자 마지막 만남이었다. 가벼운 티셔츠 차림으로 울산암으로 올라갔다. 맑은 하늘 저편에 보이는 푸른 동해 바다의 평화로움을 보고 울산암의 가파른 계단을 내려왔다. 그리고 신흥사 옆으로 난 하산 길을 따라 내려오다 보니 우리의 행복한 신혼여행은 끝나갔다.

신혼여행지 변경, 통행 금지에 쫓김, 여인숙과 여관과 호텔, 진흙탕 길, 입산 금지, 비와 진눈깨비와 함박눈, 그리고 아름다운 봄꽃이 피어 있던 길을 걸었던 신혼여행은 두고두고 아름다운 추억으로 남아 있다. 뒤죽박죽의 여행이었지만 일생에 단 한 번뿐인 아름다운 신혼여행이었노라고, 지금은 말할 수 있다.

•신혼여행 가서 등산하는 것은 개인적으로 권하지 않는다. 마지막 날 아내와 울산암 계단길을 올라가는데 다리가 풀려서 힘들어 죽는 줄 알았다. ㅋㅋ

장모님 업고
중국 여행하기

장모님께서는 돌아가시기 전에 꼭 가고 싶은 곳에 대한 간절한 소망이 있었다. 장모님이 요즘 유행어를 아셨다면 "내 삶의 버킷리스트에 담아야 할 유일한 것은 '중국 여행'이야"라고 말씀하셨을 것이다. 그런데 문제는 장모님의 연세(84세)와 건강이었다.

처남들도 장모님의 연세와 건강 상태로 봤을 때 중국 여행은 불가 판정을 내린 지 오래였다. 왜냐하면 장모님은 지병인 당뇨병과 무릎 관절염이 있는 데다가 체중이 65킬로그램이 넘는 풍만한(?) 몸매이셔서 혹시 여행 중 잘못된다면 두고두고 후회할 일이 생길 수 있어서였다.

그런데 뭔가에 집착하게 되면 모든 생각이 한곳에 모이기 마련이지 않는가. 장모님의 경우에는 그 정도가 더 심해서 매 주말 우리 부부가 장모님 댁을 방문할 때마다 처남들과 우리 부부에게 집요할 정도로 중국 여행 이야기를 하셨다. 나는 아내와 상의한 끝에 우리가 모시고 가자고 의견을 모았다. 그때부터 장모님은 소풍 가는 초등 학생마냥 좋아하셨기에 이번 기회에 장모님께 효도 한번 제대로 하자 생각했다.

그해 5월 노동절이 낀 연휴를 택해서 장모님과 함께 우리 부부는 단체 여행객들과 중국 북경으로 향했다. 여행을 가면서 제일 먼저 신경 쓰이는 게 장모님의 입맛! 전형적인 옛날 어른이라서 평소에 당신이 좋아하시는 것 말고는 거의 드시질 않는 분이니까 당연히 향이 다른 중국 음식은 못 드실 게 뻔했다. 그래서 고추장이나 장아찌 같은 밑반찬을 충분히 준비해야 했다. 그리고 장모님이 가장 좋아하시는 가죽나물로 만든 장아찌도 두둑하게 챙겼다.

첫날 일정은 북경의 천안문과 자금성이었다. 장모님께서는 처음 보는 자금성에 감탄하시며 열심히 관광을 하셨지만 건강에는 다소의 무리가 온 것 같았다. 관절염에 당뇨가 있으신 몸으로 넓은 자금성을 구석구석 돌아보셨으니…….

그날 저녁식사 시간에 장모님은 또 우리를 곤혹스럽게 만들었다. 반찬으로 싸간 가죽 장아찌를 바로 옆에서 함께 식사하고 있는 30대 젊은 부부의 밥 위에 동의도 구하지 않고 덥석 덜어놓은 것이 아닌

장모님과의 중국 여행

가. 젊은 부인은 기겁을 했다. 가죽 장아찌란 것이 냄새도 만만치 않지만 거무튀튀한 외관도 익숙하지 않은 사람에겐 혐오스럽게 보일 수도 있는데 막무가내로 밥 위에 올렸으니 놀랄 수밖에……. 장모님이야 호의로 한 행동이었지만, 사람에 따라서 굉장히 불쾌하게 받아들일 수도 있는 노릇이었다. 참으로 난감했지만 그 부부의 남편이 벌레 씹은 표정의 자기 아내의 옆구리를 쿡쿡 찌르면서 상황을 잘 수습해 주어서 다행히 큰 탈 없이 넘어갔다. (나중에 장모님 안 계실 적에 죄송하다고 사과까지 드렸다.)

다음 날은 오전 명십삼릉 관광, 오후는 이화원!

명십삼릉에 도착했을 때는 5월 초의 아침인데도 대륙의 기온은 이미 30도를 넘고 있었고 황금연휴를 맞아 얼마나 많은 사람들이 나왔는지 입구부터 말 그대로 인산인해였다. 어제 자금성 구경에 체력을 많이 소모하신 장모님께서는 명십삼릉 구경은 포기하고 입구에서 기다리시겠다고 하셨다. 그래서 등산용 은박돗자리를 입구의 커다란 나무 밑에 깔아 드리고, 간식거리도 챙겨 드린 다음 우리 부부는 명십삼릉을 관람했다.

관람을 하더라도 장모님께 신경이 쓰여서 주마간산식으로 볼 수밖에 없었던 데다가 사람이 많아도 너무 많아서 제대로 볼 수도 없었다. 그나마 건조한 날씨 탓에 습도가 낮아 그늘에 가면 크게 덥지 않아 다행이었다.

심각한 일은 오후에 터졌다. 서태후의 여름 별장으로 사용했다는 이화원을 구경하러 간 것까지는 좋았다. 가이드가 점심식사를 이화원 내부에 있는 식당에서 한다기에 식사를 하고 장모님과 우리 부부는 이화원 관람을 포기하고 장모님을 모시고 입구로 나오려고 계획했다. 그런데 우리 일행을 태웠던 버스가 처음 내려준 입구 쪽에 대기하는 것이 아니라 이화원의 후문 쪽으로 이미 가서 그곳에서 대기한다고 가이드가 설명했다.

낭패가 돼 버린 우리들은 별수 없이 후문까지 2킬로미터 남짓한 거리를 걸어갈 수밖에 없는 노릇이었다. 보통 건강한 사람이야 30~40분이면 되는 거리였지만 장모님이 그 거리를 소화하기란 보통 어려운 게 아니었다. 거기다가 우리 때문에 다른 일행들을 기다리게 해서도 안 될 일이었다. 장모님을 부축해서 허둥지둥 후문 밖의 버스 대기장소로 갔건만, 우리들의 걸음걸이는 느리고 느렸다. 장모님도 땀을 뻘뻘 흘리면서 혼신의 힘을 다해 걷고 또 걸었다. 마침내 버스에 도착했을 땐 장모님은 기진맥진한 상태였고, 우리들 때문에 일행들은 오랜 시간을 기다린 후였다. 동반 여행자들에게 연신 미안하다는 말을 하고 숙소 호텔로 들어왔다.

문제는 그때부터 나빠지기 시작한 장모님의 몸 상태였다. 갑자기 무리를 했으니 당연하겠지만 다리도 붓고 열이 나면서 호흡은 엄청나게 가빴다. 걱정이 된 아내가 장모님 방에서 거의 밤을 새우며 팔다리와 가슴을 주무르고 했더니 다행히 새벽이 되자 열도 내리고 부정맥 증세를 보이던 심장도 안정을 되찾으셨다. 십 년 감수한 하룻밤이었다.

3일차

만리장성과 용경협! 노동절 연휴라서 팔달령의 만리장성까지 가는 길은 차가 밀려서 멀고도 멀었다. 끝내는 2~3킬로미터를 남겨두고 버스는 그 자리에서 움직일 줄을 몰랐다. 일행들은 만리장성까지 내려서 걸어가기로 했다. 어제 단단히 혼이 나신 장모님은 버스에 그냥 계시겠다고 해서 우리 부부는 홀가분한 마음으로 만리장성을 올랐다. 만리장성 오름길의 경사가 심한 데다가 무척 더운 날씨라서 땀을 줄

줄 흘리면서 걷는 길이 힘은 많이 들었지만, 모처럼 우리 부부는 신혼여행을 온 것처럼 즐거운 마음으로 만리장성의 장대함을 온몸으로 느꼈다.

오후에는 용경협으로 갔다. 오전을 푹 쉬신 관계로 장모님은 훨씬 기운을 차린 듯했다. 하지만 용경협은 협곡의 산중턱에 자리하고 있어서 산을 올라야 하기에, 여기는 장모님과 주차장 주변 공원을 둘러보는 것으로 대신하기로 했다. 그런데 아이구, 세상에나! 용경협을 올라가는 산길에 에스컬레이터가 깔려 있는 게 아닌가! 비에 젖지 않도록 거대한 플라스틱 튜브 속에 에스컬레이터를 설치해 둔 것이었다. 산에 에스컬레이터라니? 하여튼 중국인들의 엉뚱함에 혀를 내두를 지경이었다.

그렇다면 장모님도 못 가실 것 없지. 장모님을 모시고 공원 끝부분에 있는 에스컬레이터로 가서 함께 용경협으로 올랐다. 용경협에 올라와서 느낀 소감은 장모님 모시고 올라오길 잘했다는 것이었다. 에스컬레이터로 올라와서 카누 같은 조그만 배를 타고 좋은 경치 보면서 협곡에 고인 물 위를 천천히 유람하는 것이었기 때문이다.

그런데 이번 여행의 최대 난제는 바로 용경협에서 발생했다. 관광을 끝내고 당연히 에스컬레이터를 타고 내려오는 줄로 알았더니, 올라가는 에스컬레이터만 있고 내려오는 에스컬레이터는 없었던 것이었다. 하산길은 계곡 건너편에 사람이 뚫은 인공동굴을 지나야 했다. 어두컴컴한 인공동굴을 장모님을 부축해서 조심조심 끝까지 나왔더

니, 우리 앞에 고도차 200미터가 넘는 급경사의 하산길이 놓여 있었
다!

장모님 얼굴색이 하얗게 변했다. "여길 내가 우째 내려가노?" 나도
아내도 아찔하긴 마찬가지였다. 장모님의 체력과 상태로 그 계단을
걸어 내려가는 것은 불가능했다. 방법은 하나! 내가 장모님을 업고 내
려오는 것밖에는 다른 방법이 없었다. 65킬로그램이 넘는 체중에 손
으로 잡고 있기 곤란한 미끄러운 한복 치마를 입은 장모님을 업고 내
려오다 보니, 아차 하다가는 장모님을 급경사의 산길에서 땅바닥에
패대기치기 십상이었다. "장모님! 놓치면 안 됩니다. 제 어깨를 꽉 잡
으세요"를 몇 번 외쳤는지 모른다.

30도가 넘는 날씨에 장모님을 업고 내려오느라 얼마나 긴장을 했
는지, 다 내려오고 난 뒤 나는 완전히 탈진했다. 땀을 얼마나 많이 흘
렸는지 옷이 땀에 푹 젖었다. 상의를 벗어서 비트니 물이 주르륵 떨
어졌다. 아내는 자기 어머니를 업고 내려오는 남편을 보며 미안함에
어쩔 줄 몰라 했다.

그렇게 생고생을 하면서 장모님을 모시고 중국 여행을 다녀왔다.
그 후 어떻게 되었냐고?

집에서 아내에게 지금까지 황제 대접을 받으며 살고 있다.

＊버킷 리스트 : 영화 〈버킷 리스트〉의 제목으로 '죽기 전에 꼭 하고 싶은 것들'
을 말한다. 영화의 줄거리는 말기 암환자가 죽기 전에 꼭 하고 싶은 일을 적은

메모를 경제적 빈곤함으로 포기해야 하면서 버킷(쓰레기통)에 버린 것을 같은 병실에 함께 있던 다른 부자 환자가 읽어보고 경제적인 도움을 주어서 두 사람만의 여행을 떠나는 것에서 비롯되었다.

어머니 업고
홍콩·발리 여행하기

장모님을 모시고 중국 여행을 다녀온 이후로 아내에게서 칙사 대접을 받으면서 행복하게 생활하던 중, 엉뚱한 데서 문제가 일어났다.

어머니의 오랜 지병으로 병원 치료를 받기 위해 한두 달에 한 번씩 서울에 올라오시는 부모님께 장모님과의 중국 여행 이야기를 신나게 하던 중에 어머니 표정이 심상치 않으셨다. 왜 그러실까 했는데, 갑자기 어머니께서 "네 장모는 혼자서 제대로 걷지도 못하는 분이 중국 가고 싶다고 해서 남의 귀한 아들을 그렇게 고생시키나?" 하고 불쑥 내뱉으시는 말을 듣고는 '아이고 일 터졌구나' 싶었다.

그 말씀을 하신 이후부터 어머니의 심사는 좀처럼 풀릴 것 같지 않았다. 괜히 이야기를 꺼내서 평지풍파를 만들었구나 싶었고, 아내도 어머니를 대할 때마다 가시방석에 앉아 있는 것 같았다. 이러다가 시어머니와 며느리 사이에 심각한 문제가 생길 것 같은 예감이 서서히 들기 시작하면서 아내와 해결책을 고민하기 시작했다.

그러던 중 아내가 좋은 생각이 떠올랐다면서 마침 부모님 회혼식 (결혼 60주년) 할 날도 얼마 안 남았으니 회혼 기념으로 두 분을 모시고 해외 여행을 다녀오면 어떻겠냐는 것이었다. 아내와 의견 일치를 봤지만 이번에도 문제는 어머니의 건강이었다. 어머니도 그때 류머티스 관절염으로 제대로 걷지를 못하셨기 때문이었다.

중국 여행에서 장모님을 업고 산길을 내려오느라 혼이 났던 나로서는 또 다시 어머니까지 업고 다닐 엄두가 나지 않았기에, 평지길이고 많이 안 걸어다녀도 될 만한 코스를 찾았는데 그렇게 해서 고른 장소가 인도네시아의 발리였다.

그때가 2003년이었다. 코스닥 시장 거품 붕괴와 카드대란 및 기업들의 중국 이전으로 내가 경영하는 여의시스템도 극심한 어려움에 처해 있을 때였다. 여행 경비도 만만치 않은 부담이 되어서 상대적으로 저렴한 여행 패키지를 찾아야 했다. (아내는 여행 경비 절감 차원에서 함께 가지 못했다.)

그래서 국적기보다는 저렴한 캐세이 퍼시픽을 타고 홍콩을 경유해서 가는 방법을 택하기로 했다. 회혼 기념으로 두 분을 모시고 발리 여행을 가기로 했다는 것을 전해 들으신 부모님께서는 너무도 기뻐

하셨다. 특히 일제 강점기의 젊은 시절에 중국에서 노무자로 일하시면서 여기저기를 내 집처럼 돌아다니신 아버지께서는 홍콩 경유라는 부분 때문에 더 기뻐하셨다.

유난히도 여행을 좋아하지만 여러 가지 형편상 함께 못 가 서운해하는 아내를 남겨두고 부모님을 모시고 여행을 떠났다. 아버지 어머니는 비행기 안에서부터 잔뜩 들떠 계셔서 모시고 오길 참 잘했구나 싶었다. (어머니는 여행을 다녀온 후 2년 뒤에 돌아가셨기에 어머니의 건강 때문에 여행을 미뤘다면 훗날 두고두고 후회했을 것이다.) 그리고는 4시간 가까운 비행 끝에 경유지인 홍콩에 도착했다.

홍콩 공원에서(아버지는 사진만 찍으면 완전 차렷! 자세가 된다.)

발리의 덴파사르 공항으로 가는 비행기 출발시간이 7~8시간 정도 남아 있었기에 그 시간 동안 홍콩 시내 여행을 한다고 가이드가 이야기했을 때까지만 해도 또 다른 낭패가 나를 기다리고 있을 줄은 생각도 못했다.

예상치 못했던 일은 홍콩 시내를 버스로 가볍게 둘러본 후 구룡공원 투어에서 발생했다. 구룡공원이 높낮이가 심한 지역에 자리 잡고 있어서 류마티스 관절염인 어머니의 다리 상태로는 걸어다니시기 힘들었다. 그런데도 아픈 다리를 이끌고 20여 분을 억지로 따라다니신 어머니의 다리는 어느 순간부터 관절이 퉁퉁 부어올라서 한눈에 보기에도 더 이상 걷다가는 병원 신세를 질 게 뻔했다.

그 시간부터 나에겐 중국 용경협의 데자뷰가 되풀이되기 시작했다. 준비해 갔던 소염진통제를 다리에 발라 드린 후 오름길과 내리막길에서는 어머니를 계속 업고 다녔다. 덕분에 젖 먹던 시절 이후로 어머니와 가장 많은 스킨십을 하는 시간을 가졌다.

어머니도 장모님보다는 조금 덜하시지만 나름대로 풍만한(?) 몸매를 가지고 계셨기에 업고 다니기가 만만치 않았고, 어머니께서는 나이가 50이 넘은 자식이 땀을 줄줄 흘리며 업고 다니는 것을 너무 안쓰러워하셨다.

그래서 내가 한마디 했다.

"어머니! 저에게 미안해 하지 마세요. 제가 어릴 적에 어머니는 저를 수십 수백 배 많이 업고 다니셨잖아요. 그때 어머니는 너무 행복했다고 하셨지요? 저도 지금 어머니를 업을 수 있어서 행복합니다."

아버지도 그때 요추 협착 수술을 받으시고 완쾌가 안 되어서 걷는 데 다소 무리가 있으셨지만 그럭저럭 혼자 걸으실 수 있었고 내 배낭도 대신 메어 주셔서 그나마 다행이었다.

좌우지간 높은 기온에 습도가 높은 홍콩에서 어머니를 업고 다니느라 중국 용경협 못지않게 땀깨나 흘렸다. (여행 다녀오신 이후로는 어머니께서 장모님 중국 여행 이야기를 다시는 안 하신 것으로 봐서 우리 부부의 작전은 한마디로 말해서 '대성공'이었다.)

아버지께서는 일제 강점기에 와보셨던 홍콩에 대한 감회가 남다르신 것 같았다. 한 가지 큰 부담을 덜었던 것은 두 분이 생각 밖으로 홍콩의 향채(고수)와 독특한 향신료가 들어간 음식들을 잘 드신다는 점이었다. 음식에 대한 부분은 전혀 신경을 쓰지 않아도 되었기에 장모님과 같은 해프닝은 걱정하지 않아도 되었다.

그리곤 다섯 시간 가까운 비행으로 발리의 덴파사르 공항에 도착했다. 공항에서 작은 문제가 생겨서 시간을 조금 지체하는 바람에 우리가 묵을 리조트에는 밤 12시가 지나서 도착했다.

리조트는 객실 4개가 2층 높이의 건물(1층과 2층 객실이 각각 2개씩 있다)로 되어 있는 자연친화적인 오두막집이 키 큰 야자수 사이에 숨어 있었기에 우리가 묵는 숙박동에서는 다른 숙박동이 잘 보이지 않았고 동과 동을 이어주는 보도에는 아주 희미한 꼬마전등만 켜져 있어서 초행길에는 근무자를 따라가지 않으면 길이 있는지도 분간하기

남태평양 해변에서 결혼 60주년 데이트

쉽지 않았다.

　부모님을 붙어 있는 옆방에 모셔 드리고 내 방으로 건너오니 긴 비행과 홍콩에서의 어머니 업고 다니기로 인하여 갑자기 피곤이 밀려와 정신없이 꿈나라로 직행했다.

　다음 날!

　아침 햇살이 창가로 스며들기에 부스스 일어나서 문을 열고 밖을 봤더니, 주변 분위기가 얼마나 아름다운지 선경이라는 느낌이 들었다. 한국의 펜션 분위기의 나지막한 오두막집 주변에 엄청 큰 야자수들이 들어서서 숲속에 드문드문 있는 오두막집들을 가리고 있었고 온갖 이름 모를 새들의 지저귀는 소리가 귀를 어지럽혔다. 거기다가 야자수 사이로 저만큼에 남태평양의 푸른 물결이 넘실대고 있었다.

우리가 묵는 숙소는 호텔이 아니라 리조트였다. 주변 경치가 너무 아름다워 잠시 넋을 놓고 바라보다가 어제 다리가 퉁퉁 부어서 힘들어 하시던 어머니의 건강 상태는 어떠신가 싶어 부모님 계신 방을 노크했더니 두 분은 벌써 나가시고 안 계셨다.

잠이 덜 깬 눈으로 호텔 주변을 돌아다니다 보니 야자수 숲속에 수 영장과 레스토랑이 멋있게 자리하고 있었고 관광객들이 아침식사를 하느라 레스토랑 주변이 부산했다.

부모님께서 해변을 산보하고 저만치에서 걸어오고 계시기에 잠시 기다렸다가 같이 아침식사를 했다. 식사하면서 어머니께서 활짝 웃으며 말씀하셨다.

"큰애야! 우리는 어제 저녁에 고층 건물의 일반적인 호텔을 생각하다가 전등도 제대로 켜지 않은 어두침침한 여관 같은 곳을 들어오길래 싸구려 여행상품을 예약했구나 싶어 속으로 조금 섭섭하게 생각했단다. 그랬는데 방에 들어와 보니 시설이 여관 같지 않게 너무 좋아서 그나마 다행이다 싶었는데 새벽에 일어나서 방을 나와 보니 세상에 이렇게도 아름다운 데가 있나 싶어서 아버지와 주변을 돌아다녀 보고는 천국같이 이렇게 좋은 호텔을 어제 저녁에는 여관 같다고 생각한 게 얼마나 미안하던지…… . 아버지하고 바닷가를 다니면서 너무 즐거워서 나도 모르게 웃음이 저절로 나온다."

리조트 측 설명으로는 자연 친화적으로 유지하기 위해서 밤에는 달빛이나 별빛을 보라고 전등 불빛을 최대한 희미하게 해둔다고 했다. 리조트의 아침은 내가 생각해 봐도 낙원이 따로 없었다. 이렇게 좋은 여행지를 여행 경비와 학교 다니는 애들 때문에 아내와 같이 오지 못한 게 미안했다.

수영장 옆의 비치 의자에서 책을 읽고 있던 독일 여행객과 짧은 영어 실력으로 이런저런 이야기를 나누었는데 이곳에 한 달째 머물면서 책도 읽고 시간 나면 수영도 하면서 보내는데 마음도 편안하고 비용도 얼마 안 들어서 너무 좋다고 한다.

부모님께서 리조트 시설에도 만족해 하셨고, 아침에 산보까지 하신 것을 보니 어머니 다리도 어제보다 많이 회복되신 것 같아서 큰 걱정은 안 해도 될 것 같았다. 발리에서의 첫날 여행은 적도 부근이라서 기온은 상당히 높았지만 습도가 낮아서 그늘에서 쉴 때는 시원함도 느낄 수 있고 관광지의 경사도 심하지 않아서 어머니를 조금씩 부축해 드리는 정도로도 어렵지 않게 하루를 무사히 넘길 수 있었다.

둘째 날

오늘은 아침식사 후에는 자유시간이라고 한다. 함께 오신 분들은 대부분 래프팅을 한다고 예약을 해서 떠났고 부모님께서는 여기저기 다니는 것보다 남태평양 해변을 걷는 게 너무 좋다고 리조트에 있겠다고 하셨다. 나도 이번 여행은 부모님을 모시는 게 주요 목적이라서 주저 없이 부모님과 같이 남았다.

그런데 한국에서 함께 온 TC(Tour conductor)가 자기가 대신 모시고 있을 테니 래프팅을 다녀오라고 한다. 부모님께서도 그렇게 하라고 말씀하시기에 래프팅 이벤트사로 전화해서 혼자인데 가능한지 알아봤더니 "No problem!"이란다.

래프팅 이벤트 샵에 갔더니 계절적으로 관광객이 많이 없는 때라서 그늘에서 놀고 있는 젊은 래프팅 가이드가 따라나서기로 했다. 발리의 래프팅 코스는 그랜드 캐니언이나 한탄강처럼 평지에서 아래로 200~300미터 움푹 들어간 협곡 속에 있었기에 차에서 내려서 급경사의 흙길을 따라 한참이나 아래로 내려가야 출발점이 있었다.

남국 특유의 흙탕물이라서 물속에 몸을 담그기는 싫었지만 계곡이 워낙 협곡이고 험난한 데다가 주변에 열대 특유의 나무들과 바위 위에서 몸을 말리는 1미터가 넘는 도마뱀도 심심찮게 볼 수 있어서 부모님께는 조금 미안했지만 오길 잘했다 싶었다.

래프팅 가이드는 17살쯤 된 젊은 친구였는데 성격이 밝은 데다가 영어 문장 구사 능력은 없었지만 자신이 알고 있는 수십 개의 영어단어만 가지고 자신의 생각을 훌륭하게 표현하는 재주를 가지고 있었다. 덕분에 둘이서 장난도 치고 때로는 서로의 조국 유행가(협곡이라 노래를 부르면 큰 동굴 속처럼 메아리쳤다)도 목청껏 부르면서 신나게 래프팅을 했다.

리조트에 돌아와 보니 그동안 두 분은 결혼 60년이 며칠 남지 않았을 때라 해변에서 회혼 데이트를 즐기신 것 같았다.

그 다음 날은 관광버스를 타고 이곳저곳을 열심히 돌아다녔지만 나의 여행 목적이 부모님을 돌보는 것이라서인지 여행 코스에 대한 부분은 크게 기억 속에 남은 게 없고 가파른 계단 길에서 팔십이 다 되신 어머니를 업고 땀 흘리며 오르던 기억과 발리가 힌두교의 섬인지라 도처에 소들이 마음대로 돌아다니던 것이 특별한 풍경으로 남아 있다.

이제 나도 불혹의 나이를 넘어서 올해로 환갑이 되었지만 아직도

발리의 해안 절벽

장모님과 어머니를 업고 다녔던 중국과 홍콩, 발리 여행을 떠올릴 때면 그때 있었던 이런저런 에피소드가 생각나서 가벼운 웃음을 입가에 흘리게 된다. 그러다가도 이젠 다시 못 돌아올 먼 길을 떠나서서 더 이상 업어 드릴 기회가 없는 것이 너무 아쉽다는 생각이 든다. 최진희 씨가 부른 〈어머니〉를 마음속에 담아 보는 것으로 가신 님을 마음속에 그려본다.

마음 하나 편할 때면 가끔씩은 잊었다가
괴롭고 서러울 때 생각나는 어머니
지난여름 정든 고향 개울가에서 어머님을 등에 업고 징검다리 건널 때
너무나도 가벼워서 서러웠던 내 마음
아직도 나는 나는 잊을 수가 없습니다.

젖줄 떠나 자란 키는 당신보다 크지만
지금도 내 마음은 그 팔베개 그립니다.
내 팔베개 의지하신 야윈 얼굴에 야속하게 흘러버린 그 시절이 무정해
어머님이 아실까봐 소리 없이 울었네.
지금도 그 한밤을 잊을 수가 없습니다.

발리 다녀오신 후의 회혼례(결혼 60주년)

금강산에서
안내원 동무와의 대화

2004년 봄에 모 단체의 최고경영자 세미나 참석차 금강산을 다녀올 기회가 있었다.

금강산에서 삼일포를 관광할 기회가 있었는데 효도관광으로 오신 할아버지 할머니들의 걷는 속도가 젊은 사람들의 발걸음보다 느리다 보니 관광을 끝내고 관광버스에 도착한 후에도 어르신들이 도착할 때까지 한참이나 기다려야 했다. 기다리면서 버스 주변에 있던 북한 안내원과 30분 정도 한담을 나눌 기회가 있었는데 그 이야기를 소개할까 한다.

북한의 남녀 안내원들은 우리가 다니는 어느 곳에나 늘 그림자처

럼 따라다닌다. 남쪽 사람들이 혹시나 길을 잃어버리지나 않을까 또
는 다치면 빨리 치료할 목적일 것이라고 좋게 생각하려고 노력했지만
산에 오르면 늘 자유인으로서 등산을 하던 한국에서의 나쁜 습관(?)
이 몸에 배어서인지 여간 부담스러운 게 아니었다.

버스 주변에 있던 북한 안내원이 "선생님들 삼일포 관광 잘하셨습
니까? 정말 아름다운 바다 경관이지요?" 하고 말을 건넨다. 안내원들
은 나름대로 북한 수준에서는 좋은 옷으로 차려입었을 텐데도 하얀
와이셔츠의 천이 우리가 어렸을 적에 인조견이라고 부르던 재질과 비
슷하여 번들번들하고 옷감의 올실들이 조금씩 옆으로 밀려나는 게
북한의 옷감 수준이 많이 떨어짐을 느낄 수 있었다.

"예! 잘 다녀왔습니다. 역시 삼일포의 경치는 일품입디다."

가벼운 인사말을 주고받던 중 북한 안내원이 우리가 금강산에 오
기 10여 일 전에 이라크에서 참수당한 김선일 건에 대하여 이야기를
꺼냈다.

"그런데 선생님! 왜 남조선에서는 우리 조선과 아무 관련이 없는 이
라크에 군대를 파견하는지요? 며칠 전에는 김선일인가 하는 남조선
청년이 이라크에서 목이 잘려 죽었다는 뉴스가 테레비에 나오던데
요?"

그래서 나는 북한 안내원에게 나의 시각에서 본 느낌을 설명해 주
기로 마음먹었다.

"안내원 동무!(금강산에 있는 동안 북한 내의 약간 고압적인 분위기에 적

응이 되었는지 약간의 아부성 발언으로 그렇게 표현한 것임을 이해해 주기 바란다) 제가 안내원 동무들과 대화 도중에 남조선과 한국을 혼용하여 말하더라도 이해해 주시기 바랍니다. 왜냐하면 안내원 동무들에게는 남조선이 편하겠지만 저는 한국 또는 남북한이란 말이 편하게 튀어 나오는 말이니까요.

남조선은 미국과 동맹관계에 있기 때문에 이라크처럼 미국이 한국의 동참을 원하는 전쟁에는 어쩔 수 없이 참전을 해야 합니다. 안내원 동무들도 잘 아시겠지만 역대 남조선 대통령 중에서 현재 집권 중인 노무현 대통령이 전임 대통령에 비하여 상대적으로 가장 친사회주의적이고 친노동자적인 사고방식을 가진 분이란 걸 들어서 아실 겁니다.

그런 분이 왜 한국군을 이라크에 보냈을까요? 북에서 봤을 때는 미국의 용병이라고 생각할 수도 있겠지만, 제가 보는 관점에서 가장 중요 한 부분은 한국이 시장경제하의 경제체제에 있다는 것입니다.

안내원 여러분들이 그동안 금강산 관광을 온 남조선 사람들을 접해 보면서 그들의 복장과 돈 씀씀이를 보아서 아시겠지만 남조선의 경제 규모는 현재 세계 11위입니다. 이와 같이 경제적인 여유를 갖게 된 것은 남조선 동포들이 땀 흘려 노력을 했던 것이 가장 중요하겠지만, 또 다른 이유 중의 한 가지는 6·25 전쟁 이후 폐허가 된 남조선에 미국이 그들의 엄청난 경제력으로 원조했을 뿐만 아니라 걸음마 단계의 한국 경제를 회복시키기 위하여 한국 제품에 대하여는 관세를 거의 물리지 않는 최혜국 대우를 하여 물심양면으로 지원을 아끼지 않았던 것도 매우 큰 역할을 했습니다.

그런데 한국이 예뻐서 그렇게 지원했을까요? 북조선의 공산주의 체제와 첨예하게 대립하고 있는 자본주의의 한국을 도와주는 것이 미국의 국익에 이익이 되고 또 자본주의 경제를 지키는 데 도움이 되었기 때문입니다. 주한미군이 한국에 진주를 하고 있는데 솔직히 마음을 터놓고 이야기하면 외국군이 자국에 주둔하고 있는데 어느 나라의 국민들이 좋아하겠습니까?

그렇지만 이미 한국은 미국의 도움과 국민들의 노력으로 세계 11위의 경제대국으로 성장했습니다. 남조선에서도 이로 인하여 성장한 재벌들에 대하여 매판자본이다 어떻다 말들이 많긴 하지만 자본주의 경제체제를 가진 미국과 남조선은 떼려야 뗄 수 없는 관계가 된 것입니다.

박정희 대통령 시절로 잠시 거슬러 올라가 볼까요? 그때 미국은 한국에 베트남전 참전을 요청했고 박정희 대통령은 잠 못 이루는 밤을 보내다가 마침내 베트남에 파병을 결정했습니다. 이로 인하여 북한은 말할 것도 없고 남한의 진보 세력들은 남한 군대가 베트남에 미국의 용병으로 참전했다는 이야기를 했는데 사실 제가 봐도 용병이란 말이 크게 틀린 말은 아닙니다. 어쨌든 돈 벌러 군대를 파견했으니까요.

그러나 한국은 파월군인들이 베트남전에서 흘린 피로 경부고속도로 등 사회간접자본에 투자할 여력이 생겼고 그게 오늘날의 한국을 건설하는 데 엄청난 힘이 되었습니다.

많은 남조선 국민들도 김선일이 근무하는 회사인 가나무역에 대하여 분노를 느끼고 있습니다. 돈을 위하여 직원들을 사지로 몰아넣었기 때문이지요. 정부에서도 계속하여 경고 신호를 보냈는데도 말입니다.

안내원 동무! 그런데 그게 자본주의입니다. 여기 계시는 동무들은 남조선의 관광객들이 여기 와서 정부를 욕하고 대통령을 욕하는 이야기를 들으신 적이 없습니까?"

나의 이야기에 흥미를 느낀 안내원들 5~6명이 주변에 모여들었다. 다들 너무도 순박했고 우리가 그동안 듣고 보던 안내원들의 거친 표정의 모습과는 딴판이었다. 또 나의 이야기에 많은 호기심을 갖고 경청했다.

"아유, 말도 마십시오. 남조선 정부와 대통령에게 입에 담지 못할 욕도 마구 합니다."

내가 답변을 이어갔다.

"그게 현재 남조선이 택한 시장경제 자본주의의 한 모습입니다. 아무리 국가와 대통령을 험담해도 아무도 잡아가지 않습니다. 그리고 그건 개개인 인민의 자유입니다. 마찬가지로 정부에서 아무리 경고를 해도 돈을 벌겠다고 이라크에 간 기업에게 어떻게 할 방법이 없습니다. 왜냐하면 가나무역은 이라크에서 돈 냄새를 맡았기 때문입니다. 가나무역뿐만 아니라 솔직히 말씀드리면 한국 정부와 기업들도 이라크의 복구 사업에 숟가락을 하나 놓고 싶은 겁니다. 즉, 돈을 벌고 싶은 겁니다. 자본주의란 돈에 의해 움직입니다. 그래서 국내외의 찬반을 무릅쓰고 이라크에 파병을 했고 또 돈을 벌려고 노력하다가 이라크에서 변을 당한 것입니다."

모두들 나의 이야기에 귀를 기울이는데 그 표정이 우리의 시골 아저씨 아주머니와 진배없이 진지하다.

"그런데 제가 금강산에 와서 느낀 점을 한 가지 말하겠습니다. 어제 금강산 상팔담을 오르다 보니 예쁘장한 북녘 아가씨들이 그 높은 산 중턱까지 올라와서 맥주도 팔고 과자류도 팔더군요. 그런데 어린아이 손가락 두 개 크기의 엿을 4달러의 가격을 붙여놓고 사달라고 하더군요. 그 정도면 물가 수준이 높은 남조선에서도 1,000원 정도면 충분히 살 수 있는데 북조선의 물가 수준을 비교하여서는 이해가 안 되는 가격이었습니다. 그리고 우리는 여기 금강산에 와서 등산을 할 때도 안내원들의 보호(?)하에 줄을 서서 걸어가고 계곡엔 손도 담그지 못합니다. 그러고는 산행이 끝나면 호텔이라는 말은 붙어 있지만 특별한 놀거리도 없는 작은 배 안에 갇혀서 하릴없이 보냅니다. 이렇게 하고 우리가 부담하는 돈이 70~80만 원입니다. 과연 개개인이 그만한 돈을 투자할 가치가 있는가 없는가는 한국 정부가 통제하지 않습니다."

"남조선 동무들이 북조선을 도와주셔야지요."

그동안 많은 관광객을 대한 까닭에 그들은 표현하는 것도 많이 개방된 모습을 보였다.

"예! 맞습니다, 맞고요. 그래서 우리들도 여기 온 것입니다. 그러나 이와 같이 자유가 없는 환경은 남조선 사람들에게는 고문과 같습니다. 그들은 여름휴가 때 태국이나 필리핀에서 불과 30~50만 원으로 4박 5일 동안 특급호텔에서 아주 좋은 음식을 먹고 자유롭게 여행도 하고, 심지어는 밤이면 태국이나 필리핀의 유흥가에 가서 간혹 못된 짓도 합니다. 그들은 그들이 여행사에 낸 돈보다 서비스의 품질이 좋기 때문에 그곳에 가는 것이고 한번 갔다 온 사람들이 입에서 입으로 소문을 내기 때문에 점점 더 많은 사람들이 그곳으로 갑니다.

그런데 금강산은 지금과 같은 상태로는 이익을 낼 수 없습니다. 물론 앞으로 점점 좋아지겠지만 이번에 같이 온 일행들의 이야기로는 마음대로 다닐 수 있는 자유도 없이 마치 교도소에 붙잡혀 있는 것처럼 산에 두세 번 갔다 오는 것으로 이렇게 많은 돈을 내면서는 다시는 안 오고 싶다는 겁니다. 돈을 벌 수 있는 시장이 있으면 사지(死地)에도 가는 사람들이 그들이 낸 돈만큼 대우를 못 받는 곳에는 더이상 안 오고 싶은 겁니다. 속된 말로 개같이 벌어서 정승같이 쓰고 싶은 겁니다. 북조선은 금강산에 더 많은 놀이 시설을 만들고 비용도 대폭 낮추고 자유로움을 관광객들에게 주어야만 비로소 정부의 지원 없이도 스스로 북녘 땅에 오고 싶어지게 될 것입니다.

여러 안내원 동무들이 그와 같은 부분에 대하여 결정할 사항이 아

구룡연 가는 길

금강산 상팔담

니겠지만 김선일 사건에서 시작되어 외람되게 제가 드린 말씀은 남조선 사람들에 대하여 그들이 생각하는 부분을 이해하시란 뜻에서 말씀드렸습니다."

정말로 편하게 그들에게 많은 이야기를 했다. 그런데 금강산에서 서울로 돌아올 때의 출국심사대에서 일어난 해프닝은 더욱더 북녘 땅에 다시 오고 싶은 마음을 사라지게 하기에 충분했다. 입국허가증을 밥을 먹을 때도 줄에 달아서 목에 걸고 다니라는 가이드의 안내를 충실히 지킨 관광객 중 연세 많은 어르신 한 분이 메밀국수를 먹다가 국수물이 입국허가증에 조금 흘러들어서 얼룩이 진 모양이었다.

늘 우리는 같은 동포라고 입에 침이 마르도록 말하는 북조선 인민의 한 사람인 출국심사요원은 그 관광객에게 벌금 50불을 요구했고 (아직도 나는 무엇 때문에 그런 억지가 통하는 사회인지 이해가 되지 않는다) 그 관광객은 몇 번 항의해 보다가 그들의 고압적인 분위기에 어떤 위험을 느꼈는지 50불을 내고 마음대로 숨을 쉴 수 있는 한국으로 돌아올 수 있었다.

작년 휴가 때 금강산을 다녀온 대학 후배도 같은 광경을 출국심사대에서 목격했다니 언제 북한도 남한 관광객을 봉으로 생각하지 않고 진정한 관광객으로 우대하여 모두들 가고 싶은 금강산이 되도록 할 수 있는 날이 올까 싶다.

나는 그날이 언젠가 오리라 믿는다. 그리고 그날을 하루라도 당기기 위해서는 우리 정부의 일방적 저자세도 바뀌어져서 정당하게 요구할 사항은 요구해야 한다. 그것이 궁극적으로 더 많은 관광객을 금강산에 가게끔 하여 북한의 살림살이에도 보탬이 되지 않을까 싶다. 평범한 소시민의 한 사람으로서의 느낌이다.

이 글을 쓰고 난 이후 2008년 금강산 관광객 박왕자 씨 피격 사망 사건으로 남북 관계가 심각한 손상을 입었다. 억지를 부리는 이웃이 있으면 모두가 피곤함을 피부로 느낀다.

내몽골에서 만난
문화대혁명의 단상

1960년대 후반으로 기억된다.

그때만 해도 우리들에게 최대의 오락거리는 극장에서 영화를 관람하는 것이었다. 일반 가정에서 TV는 상상도 못했었고 라디오도 귀한 물건이던 시절이었다. 영화 관람을 하게 되면 영화 시작 전에 대한뉴스라는 홍보 뉴스를 보여주었는데 한참 동안 최대 뉴스거리는 중공(그때 중국은 우리들에게 중국이 아니라 중공이었다)에서 벌어지는 문화대혁명과 홍위병이었다.

어린 시절이니까 정확한 이유는 잘 몰랐는데 하여튼 엄청나게 많은 사람이 죽고 팔에 붉은 완장을 두른 군복 같은 제복을 입은 사람

259

들이 인민들을 선동하는 모습은, 공산주의에 대한 적개심에 대해 세뇌교육을 받던 시절이었기에 그 모습만으로도 소름 끼치게 했다.

특히 평소에 들어서 잘 알고 있는 중공의 거물 정치인인 유소기가 얼마 후 처형당했다는 이야기에, 이게 바로 말로만 듣던 숙청이구나 하고 생각했다. 문화대혁명이라는 사건은 내가 공산주의의 폭력성과 숙청(어릴 적엔 학교에서 공산당의 숙청이라고 배웠다)이 얼마나 무서운지를 깨닫게 된 동기가 되었다.

그 후 군복무 시절인 1970년대 중반, 마오쩌둥 사망 이후 중국의 4인방으로 불리던 강청, 장춘교, 도문원, 왕홍문의 체포 소식에 중공의 권력 투쟁이 극심하다는 정도로만 알았고, 권력의 반대 세력을 숙청하는 것만이 공산주의의 해법이구나 싶었다.

그러나 그런 나의 판단은 단편적인 정보로 인해 실제적인 문제에 대하여 깊이 있는 분석이 되지 않은 부분이 많았던 것 같다. 특히 3공화국에서의 레드 콤플렉스(Red Complex)에 기인한 부분도 있었을 것이라 생각된다.

이 글을 통해 문화대혁명에 대하여 정리함으로써 중국의 사회와 문화를 접하는 한 가지 방편이 되고, 또 내가 어린 시절 들었던 역사적인 사실의 실체에 대하여 한 발짝 다가갈 수 있는 기회가 되기를 바란다.

막연하게만 알고 있던 문화대혁명은 얼마 전 내몽골의 성도 후호후터 시를 방문하면서 예상치 못했던 장소에서 우연히 접하게 되었다. 후호후터에는 그곳의 공산당 간부가 자랑하는, 중국에서 최고로 큰 나이트클럽이 있는데 중국 측 거래 기업 사장의 안내로 가게 되었다.

이 나이트클럽의 공연 방식은 한국의 성인 나이트클럽과 비슷한 형태인데 공연 중간에 만도린 비슷한 악기를 들고 나온 공연자가 환상적인 악기 연주로 관객의 혼을 빼놓는다. (거래업체 사장은 이 사람이 그 악기 연주로 중국 내에서 인민배우 대접을 받는 사람이라고 했다.) 악기 연주가 끝나는 순간, 그 인민배우가 갑자기 옛날 중공군 복장과 같은 인민복으로 갈아입고 초등학교 시절 신문에서나 대한뉴스에서 보았던 인민군 모자를 머리에 꾹 눌러써서, 머리통 상단부의 둥근 굴곡이 모자의 윗부분에 그대로 보이도록 만든 후 붉은 완장을 차고는 홍위병의 노래를 거의 광적으로 부르는 것이었다.

이미 악기 연주에 얼이 빠진 나는 인민배우의 홍위병 연기에 완전히 매료되었다. 나는 중국말은 잘 알아들을 수 없었지만 연기 자체가 굉장히 사실적이라서 연기자가 전달하고자 하는 메시지를 충분히 읽을 수 있었다. 그 메시지는 중국에 있었던 대재앙에 대한 진혼곡이었다. 그 순간 나는 어린 시절 대한뉴스의 장면들이 그대로 연상되었다.

문화대혁명은 중국 내의 사상적 혼란에서 오는 갈등의 결과였다. 마오쩌둥으로 대표되는 좌경 노선과 유소기, 덩샤오핑의 우경 노선의 이념 대립이 격화되는 과정에서, 우경 세력과의 권력 투쟁과 국제적

3부 | 여행, 그 삶의 활력

공산주의 운동의 위축을 의식한 좌경 세력들이 홍위병을 이용해 정치 일선으로 복귀하는 과정에서 발생한 우경화 세력의 숙청으로 요약된다.

이 사건으로 유소기 등 우경 세력은 권좌에서 물러나게 되었고 문화혁명 과정에서 유소기는 처형(암살?)당했다. 훗날 우경 세력의 거물인 덩샤오핑의 복권이 결정되고 마오쩌둥 사망 이후 새로운 권력 다툼에서 4인방이 체포되어 덩샤오핑이 실제적인 중국의 최고통수권자가 되면서 개혁개방 노선이 중국의 삶의 형태를 바꾸게 된다. 그렇게 문화대혁명은 중국 인민들에게 커다란 상처를 내고 종료되었다. 문화대혁명으로 인하여 수많은 인민들이 다치거나 죽고 경제는 바닥으로 곤두박질쳤다.

전반적으로 사회 발전을 크게 퇴보시키는 결과를 가져왔는데 우경 세력의 숙청 과정에서 많은 지식인들을 우경 세력으로 보아 처단하거나 숙청하여 과학, 학술 분야 연구의 퇴조를 가져왔기 때문이다. 또한 사회 조직에 대한 믿음의 상실과 사회 구성원 간의 불신 풍조가 극단화되는 계기가 되었고 민족 문화와 전통의 파괴를 불러왔으며 소수민족에 대한 박해도 자행되었다. 중국 인민들 사이에 공산당 이념의 약화로 공산당에 가입하지 않으려는 사조가 팽배했으며 개인 심리 평형의 파괴와 변형으로 마땅히 사죄할 일도, 사죄로 인하여 받게 될지도 모를 추후의 불이익을 우려해 여간해서는 자신의 실수를 인정하지 않게 되었다.

문화대혁명 이후 어두운 역사의 반대급부로 중국은 덩샤오핑을 축으로 한 개혁 세력이 득세하고, 개혁개방으로의 정책 전환으로 시장경제 기반이 조성됨에 따라 잘못된 역사에 대한 보상이 될 만큼 중국 현대화의 기회가 만들어지게 되었다. 또한 사람이 다스리는 인치(人治)에서 법제도에 의하여 다스리는 법치(法治) 제도의 확립이 이루어졌으며 사회 이익구조의 다원화가 만들어졌다. 이는 궁극적으로 중국을 민주국가로 발전하게 하였고 대외정책의 급격한 전환을 수반하였다.

중국은 내몽골 후호후터에서 내가 본 인민배우의 연기에서처럼 그들의 가슴에 지울 수 없는 상처를 낸 문화대혁명의 역사적 과오에 대하여 지금도 철저한 반성을 하고 그때의 악몽을 되새김질하고 있는 것이다.

한반도의 역사에서도 근대사는 무수한 악몽의 연속이었다. 한일합방으로 이어지는 일본 강점, 2차대전, 징병징용과 정신대 그리고 해방 이후 좌우 세력의 피가 피를 부르는 대립, 6·25 전쟁과 좌우익의 피의 보복에로의 악순환, 독재정권의 수립, 4·19 혁명, 군부 세력의 5·16 군사 쿠데타, 독재와 대통령 암살 사건, 광주 민주화운동과 전두환 정권의 등장 그리고 6·29 선언이 뒤를 이었다.

이 모든 것이 한국에 있어서는 고통이면서도 민주 정부의 발전에 밑거름이 되었다. 그 가운데서 5·16 쿠데타 세력의 등장으로 인하여 민주주의를 갈망하는 세력에 대한 엄청난 핍박이 있었지만 사회주의식 경제 개발 정책은 한국을 세계 10대 경제대국으로 이끌어 내는 초석이 되었음은 누구도 부정하지 못할 것이다.

이제 한국은 무수히 많은 다원 세력 간에 끝없는 이해 다툼(보수 세력과 진보 세력, 젊은 세대와 기성세대, 노사 간의 갈등 등)이 상존하지만 붉은 악마의 붉은 옷에서 공산주의의 망령을 떠올리는 사람은 없어 졌다. 이해 다툼 속에서도 양보와 협상이 더 큰 이익을 준다는 사실을 요즈음의 상대적으로 부드러운 노사분규에서도 터득하고 있는 것 같다.

이와 마찬가지로 중국도 다시는 역사의 수레바퀴를 뒤로 돌려서는 안 된다는 교훈을 얻었기에 앞으로 새로운 도전이 오더라도 슬기롭게 대처해 나갈 민주적인 대응이 마련되었다. 경제대국으로의 나아가는 길에, 문화대혁명이라는 큰 상처가 역사의 방향을 올바르게 인도하는 데 교훈으로 자리매김할 것임을 확신하고 있다.

이렇게 역사는 잘못된 것으로부터 교훈을 얻고 새로운 동력을 얻어 미래로 나아간다. 내몽골에서 엉뚱하게 역사 공부를 많이 했다.

여행은 늘 여러 가지를 생각하게 한다.

발칸반도 여행

여행을 시작하며

중학교 시절이었던가? 새 학년이 시작되면, 정규 수업 시간은 따로 없지만 꼭 구입해야 하는 책 중에《지리부도》라는 교과서가 있었다. 《지리부도》에는 자세한 국내 및 세계 지도가 컬러로 인쇄되어 있었다. 방과 후에나 휴일에 뭔가 놀거리가 없을 때면 나는《지리부도》속의 세계 지도를 펼쳐놓고 내가 가고 싶은 곳을 정한 뒤 인도양으로 대서 양으로 신나게 상상여행을 하고 다녔다. 그러다 보면 먼 우주 공간에서 바다를 항해하고 있는 나의 모습을 내려다보는 듯한 착각을 느끼기도 했었다.

상상여행을 할 때면 바다 중에서도 유럽에 속한 지중해, 아드리아

드브로브닉 성과 아드리아 해

해와 흑해 그리고 홍해는 나에게 특별한 신비로움이 있었다. 그 바다
에 당도하려면 나는 상상 속의 작은 뗏목을 타고 희망봉을 돌아 아
프리카의 모로코와 스페인이 맞닿아 있는 지브롤터 해협을 통과해
야 했다. 그렇게 먼 항해를 해야 지중해와 아드리아 해와 흑해에 들
어갈 수 있었다. 이렇게 먼 거리를 돌아서 여행하는 방법이 홍해를
통하여 수에즈 운하로 들어가는 것보다 나의 상상력을 무한대로 확
대할 수 있었기 때문에 무료한 오후의 시간을 보내기에는 최고였다.
그것은 꿈같이 달콤한 여행이었다.

태평양이나 대서양, 인도양과 다르게 육지로 둘러싸인 지중해 바다 속에는 뭔가 특별하고 다른 것이 있을 것만 같았다. 가끔 홍해 바다 근처를 지날 때면, 모세가 이끄는 유대인들이 홍해 바다가 갈라졌을 때 걸어갈 수 있었으려면 홍해의 수심이 고작해야 10~20미터 정도라야 가능했을 거란 혼자만의 상상을 하기도 했다. 바다가 갈라져서 걸어갈 때 바닥에는 온갖 조개와 해삼, 낙지, 문어가 쫙 깔려서 모세를 따라 홍해를 걸어가던 유대인들이 해산물을 줍느라고 빨리 걷기가 곤란했을 거란 엉뚱한 생각도 해보면서 실없는 웃음을 흘리곤 했다.

또한 흑해는 이름 그대로 물색이 푸르다 못해 새카매서 하얀 옷을 넣었다 꺼내면 옷이 금방 검은색으로 물들 것만 같았다. 지도상의 옛 유고슬라비아나 그리스 해변에 서서 아드리아 해를 바라볼 때도 있었다. 푸른 물결과 멋진 섬 너머 수평선 멀리 로마가 있는 이탈리아 땅이 모습을 보이기도 했다. 모두 상상이지만 말이다.

사실 그리스 쪽 아드리아 해에서 이탈리아가 보일 리 만무하겠지만, 한 장의 세계 지도 속의 좁디좁은 아드리아 해에 대한 나의 상상력은 그 정도 수준이었다.

그처럼 지중해, 홍해, 아드리아 해와 흑해는 가난한 촌놈 중학생의 시각에서는 《아라비안나이트》와 비교해도 조금도 덜하지 않은 신비로움이 가득한 세상이었다. 언제 그곳을 가볼 수 있을까 하는 상상을 하다가 졸음이 와서 지도책으로 얼굴을 가리고 낮잠이라도 들면…… 꿈속에서는 내가 잠들기 전에 여행하던 장소와는 다른 엉뚱한 장소에 와 있었고 그곳에는 신비로운 향기를 품은 아름다운 아라비아 여인이 미소를 머금고 나를 유혹했다. 나는 그 아라비아 여인들과 함께 하렘의 술탄이 되어 멋진 범선으로 지중해를 지나다가 저 멀리 수평선 위를 지나는 해적선의 해골 표시가 자아내는 공포에 몸을 부르르 떨며 잠에서 깨어나곤 했다.

지난 6월(2010년)에 이메일을 뒤적이다가 국가 경영전략 연구원(NSI)에서 온 메일을 열었더니 7월 중순에 발칸반도 산업시찰 및 문화탐방이 있음을 알려주었다. 그 순간 갑자기 상상여행을 하던 아주 오래 전 기억이 떠올랐고 만사를 제쳐두고 아드리아 해가 보고 싶어졌다.

그곳에 가면 커다란 눈에 하얀 피부를 가진 멋진 글래머 여인이 젖 무덤 사이로 골이 깊게 파인 비키니 수영복을 입고 아드리아 해변의 황금빛 햇살을 받으며 해변에 누워서 나를 기다리고 있을 것이라는 상상만 해도 가슴이 설레었다. 나이에 어울리지 않게 영원한 철부지라는 마누라의 핀잔처럼 수컷의 본능이 대뇌의 한 부분을 차지하는 나는 발칸반도행 티켓을 신청했다. 그리고 7월 16일 22명의 동반자들(전임 장·차관님과 대학총장, 대학교수, 대기업 대표이사 등으로 구성되어 조금 주눅이 드는 동반자들이다)과 한 그룹이 되어 먼 길을 떠났다. 북경, 비엔나를 거치는 두 번의 비행기 환승으로 인한 긴 여정의 지루함도 행복해 하면서 발칸반도를 향해 이번에는 상상여행이 아니라 실제 여행을 하러 갔다. 마누라님을 모시고······.

아드리아 해의 수영복 미인들과 아내

독서광들의 여행

아드리아여

배경란

푸른 산 가슴에 포근히 안긴 듯한 아드리아여!

비취색 여신이 꿈을 꾸는 듯하구나.

고요히 울렁이는 잔물결은

이 땅에서 피 흘린 생명들의 울음소리를 추억하는

여신의 가슴에 은밀히 숨긴 듯한

인생의 슬픔인가, 평화가 찾아온 기쁨인가

아드리아여!

여기, 그대를 찾아온 이국인들의 가슴에

영원히 사모하는 평화와 기쁨과 잊을 수 없는 꿈을 안겨주는

오, 아드리아여! 아름다운 사랑이여

아드리아, 바다의 대지여!

슬픔을 깊이 감춘 듯, 그러기에 더욱 아름답고 거대한 평화의 모습

어머니와 같은 모성이여,

그대는 하늘과 반짝이는 햇빛과 뛰노는 생명들을 품에 안고

우리에게 무엇을

잔잔히, 그리고 말없이 속삭이는가?

아드리아, 아름다운 마음의 대해여!

아, 그대 앞에 우리는 이토록 작고 비좁은 마음을 소유한

인생이기에 한없이 부끄럽구나.

사랑하는 법을 알지 못하고

용서할 줄 모르는, 그러므로 지울 수 없는 깊은 상처를 안고

삶의 십자가를 지고 가는

황폐한 이 땅, 이 세대, 우리의 마음 밭을 부드럽게 어루만지는 그대

의 사랑,

　　끝없이 상처를 비워내고

　　평화를 끌어안아 인생에게 바쳐 드리는 깊은 겸손을

　　우리에게 가르쳐 주기에

　　이토록 아름다운 모습을

　　우리에게 지울 수 없도록 새겨 주는가

　　오, 아드리아여! 그대 아름다운 사랑이여!

　국가 경영전략 연구원에서 주관하는 여행에 처음 참가한 나로서는 여행을 함께하는 동반자들을 대하면서 잔뜩 주눅이 들었다. 주눅이 든 가장 큰 이유는 동반자들의 독서열 때문이었다. 그들은 매일 6~8시간의 장거리 버스 여행과 산업시찰과 문화탐방으로 인하여 무척이나 피곤할 텐데도 탐방을 한 후 버스에 돌아와서 자리에 앉자마자 다음 여행지에 관련된 책이나 기타 본인이 관심 있는 분야의 책을 읽었다. 대부분 연령대가 60~70대인 원로 고위 인사들인데도 항상 책과 함께하고 있었다.

　장거리 버스 여행에 지치면 잠시 졸다가도 깨어나면 다시 책을 읽었다. 평소에 나도 책 읽는 것을 좋아하기 때문에 지하철을 탈 때나 거래 업체 방문 시에 잠시라도 기다리는 시간이 있으면 무조건 책을 편다. (아버지가 생존해 계실 적에 한번은 시골 어르신들이 오셔서 인사를 드렸더니 인사를 한 이후에도 나를 그 자리에 앉혀놓고 어른들끼리 계속 말씀을 나누시는데 나와는 별로 상관없는 이야기를 하고 계시는 것 같아서 옆에 있는 책을 슬쩍 당겨 바닥에 펼쳐놓고 읽다가 시골 어르신에게 버르장머리 없는 놈이라고 엄청나게 혼이 난 적이 있었을 정도로, 책만 보면 읽지 않곤 못 견디는 버릇이 있다.) 그동안 다른 팀과 단체 여행을 한 적도 여러 번 있었는데 동반자들이 하나같이 책을 읽는 모습은 보질 못했었다. 하지만 이 팀은 너 나 할 것 없이 열심히 책을 읽고 있었다.

그러다 보니 여행가이드가 설명을 하다가 조금이라도 잘못 설명하는 것 같다는 느낌이 드는 순간, 그 자리에서 한두 분이 지적하여 가이드를 곤혹스럽게 하기도 했다. 혼이 난 여행가이드도 다음 여행지

드브로브닉의 독서광들

로 가는 버스 안에서 자신의 손님들보다 더욱 열심히 책을 읽고서야 조심스럽게 설명을 하곤 했다. 좌우지간 이런 여행팀을 가이드 한다는 게 여간 어려운 일이 아닐 것이다.

여행사에서 여행에 참가한 손님들의 수준을 고려하여 가이드를 선정한 때문인지 가는 나라마다 매번 바뀌는 가이드의 수준이 상당히 높았는데도 워낙 까다로운 고객들의 지식 수준에, 설명하느라 여간 쩔쩔 매는 것이 아니었다. 하기야 가이드들도 다음에 다른 팀을 가이드할 때는 이번에 열심히 공부한 덕에 그 전보다는 더욱 수준 높은 설명을 할 수 있겠구나 싶었다.

그런데 이 여행팀은 책만 열심히 읽는 게 아니고 한번 말문이 터지면 온갖 구수한 유머와 음담패설을 자유자재로 구사하여 유쾌한 분위기를 이끌어 나갔다. 대부분 사회에서 강의로 내공을 쌓으신 분들이신지라 한번 마이크를 잡고 강의를 시작하면 그 분야의 전문가로서 시원스럽게 알찬 강의를 하는 바람에 장거리 버스 여행이 조금도 지루하지가 않았다. 그것뿐만 아니라 함께 참석하신 사모님들은 평소에 말씀을 잘 안 하고 계셔도 한 분 한 분의 지적 수준이 얼마나 높으신지 괜히 아는 체를 잘못했다가는 본전도 찾지 못할 게 분명했다.

그중 한 예를 들면 김태준(NSI 초대 원장) 단장님의 사모님이신 배경란 님은 시집을 13권이나 출간하신 시인이신데 여행 도중에 버스에서 낭독한 〈아드리아여〉란 시가 마침 차창 밖을 스쳐 지나가는 아드

273

리아의 창포물을 짜놓은 듯한 바닷물 색과 어우러져서 여행에 참석한 모든 분들의 영혼을 행복하게 만들었다. (이 글의 앞부분에 인용한 시가 배경란 시인님의 그 시이다.)

여행 도중 얻은 결론은 열심히 살아가고 열심히 공부하시는 분들이 남을 기분 좋게 하고 배려하는 마음도 가졌구나 하는 것이었다. 그러다 보니 상대적으로 속물근성을 가진 나 자신이 부끄러워졌다. 이런 여행 분위기였으니 누구라도 책을 읽지 않고는 배길 수가 없겠다는 생각을 했다. 사실 발칸반도의 역사적 사실과 현실(가령, 코소보 사태, 인종청소 등)은 너무 복잡해서 열심히 공부하지 않으면 뭐가 뭔지 알 수 없을 정도로 머릿속이 온통 뒤죽박죽되기 십상이다. 제대로 알려면 어쩔 수 없이 책을 펼쳐야만 했다. 하여튼 나도 평소에 책을 좋아하는 데다가 분위기에 휩싸여서 여행 기간 동안 책을 대여섯 권 읽었는데 책 읽는 분들과 여행을 하면 어렵게 먼 길 나선 여행이 더욱 값지겠구나 싶었다.

루마니아의 펠레슈 성과 빵 이야기

서울에서 베이징 그리고 오스트리아의 비엔나를 경유하여 24시간 가까운 비행기 갈아타기 끝에 당도한 첫 번째 여행지는 루마니아의 부카레스트!

루마니아 하면 나에게 제일 먼저 떠오르는 단어들은 독재자 차우

세스쿠와 흡혈귀 드라큘라 그리고 체조 요정 코마네치이다. 그 다음에 역사와 이데올로기라는 조금 따분한 주제와 관련해서 오스만 투르크와의 전쟁이나 공산국가 등이 생각났다.

우리의 첫 관광지는 발칸반도의 역사에는 크게 아는 것이 없고 코마네치 같은 아름다운 미녀에만 관심이 끌리는 나로서는 들어본 적이 없는 펠레슈 성이었다. 펠레슈 성은 루마니아의 휴양도시 시나이아에 있는데 문화탐방 신청을 한 후 여행 자료를 뒤적이기 전까지는 한 번도 들어본 적이 없는 이름이었다. 사실 발칸반도라는 지역이 우

루마니아의 펠레슈 성

리에게 가슴에 와 닿는 부분이 거의 없다 보니 특별한 관심이 없어서 였기도 했다.

펠레슈 성은 루마니아의 카를 1세가 여름휴가를 멋지게 보내기 위해서 만든 여름 별궁인데 1783년부터 시작해 무려 100년 만인 1883년에 완성한 성이며 독일 건축가 빌헬름 도데르(Wilhelm Doderer)와 요하네스 슐츠(Johannes Schultz)가 건축했고 왕가의 여름 휴양지로 활용하다가 카를 1세가 죽은 다음엔 이곳에 그의 무덤을 만들었다는 게 자료에 나오는 내용이다.

프라호바 계곡의 아름다운 풍광과 부체지 자연공원(Bucegi Natural Park)의 2,000미터급 카르파티아 산악지대가 주위를 감싸 안는 아름다운 휴양지에 펠레슈 성이 자리잡고 있었다. 부체지 자연공원의 주위 풍경은 주마간산식으로 잠시 보고 지나갈 게 아니라 시간이 나면 며칠 동안 머물고 싶을 만큼 멋진 곳이었다.

실제로 가본 성의 겉모습은 성이라고 부르기에는 너무도 작았다. 그렇지만 성안에 들어서는 순간부터 벽면을 장식한 온갖 전쟁 무기들과 아름다운 조각들이 나의 눈을 황홀하게 만들었다. 시기적으로 18세기 말부터 19세기 말에 건립했기에 1~2천 년 된 고성처럼 오랜 역사의 무게가 느껴지는 성은 아니었지만 작은 공간에 어쩌면 이렇게도 아기자기하고도 호화로운 방을 만들고 소장품을 구해서 잘 관리했나 싶어 첫 탐방지로 택한 이유가 있구나 싶었다.

카를 1세는 루마니아에서 존경받는 지도자로, 성을 지을 때도 국고를 쓰지 않고 전액 왕가의 소유 자금으로 했다 하니 동서고금을 막론하고 공과 사를 분명하게 구분하는 지도자가 참 지도자로 존경을 받는구나 싶었다.

펠레슈 성을 보고 나와서 우리들은 야외 레스토랑에서 부체지 자연공원의 분위기에 젖어서 점심식사를 했다. 평소에 육류를 즐겨 먹지 않는 나로서는 유럽 여행에서 매끼마다 나오는 각종 고기가 조금은 부담스러운 부분이었지만, 이를 상쇄시킬 수 있는 것이 있어서 식탁에 앉는 느낌이 나쁘진 않았다.

그것은 음식에 곁들여 나오는 빵이었다. 발칸 여행 동안 대부분의 레스토랑에서 굽자마자 손님 테이블에 올라오는 빵(북경에서 루마니아까지 오는 비행기 안에서도 빵은 항상 따뜻했고 촉촉해서 먹기 좋았다)을 수북이 담아 주어서 구수한 빵 냄새와 손에 와 닿는 따스함과 부드러운 느낌만으로도 식사 시간이 즐거웠다. 특히 크로아티아에서 나온 빵은 따뜻하면서 부드러웠고 특히 생긴 모양이 둥글면서도 크기가 얼마나 큰지 글래머 여인의 가슴을 손으로 어루만지면서 먹고 있는 느낌이었다.

덕분에 매 식사 때마다 빵을 기본적으로 2~3개는 먹었고, 그것도 모자라 나중에 먹으려고 소쿠리에 수북하게 담겨 있는 빵 중 한 개를 배낭에 넣어서 가지고 다녔지만, 대부분은 먹지 않고 버리게 되었다. 따뜻하고 촉촉한 빵을 먹다가 식어 버려서 딱딱해진 빵을 먹으려니 식사 시간에 가졌던 행복이 느껴지지 않았기 때문이었다.

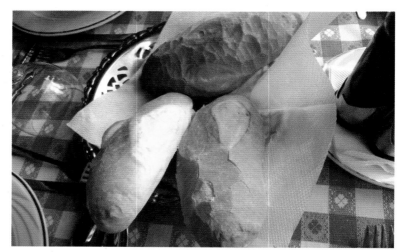

레스토랑의 따뜻한 루마니아 빵

글래머 여인의 가슴같이 따뜻하고 빵빵한 빵(불가리아)

나중엔 빵 챙기는 일을 하지 않았는데, 그러다가 크로아티아에서는 글래머 여인의 빵빵한 가슴같이 생긴 빵을 보고는 다른 분들도 에로틱한 분위기를 느꼈는지 조금씩 야한 농담을 주고 받으면서 비닐 봉지에 한두 개씩 챙겼다. 마침 그날따라 더 길어진 버스 여행 탓에 오후 3시가 되어서야 비로소 점심식사를 했기에 버스에서 허기를 달래거나 맥주라도 한 잔 할 때의 가벼운 술안주로도 최고였다.

여행에서는 보는 것도 중요하지만 먹는 것 또한 중요한데, 발칸반도 여행에서 나에게는 빵빵한 빵이 있어서 큰 행복이었다.

흡혈귀 드라큘라 백작

전라남도 장성의 김흥식 군수가 쓴 책을 얼마 전에 읽은 적이 있다. (김흥식 전 장성군수는 2010년 7월 1일 타계했다.) 책 속에서 저자는 가난한 장성을 어떻게 하면 잘사는 농촌으로 만들까 연구하고 또 연구한다. 그런 노력 끝에 전라도 시골의 가난하고 초라한 장성을 전국적인 브랜드 지역으로 명성을 떨치게 만드는 데 성공한다. 그런데 김 군수가 장성을 잘사는 농촌으로 만들려고 노력하던 중에 우연히 옛날 자료에서 소설 속의 홍길동이 실제 인물이고 장성 출신이란 것을 찾아냈다.

사실 홍길동이란 인물이 실제 존재했다 하더라도 그 시절의 시대상을 감안했을 때 허균이 쓴 작품 속의 홍길동은 대부분 허구에 가까운 상상 속의 의인이었을 것이다. 그런데도 장성군수는 홍길동이 가진 상품성을 인지하고 그를 장성의 사람으로 실체화시키기 위하여 갖은 노력을 다한다. 마침내 그는 장성군과 홍길동을 연결하는 새로운 비즈니스 모델을 만들어 냄으로써 성공적인 결과를 거두었다.

뚱딴지같이 발칸반도 이야기를 하다가 장성군수와 홍길동 이야기를 한 것은 드라큘라에 대한 이야기를 하기 위함이다. 루마니아를 여행하는 여행자들이 필수적으로 들르는 코스 중 하나가 트란실바니아 지방의 브란에 있는 브란 성이다. 브란 성을 생전 처음 들어보는 이름이라고 생각하는 분이 대부분이겠지만 브란 성의 별칭이 드라큘라 성이다.

드라큘라는 루마니아 지역에 실제로 있었던 공국의 백작으로 오스만 투르크와의 전쟁에서 혁혁한 전공을 세웠기에 루마니아에서는 국가적인 영웅으로 칭송을 받고 있는 사람이다(우리나라로 치면 이순신 장군 정도 되는 분이다). 그런데 이 실제의 인물이 우리가 알고 있는 흡혈귀 드라큘라가 된 것과 브란 성이 드라큘라 성으로 불리게 된 이유가 재미있다.

드라큘라 백작은 루마니아 지역에 있었던 발라히아 공국(공국은 왕보다 직위가 떨어지는 공작이 다스리는 군주 국가를 말한다)의 왕자로 어린 시절 오스만 투르크에 볼모로 잡혀가 있다가 나중에 몸값을 지불하고 루마니아로 데려오지만, 얼마 후에 이번에는 헝가리 왕국에도 볼모로 잡혀간다. 이처럼 드라큘라 백작은 어릴 적부터 험난한 삶을 보내면서 적국(오스만 투르크와 헝가리 왕국)에 대한 적개심을 키우게 되었다. 그러다 보니 그는 어릴 때부터 오스만 투르크에 대한 원한에 사로잡혀서 성장해 왔다. 마침내 그가 국가의 실제적인 지도자가 된 후 군사력을 배가시켜서 오스만 투르크와의 전쟁을 큰 승리로 이끈다.

이때 드라큘라 백작은 철천지원수 오스만 투르크 병사들을 7,000여 명이나 포로로 잡아서 이들을 산 채로 창처럼 뾰족한 꼬챙이에 꿰거나, 굵은 가시가 박힌 큰 바퀴를 포로의 몸 위에 굴리고, 사지를 묶어서 몸을 찢는 등 인간이 할 수 있는 가장 잔인한 방법을 동원하여 죽였다.

심지어는 산 채로 창에 꿴 포로들에게는 창을 땅에 묻어서 죽을

드라큘라 성이라 부르기로 한 브란 성

때까지 세워두었을 뿐만 아니라 그들의 살이 썩고 백골이 드러나도록 창끝에 매단 채로 방치했다고 한다. 오스만 투르크와 있었던 그 다음 전쟁에서 후퇴할 때까지 그대로 두었다니 그 잔인함이 인간의 범주에서 할 행동이 아니었다.

루마니아에 왔다가 드라큘라 백작의 잔인성을 전해 들은 아일랜드의 작가 브람 스토커는 이를 소재로 그 유명한 흡혈귀를 탄생시킨 《드라큘라》(1897년)라는 소설을 쓴다. 작품 속에서 드라큘라는 살아있는 사람의 목덜미를 물어뜯어 신선한 피를 마셔야만 영생을 얻는다. 이 작품이 괴기소설로 선풍적인 인기를 끌게 되고, 공포영화의 단골소재로 영화화되자 1952년 미국의 탐사팀이 드라큘라 백작이 실제로 활동했던 드라큘라 성을 찾아서 루마니아에 왔지만 어디에서도 그와 연관된 성을 찾지 못했다.

마침내 그들은 영화 속에 등장했던 허구의 드라큘라 성과 그 모습이 가장 유사한 브란 성을 찾아서 드라큘라 성이라 부르기로 결정하는데, 이런 엉터리 해프닝으로 브란 성이 드라큘라 성이라는 이름을 갖게 되었다. 이렇게 사기에 가까운 방법으로 드라큘라 성이 만들어진 후에 브란 성은 루마니아를 찾는 여행객들이 꼭 한 번씩 들르는 최고의 관광명소가 되었다.

드라큘라 성이라고 억지로 이름 지어진 브란 성은 루마니아의 전략적 요충지 브란에 자리한 아름답고 멋진 성이다. 드라큘라를 상품화한 탓에 브란 성 주변의 기념품 가게에는 공포영화에 등장할 괴기

드라큘라 성

한 가면과 온갖 무시무시한 상품들이 여행자를 기다리고 있었다. 그 중에 상술이 눈에 띄는 한 가지는 레드 와인의 이름인데 그 와인 이름이 흡혈귀 드라큘라의 피(Blood of Dracula)와 뱀파이어(Vampire)이니 여기는 드라큘라 한 가지만 가지고도 잘 먹고 잘 살고 있었다.

브란 성이 한 작가의 소설을 원작으로 한 영화 속의 드라큘라 성의 모습과 닮았다는 이유로 전 세계 관광객을 끌어모은 것을 보면, 홍길동을 장성군의 관광 상품으로 만들고자 했던 김홍식 군수가 어쩌면 이곳을 여행하다가 브란 성에서 영감을 얻지 않았을까 싶어 괜한 웃음이 난다.

드라큘라 성 내부

그런데 브란 성을 둘러보고 나오는 순간, 이번 여행에서 처음이자 마지막인 소나기가 천둥번개와 함께 억수같이 쏟아지기 시작했다. 우아한 브란 성의 아름다움과 드라큘라의 음산함이 어울리지 않았는데 갑자기 세상이 어두컴컴해지면서 쏟아지는 소나기와 천둥소리가 드라큘라 성에 걸맞는 음향 효과와 분위기를 조금이나마 고조시켜 주는 것 같았다.

브란 성을 방문한 후 루마니아의 수도인 부카레스트로 돌아오는 도중에 잠시 들른 곳이 카르파티아 산맥의 북쪽 기슭에 자리한 브라쇼브였다. 브라쇼브에서는 일정 때문에 시내 중심부의 광장과 흑색 교회 주변을 바쁘게 지나쳤고, 곧 하루를 쉬게 될 부카레스트로 향하는 버스에 몸을 실었다. 부카레스트에는 또 무엇이 우리 일행을 기다리고 있을까?

차우셰스쿠와 인민궁전

루마니아를 떠나기 전에 마지막으로 들른 곳이 부카레스트의 중심부에 위치한 차우셰스쿠가 만든 거대한 건물이다. 이름하여 인민궁전!

단일 건물로는 전 세계에서 미국 국방성이 있는 펜타곤 다음으로 큰 건물이라는 가이드의 설명이다. 그는 인민궁전과 궁전 앞의 샹젤리제 거리(프랑스 숭배자인 차우셰스쿠가 프랑스 파리의 샹젤리제 거리를 보고 그대로 만들라고 지시하여 만들었다는데 거리의 길이를 샹젤리제보다 6 미터 더 길게 만들라고 했다고 한다)를 만들기 위하여 부카레스트의 고색창연한 문화재급 건물들을 폭파시키고 그 자리에 만들었다고 한다. 제정신이 아니라도 그렇지, 어떻게 그런 짓을 할 수 있단 말인가? 사회주의자라고 하면서 사회는 어디로 갔으며 공산주의자라면서 공산이란 말이 이 모습과 어떻게 어울린단 말인가?

금강산 관광이 가능했던 때에 금강산을 들렀다가 금강산의 아름답고 거대한 바위 절벽에 하나같이 '김일성 장군 만만세'와 같은 글씨가 대문짝만 하게 조각(글씨의 획마다 사람이 들어갈 수 있는 크기)되어 있

차우셰스쿠의 인민궁전

는 것을 본 적이 있다. 그 글씨 몇 개를 만들기 위하여 바위에서 파낸 돌이 수백~수천 트럭 분량이 된다고 하니 그 아름다운 금강산 암벽을 훗날 우리의 후손들이 원상 복구하려면 얼마나 많은 돈과 노력 그리고 시간을 들여야 할까 싶어 가슴이 저렸던 기억이 난다.

차우셰스쿠와 김일성이 생존해 있을 때 친구 사이였고, 서로에게 많은 도움을 주고받으면서 정권 유지 노하우를 공유했다고 하니 먼 루마니아의 샹젤리제 거리에서 문화재를 파괴하고 만들었다는 인민 궁전과 금강산 암벽을 깊숙이 파 들어간 김일성 장군 찬양 글씨가 어쩌면 이렇게 잘 어울릴까 싶었다.

철저한 독재자가 공산주의와 사회주의의 탈을 쓰고서 국가를 유린했던 것은 자본주의 한다면서 필리핀을 엉망으로 만들었던 또 한 사람의 과대망상 독재자와도 그 궤를 같이한다고 해야 할 것이다.

부카레스트 시내에서 차우셰스쿠가 연설을 하던 도중에 성난 민중의 분노를 보고 놀라서 헬리콥터를 타고 도주한 공산당중앙위원회 건물도 있었다. 그 이후 차우셰스쿠 부부는 붙잡혀서 인민의 손에 참혹하게 죽임을 당했고 그의 시체가 아무렇게나 버려졌다가 시내 공동묘지의 한 귀퉁이에 초라하게 묻혔다고 한다.

스스로 인민의 위대한 지도자요, 민족의 태양이라 부르게 하는 자치고 지구상에 살았던 정치 지도자 중에 단 한 명도 위대한 지도자가 없었다는 것을 생각하면, 우리가 몸담고 있는 21세기에도 그와 같은 광신적인 자기 숭배자들이 존재했고 지금도 존재한다는 사실이,

루마니아를 방황하는 방랑자에게 슬픈 가슴앓이를 안겨준다.

다뉴브 강과 도나우 강 그리고 사의 찬미

광막한 황야를 달리는 인생아
너는 무엇을 찾으러 왔느냐
이래도 한세상 저래도 한평생
돈도 명예도 사랑도 다 싫다

끝이 보이지 않는 해바라기 농장

윤심덕이 부른 〈사의 찬미〉의 가사이다. 1927년 8월 4일 새벽 4시에 윤심덕과 그의 정부(情夫) 김우진은 부산행 부관 연락선에서 푸른 바다에 투신자살했다. 윤심덕이 자살하기 직전 마지막으로 취입한 노래가 바로 〈사의 찬미〉인데, 이 노래는 두 사람의 정사(情死)로 인하여 공전의 대히트를 쳤다.

발칸반도 여행을 이야기하다가 윤심덕의 〈사의 찬미〉를 인용한 것은 이 노래가 헝가리의 민족 작곡가 이오시프 이바노비치의 〈다뉴브 강의 잔물결〉이란 곡에 가사를 붙인 노래이기 때문이다.

고등학교 시절인 사춘기 때 홍콩영화 〈스잔나〉를 보고 충격을 받은 나는 윤심덕의 〈사의 찬미〉라는 노래에도 심취해 이 노래의 곡조인 〈다뉴브 강의 잔물결〉을 경음악으로 들을 때면 맑고 투명한 다뉴브 강 위에 은빛 물비늘이 반짝이는 아름다움에 대한 동경에 빠져들곤 했었다.

다뉴브 강!

영어식으로는 다뉴브 강으로 읽지만 이곳 현지에서는 도나우 강이라고 부른다. 루마니아에서 불가리아로 넘어가는 국경 부근에서 만난 도나우 강은 〈다뉴브 강의 잔물결〉에서 느끼는 감미로움이나 윤심덕의 〈사의 찬미〉에서 느끼는 허무감은 느끼려야 느낄 수가 없었다. 그냥 누르스름한 황토색 강물 위에 화물선과 폐선 몇 척이 어지러이 흩어져 있을 뿐이었다.

다뉴브 강에 대한 이야기를 하다 보니 갑자기 생각나는 게, 외국을 다니면서 봤던 강의 대부분은 평소에 시나 소설 그리고 음악으로 접했던 상상 속의 모습과 비교하여 실망했던 기억이다. 그 대표적인 예가 프랑스 파리의 세느 강이다. 몽마르트 언덕이 어쩌고저쩌고 하면서 세느 강 이야기를 써 내려간 문학 작품을 대할 때 세느 강은 강이 아니라 하나의 예술이고 환상이었다. 그러나 실제로 가서 보면 세느 강은 서울의 청계천에 폭우로 물이 불어나서 탁류가 흐를 때면 어쩌면 저렇게 세느 강을 닮았나 싶은 모습의, 한강보다 훨씬 작은 강이다.

마찬가지로 중국의 장강(양쯔 강), 독일의 로렐라이 강, 호주 멜버른의 야라 강 등을 보면 물색은 탁하고 도심지를 흐르는 풍광도 별로

상상 속의 풍경과 다른 도나우 강

였다. 아마도 멋진 경치는 강 상류로 가보면 많겠지만 내가 본 장강 같은 경우엔 난저우와 같은 상류 지역에 가도 물색은 흙탕물이었다.

나는 종종 우리나라의 동강이나 남한강변에 배낭을 메고 여행을 하면서 강변에서 야영을 할 때면 땅거미가 지는 시간의 그 투명하고 아름다운 물색과 경치에 매료되어 가슴이 시리도록 행복감에 젖어 들곤 했다. 그런데 우리가 지나고 있는 다리 위에서 내려다본 다뉴브 강은 흑해에 가까운 중·하류라서 그런지는 몰라도 감동을 받기에는 풍경과 물색이 너무도 매력이 없었다.

그래서 나는 눈을 감는다. 눈을 감고 먼 옛날로 돌아간다. 다뉴브

도나우 강

강은 상상의 추억 속에서 느꼈던 투명한 물빛으로 나를 반겨준다. 아마도 이노시프 이바노비치가 작곡할 때만 해도, 옛날 한강대교 아래의 물이 투명하고 맑았던 때처럼 이 다뉴브 강도 맑고 푸르렀으리라.

우리는 버스의 스피커를 통해 들려오는 감미로운 〈다뉴브 강의 잔물결〉에 젖은 채 국경을 넘어 불가리아로 향했다.

벨리코 투르노보

불가리아의 벨리코 투르노보와 스페인의 똘레도, 그리고 드브로브닉 성!

유럽에서 자연이 만든 천혜의 지형을 이용한 난공불락의 성이 있는 대표적인 곳이다. 세상의 어떤 난공불락의 요새도 영원히 함락되지 않은 곳이 없었지만 나그네가 보기에 벨리코 투르노보의 차레베츠 성은 입구의 목재 다리(도개교)만 들어 올리면 그 다음엔 적이 발조차 붙일 곳이 없을 것 같은 완벽한 모습이었다. 제2차 불가리아 왕국의 수도였던 벨리코 투르노보 시내에는 급경사의 협곡에 예쁜 주택들이 차곡차곡 들어차 있어서 멀리서 보면 집 위에 집을 계단식으로 쌓아놓은 것처럼 보였다.

시가지를 저만큼 굽어볼 수 있는 언덕에 차레베츠 성이 보였다. 얀트라 강이 200여 미터 높이의 조그만 산을 3면으로 끼고 돌아가는 것을 이용하여 성을 쌓은 것이 차레베츠 성이다. 제2차 불가리아 왕

불가리아 벨리코 투르노보의 차레베츠 성

국시대에 오스만 투르크의 침략으로 성이 함락되기까지 약 200여 년
간 벨리코 투르노보가 국가의 수도였던 것은 바로 이 차레베츠 성이
있었기 때문이다.

　차레베츠 성과 비슷하게 3면이 타호 강을 끼고 만들어진 도시가
스페인의 똘레도이다. 벨리코 투르노보와 스페인의 똘레도가 지역적
으로는 멀리 떨어져 있지만 두 난공불락의 성은 모두 이슬람 세력에
의하여 함락되었다는 공통점이 있다.

　8세기 초 아프리카의 무어인이 지브롤터 해협을 건너서 스페인의

똘레도를 함락시켰고 벨리코 투르노보의 성은 14세기 오스만 투르크의 공격을 받아 함락되었다. 또한 두 지역은 함락된 후에 각각 800년과 500년이라는 길고 긴 시간 동안 점령당했으니 어쩌면 나중엔 스스로 독립할 힘도 없어져서 문명 충돌을 일으킨 종교적 힘에 의하여 국권을 회복했는지도 모른다.

그렇게 보면 로마가 번성한 후 몰락의 길을 걸을 적에 바로 이슬람 세력이 크게 번성했고 이슬람 세력이 약화될 때에는 유럽 그리스도교 진영이 세력을 확장한 것이 유럽과 이슬람 지역의 역사적 되풀이인 것 같다. 거기다가 불가리아와 같이 상대적으로 힘이 약했던 국가들은 로마, 오스만 투르크, 게르만, 몽골 등 초강대국의 침략을 받으면서 상상하기조차 어려운 고통을 당하고 또 당했을 것이다. 또한 십자군 전쟁을 치를 때는 바로 이 지역들이 십자군의 통로가 되었을 테니 그 시절 이 지역에 살았던 백성들의 고통은 어땠을까?

아름다운 차레베츠 요새는 오스만 투르크의 침략과 1911년 대지진으로 황폐화되었던 것을 최근에 성모승천 대주교 성당 등 일부를 복원 하여서 오늘에 이르고 있다고 한다. 전쟁으로 인하여 얼마나 많은 전사들이 죽임을 당하고, 또 그 전사의 가족들은 얼마나 큰 고통을 당했을까?

계단을 한 걸음 한 걸음 내려오다 보니 그 시절 병사의 함성과 피비린내 나는 풍경이 영화의 한 장면처럼 상상 속에 나타났다 사라진다. 생각해 보면 종교가 인류에게 구원을 주는 면도 많았겠지만, 긴 시간 동안 이토록 처절한 전쟁의 주요 원인으로 작용한 것을 보면 무엇이 진리이고 무엇이 거짓일까 싶다.

아름답다 못해 눈물이 날 정도로 아름다움을 간직한 불가리아의 옛 도읍지에 올라서 성을 휘돌아 나가는 얀트라 강의 모습과 저 멀리 산정에 마치 성벽처럼 암벽 절벽들이 켜켜이 쌓인 모습을 바라보니 나그네의 가슴에 만감이 교차한다.

벨리코 투르노보!

얀트라 강! 그리고 협곡에 자리한 집들과, 그 빨간색 집들을 내려다보고 있는 차레베츠 요새가 어우러진 모습은 얼마나 아름다운 그림인지, 그중 어느 하나를 빼거나 더해도 벨리코 투르노보의 아름다움은 반감될 정도로 현재의 모습 그대로 완벽한 미를 뽐내고 있었다.

얀트라 강이 둘러싸고 있는 천혜의 요새, 차레베츠 성

차레베츠 성의 폐허와 잘 어울리는 노래를 바로 뒤에 오는 일행 중 한 분이 아주 조용히 부르고 있었다. 저분도 어쩌면 지금 나와 같은 가슴 아픔을 느끼면서 노래를 부르고 있겠지…….

장하던 금전벽위 찬재되고 남은 터에
이루고 또 이루어 오늘을 보이도다
흥망이 산중에도 있다 하니 더욱 비감하여라

불가리아에서 느낀 단상-관용과 대한민국

이번 여행에서는 국가별로 현지 가이드가 매번 달랐다. 여행사가 현지 가이드들을 신중하게 선정했는지 다들 해박한 지식과 밝은 성격으로 여행 기간 동안 많은 지식을 쌓을 기회가 되었다.

그중 불가리아에서 만났던 가이드는 한국 여성인데 이곳에 유학 와서 음대를 다녔을 만큼 지성과 미모, 그리고 한국적인 여성스러움을 가지고 있었다. 피아노를 전공한 멋진 불가리아의 꽃미남이 반해서 죽기를 각오하고 따라다니는 바람에 결혼을 했고 지금은 행복한 가정을 꾸려서 잘 먹고 잘 살고 있다고 했다.

여행의 둘째 날인 불가리아에서 이 미녀 가이드는 낮 동안 가이드한 것도 부족해서 여행을 함께한 분들의 부탁으로 그날 저녁엔 불가리아의 꽃미남 서방님께서도 자리를 함께하여 호텔 카페에서 환상적인 피아노 연주까지 들을 수 있게 해주었다. 여행이 이 정도면 호강하는 수준이라고 해야겠다.

그런데 좋은 부분은 칭찬을 하지만, 문제점은 꼭 지적해야 속이 풀리는 게 나의 못된 성격인지라 한 가지는 지적하고 가야겠다.

불가리아의 2차 불가리아 왕국시대 때의 수도 벨리코 투르노보(좌우지간 발칸반도에서는 국가 이름, 지명 이름, 도시 이름들이 너무 복잡해서 나의 지능지수로는 외우기가 쉽지 않다. 어찌 이름이 이렇게도 어렵냐? 벨리코 투르노보, 브라쇼브, 플리트비체, 두브로브닉, 트로기르, 디오틀 레시안, 네트레바, 모스타르, 오노플라안, 게른터너, 호프브르그, 칼레메그단을 무슨 수로 기억하고 외우나? 거기다가 국가명도 '보스니아 헤르체고비나'이니……. 그래서 나처럼 머리가 나쁜 사람들을 위해서 '보스니아 헤르체고비나도 그냥 보스니아로 줄여서 부르는가 보다)에서 나름대로 멋을 부린 옷차림으로 열심히 가이드를 한 후 불가리아의 수도인 소피아로 와서 바냐바시 모스크를 설명했는데, 트집 잡힐 일은 여기서 발생했다.

여기서 여행기를 읽으시는 분들의 이해를 돕기 위해 바냐바시 모스크에 대하여 조금 설명하고 넘어가겠다. 이 모스크는 1576년 오스만 투르크 제국이 불가리아를 지배할 당시 지어진 유럽에서 가장 오래된 이슬람 사원 중의 하나이다. 소피아에는 오스만 투르크가 지배할 당시 70여 개의 이슬람 사원이 있었는데 1878년 오스만 투르크가 약 500년 동안의 지배 끝에 쫓겨난 후에 국토를 회복한 이곳 사람들은 바냐바시 모스크 한 개만 남겨두고 나머지 모스크는 모두 파괴했

관용이 넘치는 나라의 지도자들이 단 한 개 남긴 모스크

다고 한다.

이 멋진 여성 가이드 분이 하시는 말씀이, "유럽 사람들은 이렇게 관용의 폭이 넓답니다. 우리나라 같으면 모두 다 부셔버리고 절대로 남겨 두질 않았겠지요."

아름다운 미인이 하는 말에는 수컷의 본능이 작동하여 항상 잠이 덜 깬 것처럼 게슴츠레한 눈으로 대부분 동의하는 나로서도 이 말은 도저히 그냥 넘어갈 수가 없었다.

"아니 그게 무슨 말씀이십니까? 유럽 사람들이 그렇게 관용이 많으면 70여 개 모스크를 다 남겨두거나 최소한 몇 개는 남겨두지 왜 한 개만 남겨두었답니까?"

그 자리에서는 더 이상 대화를 할 시간이 없어서 충분한 의견을 개진하지 못했지만 이 부분은 도저히 그냥 두어서는 안 될 상황이기에 짚고 넘어가야겠다. 왜냐하면 앞으로 누구라도 이렇게 왜곡된 설명을 해서는 안 되기 때문이다.

여기서 먼저 나에 대하여 해명하자면 나이도 먹을 만큼 먹었기에 정치적으로는 조금 보수 성향을 띠고 있지만, 그렇다고 절대로 국수주의자이거나 보수 꼴통은 아니다. 아직도 철딱서니 없이 후배들과 낄낄대며 암벽등반을 즐길 정도로 새로운 것에 도전할 줄도 안다.

이 정도로 나를 위한 변명을 해놓고 시작하겠다.

정치부터 이야기하자. 우리나라 국회에서 여야가 물리적으로 격돌하는 장면은 별로 보기 좋은 장면이 아니다. 그러나 국회에서 마치 상대편의 입을 찢을 것처럼 몸싸움을 벌여서 그날 저녁 TV의 활극 장면에 나왔던 여야 국회 중진 두 분이 며칠 후 시내 유명 호텔의 커피숍에서 웃으면서 대화를 하고 있는 것을 내 눈으로 직접 본 적이 있다. 혹자는 이를 두고 "그 인간들 쇼를 잘한다"고 비난할지 모르지만 나는 그렇게 생각하지 않는다. 국민과 기자들이 보고 있는 데서는 자신을 지지하는 지지자들과 정당을 위하여 서로 죽일 듯이 싸움도 불사하지만, 사실 그들은 원한이 골수에 배인 원수는 아닌 것이다. 옛날 박정희 대통령은 자신을 죽일 듯이 몰아붙인 야당 지도자에게 몰래 용돈도 보냈다고 하지 않던가?

종교 문제로 넘어가 보자. 우리나라는 옛날부터 불교와 유교가 백성의 의식을 지배하던 국가였다. 조선시대 말기에 기독교가 처음 들어왔을 때 박해로 순교하신 분들도 많았지만 백성들 사이에 타 종교끼리 극단적인 분쟁을 했다는 이야기는 별로 들어본 적이 없다. 물론 자질구레한 분쟁을 잔뜩 나열하면서 이런 일도 있었고 저런 일도 있었다고 하면 할 말이 없지만 그리스도교와 이슬람교의 충돌처럼 철천지원수지간과는 차이가 많다는 것을 이야기하는 것이다.

예를 들면 우리나라의 천주교 지도자들은 천주교 신자들에게 제사를 지내도 천주교의 교리에 위배되지 않는다고 하며, 불교 지도자들은 12월 25일에 아기 예수의 탄생을 축하해 주고, 기독교나 천주교에서는 4월 초파일에 부처님 오신 날을 축하해 주는 나라가 세상에 우리나라 말고는 그 예를 찾기 힘들지 않을까 싶다.

그런데 유럽에서의 종교 분쟁은 그 정도가 골수에 원한이 새겨진 원수지간의 다툼보다 심했다. 중세 유럽에서의 여러 차례에 걸친 종교전쟁은 단지 믿음의 방식이 다르다는 이유로 수백만 명의 사람들을 죽였다. 가까운 최근에도 발칸반도를 휩쓴 인종청소는 인종만이 원인이 된 것이 아니라 종교 문제까지 가세하여 일어난 참혹한 결과였다. 그리스도교 진영과 이슬람교 진영의 해묵은 원한은 누구나 알고 있겠지만 그 기원을 따지자면 옛날 십자군 전쟁 때와 오스만 투르크 시대 이전까지 거슬러 올라가야 한다. 그때부터 양측은 상대편을 철천지원수로 생각했다.

혹자는 나의 의견에 이의를 제기할 수도 있겠지만, 한 가지 예를 들면 비행기로 미국 뉴욕의 무역센터를 들이받는 것이 과연 사랑과 자비를 이야기하는 종교 집단에서 할 수 있는 일인가? 반대로 우리가 미국 문화권에 속해 있어서 그 참혹함을 자세히 몰라서 그렇지, 이라크전쟁 때 모래밭에서 참호를 파고 적들이 오기를 기다리고 있던 20여만 명의 이라크 군(이들도 한 가정의 다정다감한 아버지였을 것이고 징집되기 전날 사랑스런 여자 친구와 이별의 키스를 수백 번 하면서 다시 만날 날을 기약했던 멋진 청년이었을 것이다)들은 적이 어디에서 공격해 오는지도 모른 채 스마트 폭탄과 미사일 등 첨단무기로 인하여 모래 속에 생매장되고 말았다. 이라크 군이 10만 명 죽을 동안 미군의 피해는 거의 없었다. 고작 비행기나 헬기 고장으로 인한 사상자가 소수 있었을 뿐이다.

우리들은 TV를 통해 전쟁 게임을 하는 장면을 감탄하면서 보았다.

도대체 이런 참혹함과 잔인함이 어디에서 나온 걸까? 악마가 따로 있는 게 아니라, 종교의 탈을 쓰고 상대편을 이토록 잔인하게 죽이는 바로 자신들이 악마의 행위를 하고 있음을 왜 모른단 말인가?

현대에 와서 흡혈귀로 둔갑한 중세의 드라큘라 백작도 극도로 잔혹했다. 드라큘라 백작은 원한을 갚으려고 오스만 투르크 제국의 포로들을 산 채로 창에 꿰어서 길거리에 세워두었다고 한다. 우리가 그 광경을 보진 못했지만, 살아 있는 수천 명의 포로의 항문에 창을 꽂아 세워두었다고 상상해 보자. 그들은 창끝에 꿰여서 짐승이 낼 것 같은 비명을 지르면서 오랜 시간에 걸쳐 상상도 할 수 없는 고통에 몸부림치면서 죽어갔을 것이다. 이는 사랑을 이야기하는 종교를 가진 집단이 이교도에 대하여 그런 포악함을 종교의 이름으로 자행했던 것이다.

루마니아의 국가명을 알파벳으로 쓰면 'ROMANIA'이다. 그들은 로마의 후예임을 자랑스럽게 생각한다. 지도를 놓고 가만히 보면 루마니아는 로마와도 한참이나 떨어져 있고 또 동로마 제국의 비잔티움과도 멀리 떨어져 있다. 그런데 왜 그들은 국호에 로마의 후예임을 남겨두고 또 자랑하고 있는 것일까?

바로 오랜 옛날 로마 시대의 비참한 역사가 그 속에 담겨 있다. 로마는 지금의 루마니아 지역을 공격하면서 그들의 사생결단의 저항에 쉽게 함락시키지 못했다. 열받은 로마군들은 마침내 그곳을 점령한 후 인종청소를 감행했다. 즉, 그때 루마니아 지방에 살고 있는 남자의 씨를 완전히 말린 것이다. 그리고는 로마 제국 남자들의 정액을 루마니아 여인들에게 무차별 공급했다. 그 결과 오늘날의 루마니아 민족이 만들어진 것이다. 루마니아에서 옛 루마니아 지역에 살던 남자들을 죄다 죽이고 루마니아 여자와 로마인들에 의한 새로운 피의 융합이 이루어진 것이다. 그 후손들은 자신들의 아버지와 할아버지가 로마인이었기에 'ROMANIA'란 국호를 쓰면서 자랑스럽게 로마의 후예라고 이야기한다. 자신의 아버지, 할아버지가 로마인의 피를 타고났는데 로마에 무슨 적개심을 가질 수 있겠는가?

이토록 잔인한 과거의 역사가 모여서 히틀러의 잔인함과 밀로세비치의 인종청소 그리고 오늘날 그리스도교 진영과 이슬람교 진영의 피가 피를 부르는 잔혹함의 역사가 만들어진 것 아닌가?

불가리아에 이슬람 사원을 한 개 남겨둔 것은 오스만 투르크가 물러났다 하더라도 불가리아와 그 주변국에 이슬람교도들이 일부 남아 있었기에, 한 개 정도는 이들을 위하여 자비를 베푼 것일 터이다.

우리나라에도 오랜 역사를 보면 간혹 잔인함이 없었던 것은 아니지만, 타 국가와 비교했을 때 지금처럼 다양한 종교 집단이 있는데도 서로가 서로를 이해하면서 살아가고 있으며, 타 종교 집단을 참혹하게 대량 학살하거나 인종청소했다는 이야기를 들어본 적은 없다.

우리나라의 착한 국민들이 유럽과 이슬람보다 관용이 부족하다는 건 진실이 아니다 싶어 흥분한 상태로 글을 써내려간 까닭에, 이 글을 읽으시는 분들에게 피곤함을 줬다면 용서를 구한다. 그렇지만 나는 우리 국민들이 세계 어느 나라 국민보다도 평화를 사랑하고 사랑으로 서로를 감싸주는 국민이라고 말하고 싶다.

그래서 나는 외국에 가서 그 나라의 고색창연한 문화유산에 탄복하고 자연환경에 감탄할지라도, 그 국토나 문화유산이 부럽지는 않다. 우리나라 문화와 자연에 대한 자부심이 있기 때문이다. 앞으론 어디에서도 우리 민족을 비하하는 이야기는 제발 안 들었으면 하는 게 나의 소망이다.

플리드비체의 호수

유럽인들의 버킷리스트에 들어 있는 드브로브닉 성

난공불락의 요새 드브로브닉 성

제1차 세계대전 도화선의 현장 사라예보의 라틴다리(보스니아 헤르체고비나)

전쟁박물관의 대포와 장갑차(세르비아 베오그라드)

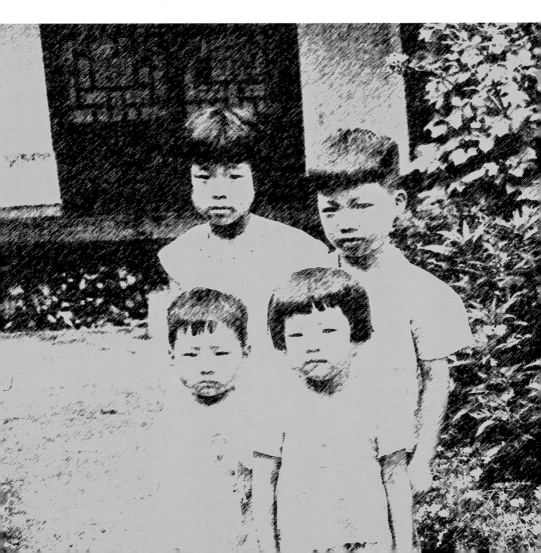

고소공포증
그리고 귀신

　사람들을 만나다 보면 고소공포증이 있다고 하는 사람이 의외로 많은 것 같다. 그런데 안전장치 없이 절벽 난간 끝이나 높은 다리 난간 위에 편안하게 서 있을 수 있는 사람을 본 적이 없기 때문에 고소공포증은 정도의 차이는 있지만 누구나 있는 게 아닐까 생각한다. 죽음이란 자신의 모든 것을 의미 없도록 만들기에 절벽 끝에서 느끼는 죽음의 공포가 바로 고소공포증이다. 내가 고소공포증과 귀신에 대한 두려움을 극복한 예를 이야기해 보겠다.

　어린 시절, 나는 큰 덩치에 비해 겁이 무척이나 많았다. 초등학교 4학년 때 대구에서 남쪽에 있는 냉천으로 소풍을 갔다가 귀갓길에 함께 산을 넘어서 오자는 친구 3~4명과 앞산을 넘었는데 그날 가파른 산길에서 무서움에 얼마나 떨었는지 그날 이후로 산과 인연을 완전히 끊었다.

또한 어린 시절 대구의 우리집이나 시골 외갓집처럼 안방과 뚝 떨어져 있는 화장실(변소 또는 뒷간이라 해야 느낌이 제대로 올 것 같다)에는 밤에 무서워서 혼자 못 가다 보니 고등학교 다닐 때도 한 살 위인 누나가 촛불을 들고 내가 일을 마칠 때까지 변소에서 나는 야릇한 소리와 퀴퀴한 냄새를 듣고 느끼면서 기다려야 하는 경우도 있었다. 일을 보는 동안 〈드라큘라〉 같은 괴기 영화에서 봤던 '변소 아래에서 피 묻은 손이 쑥 올라와서 공포심에 쪼그라든 불쌍한 내 아랫도리를 꽉 움켜쥘 것' 같은 공포심 때문이었다.

대학에 입학한 후 나는 '마음이 만들어내는 허상인 고소공포증과 귀신이라는 허깨비'를 없애야겠다는 목표를 세웠다. 그래서 동아리 활동으로 산악부에 들어가기로 결정한

초등학교 때 마당에서 찍은 형제들 사진

것이다. 마침 전자공학과 내에 산악부가 있었기에 조금도 주저하지 않고 가입했다. 산을 오르다 보면 나의 터무니없는 공포를 극복하리라 믿었기 때문이다.

그런데 산악부가 멋진 산을 함께 오르는 등산 동아리인 줄로만 알았는데 암벽등반을 주로 하는 전문 산악인 모임이란 것을 산행에 참석하면서 알게 되었다.

처음 암벽등반은 우이동의 보문사 뒤에 있는 도봉산 우이암!

그날 선배를 따라 우이암을 오르면서 공포에 얼마나 떨었는지, 내 다리가 시동 건 고물 오토바이 위에 올려진 발처럼 자동으로 벌벌 떨렸다. 특히 자일 하강하면서 암벽에서 발이 떨어지는 오버행을 지날 때는 온몸에 공포로 쥐가 나는 것 같았다.

공포의 대상에 대한 직접적인 도전!

그때부터 그런 직접적인 도전이 나의 난제에 대한 해결 방법이 되었다. 그 이후로 나는 고소공포증과 두려움이라는 허깨비를 극복했다. 재작년에는 설악산 비선대 앞의 수직 암벽에서 암벽등반 능력이 떨어지는 앞 팀으로 인한 지체로 9밀리 가느다란 자일에 몸을 의지한 채 한 지점에 2시간이 넘게 서 있었다. 200미터가 넘는 수직 암벽의 록밴드(Rockband, 암벽을 가로지르는 선반이나 띠처럼 생긴 바위, 바위띠)에서 오른발 끝과 왼발 끝 사이로 저 아래 비선대 산장 옆을 지나는 등산객의 알록달록한 모자를 내려다보면서 나는 공포 대신 고독한 희열을 느끼고 있었다.

수줍음 그리고
내성적인 성격

내가 수줍음이 있다고 하면 나를 아는 분들은 고개를 갸웃할 것이다. 지금은 기업을 경영하다 보니 수줍음을 타는 부분이 많이 극복되었지만 어릴 적엔 거의 병적이다 싶을 정도로 심했다.

학창 시절 나는 사람들 앞에 서기만 하면 말문이 막혔고 겁 많고 무척이나 부끄럼을 타는 내성적인 아이였다. 그랬기에 남들 앞에서 발표를 한다는 것은 상상도 하지 못했다. 초등학교 때 표어를 만들어 와서 친구들 앞에서 발표하라는 선생님의 강요로 어쩔 수 없이 얼굴이 벌겋게 되어서 딱 한 번 발표를 했다. 그런데 "교실에서 연필을 깎으면서 바닥에 찌꺼기를 흘리지 맙시다"라고 이야기한다는 것이 얼마나 떨렸는지 "교실에서 연필을 깎지 맙시다"라고 했다. 북한의 김정일 국방위원장이 북한을 통치하면서 "영용한 조선인민군에게 영광 있으라"라는 딱 한마디가 대중 연설의 전부였다는 이야기를 듣고 김정일도 어린 시절의 나처럼 수줍음을 많이 타는 성격을 가졌나 보다 생각하면서 웃음이 났다.

그런데 우연한 기회에 극단적인 수줍음을 극복할 기회가 왔다. 대학 산악부에서 나는 암벽등반 실력으로나, 표현력으로나, 집안의 재력으로나, 동료들 근처에도 따라갈 수 없는 아웃사이더였다. 그런데 전자공학과 내의 산악부 설립을 주도했던 선배들이 졸업 후 대부분 ROTC로 군에 입대하면서 산행 인원이 격감해 산행에 불과 한두 명이 참석하는 경우가 되풀이되다 보니 산악부가 존폐의 위기에 몰리게 되었다. 그러다 보니 우리 동기가 산악부 회장을 맡아야 할 시점에, 그렇게 열심히 산에 다니던 벗들 중에 아무도 회장을 맡으려고 하지 않았다.

어느 날 선배가 나에게 와서 차기 회장을 맡지 않겠느냐는 전혀 예상치 못했던 뜻밖의 제의를 했다. 왜냐하면 내가 다른 친구들처럼 암벽등반을 그렇게 열심히 하지도 않았을 뿐만 아니라 산악부는 사고의 위험이 항상 상존했기에 회장은 강력한 리더십도 요구되었고 무엇보다 최상의 암벽 실력을 인정받아야 했기 때문이었다.

그런데 리더십도, 암벽 실력도 갖추고 있지 않았고 항시 용돈이 부족해서 쩔쩔매는 나에게 회장을 맡으라고 했던 것은 유명무실해지는 산악부를 맡으려는 부원이 아무도 없었기 때문이었다. 선배들은 고육지책으로 산악부에서 존재가치도 없는 나에게 제안했던 것이었다.

리더십은커녕 말주변도 없고 암벽 실력도 바닥인데 혹시 사고라도 나면……. 야구에서 패전 전담 투수처럼 산악부의 마지막이 될지도 모르는 회장을 맡을 것인가 포기할 것인가로 나는 그날 밤 인생에서 힘든 결정을 내려야 했다.

그러나 나의 수줍음과 내성적인 성격을 극복하기 위해서 어떤 전기가 필요하다고 늘 생각했는데, 지금이 바로 그런 기회라는 생각이 드는 순간 주저함 없이 산악부를 맡기로 결심했다.

회장이 되고서도 산악부 회의 때마다 얼굴이 벌겋게 되면서 말도 제대로 못하고 더듬거렸다. 그렇지만 내가 맡은 산악부 조직을 내가 회장으로 있을 동안 만큼은 절대로 망가뜨렸다는 이야기는 듣지 않겠다는 각오를 하면서 어느새 산악부는 나의 운명적 연인이 되고 있었다.

도서관에서는 전공서적 대신 가스통 레뷰파나 라인홀스 메스너 같은 세계적인 산악인이 쓴 등반 관련 서적과 암벽등반 코스 자료 및 산 지도에 빠졌고 산행에 참석하도록 독려하기 위해 한 번이라도 산행에 왔던 선후배들에게 매주 50여 장의 관제엽서에 지난주 산행 에피소드와 다음 주 산행 알림에 대하여 일일이 손으로 써서 보냈다. (복사 비용이 한 장에 70~80원 할 때라서 복사할 생각은 엄두도 못 냈고 나의 형편없는 용돈으로는 한 장에 5원 하는 관제엽서 살 돈도 힘에 부쳤다.)

그랬더니 회장을 맡고 나서부터 산행에 6~8명씩 참석하기 시작했고, 한 달쯤 지난 후부터는 평균 10명 이상 참석하게 되었다. 사람들 앞에서 발표하는 것도 조금씩 안정을 찾기 시작했다. 한번 자신감이 생긴 나는 2학년 여름방학 때 도봉산과 북한산에서의 암벽 집중 강화훈련으로 그동안 한 번도 가보지 못했던 암벽코스에서도 선등(Lead Climbing, 암벽등반팀에서 먼저 등반하는 행위)을 설 정도로 암벽 실력이 좋아지기 시작했다.

결과적으로 나는 성공적으로 산악부를 이끌었고 군복무를 하기 위해 휴학하면서 후임 회장에게 인계할 때까지 혼신의 힘을 다하여 내 역할을 다했다. 나의 내성적인 성격은 산악부 회장을 맡으면서 조금은 개선된 것 같았지만 근본적으로는 크게 바뀌지 않았던 것 같다.

그 예로 복학 후 대학 후배이자 산악부 후배인 지금의 아내와 아직은 선후배 관계 그 이상도 이하도 아닐 때, 대학 캠퍼스의 백양로를 오르내리다가 우연히 마주치기라도 하면 몰래 흠모하던 내 마음이 들킨 것 같아 나도 몰래 얼굴이 홍당무가 되곤 했었다. 결과적으로 이런 내 모습이 아내가 나에게 마음이 끌린 중요한 부분 중 하나라고 훗날 아내가 이야기한 것을 보면, 부끄럼 타고 내성적인 성격도 때로는 삶에서 긍정적으로 작용하는 경우도 있는 것 같다.

어릴 적 수줍음이 많아서 항상 안 보이는 구석진 데 서 있던 나를 기억하는 친구들은 현재의 내 모습과 행동을 보고 엄청나게 성격이 바뀌었다고 생각하지만, 사실은 본질적인 성격은 아직도 옛날과 큰 변화가 없다. 지금도 새로운 사람을 만날 때나 행사에 참석할 때면 나는 쑥스러움으로 쉽게 다가서질 못한다.

그래도 내가 지금의 내 모습이 될 수 있었던 것은 내성적인 나를 바꿀 피할 수 없는 기회가 왔을 때, 기회를 발판으로 삼겠다는 나 자신의 의지의 결과라고 생각한다.

얼마 전 아내가 실실 웃으면서 이렇게 말했다.

"그렇게 부끄럼 잘 타던 사람이 이젠 낯 붉히지 않고도 야한 농담을 곧잘 하는 걸 보면 내가 사람을 잘못 봤나?"

목표로 한
대학 입학하기

중학 시절 라디오 무전기 만들기로 온밤을 꼬박 새운 나에게 돌아온 학년 말 성적표는 60명에 53등! (감사하게도 나머지 7명은 그 시절에는 수업 시간에도 들어오지 않고 죽어라고 방망이로 공만 때리던 야구부 애들이었다.)

그러고서도 방과 후에 틈만 나면 교동시장이나 자갈마당의 고물상을 돌아다니는 게 중요한 일과였다. 그러다 보니 고등학교도 전·후기 입학시험 뒤에 3차로 추가 모집하는 학교에 운 좋게 간신히 들어갔다. 고등학교에 입학해서도 나의 생활패턴은 바뀐 게 거의 없었다.

혹독한 대구의 여름 날씨에도 선풍기도 없는 내 방에서 방문을 걸어 잠그고 목에 수건을 걸친 채 진공관 라디오를 만드느라 납땜인두와 씨름했다. 마침내 조립이 끝난 라디오의 부품들을 조정하느라 정신이 팔려서 시간 가는 줄 몰랐는데 안방에서 주무시다가 꼭두새벽에 단파라디오의 삐삐 빼빼 하는 소리에 화가 머리끝까지 나신 아버지에 의해서 나의 소중한 보물 진공관 라디오는 사정없이 마당으로 내동댕이쳐지기 일쑤였다.

그러다가 고등학교 2학년이 끝나가는 겨울에 인생에서 불가능에 도전해야 하는 일이 생겼다. 어느 날 한양대를 졸업하시고 코리아 엔지니어링(지금의 삼성 엔지니어링)을 다니시던 외삼촌이 오셔서 다음과 같은 제안을 하셨다.

"명기와 상일(동갑내기 이종사촌 동생)이 서울대, 연세대, 한양 공대에 들어간다면 학비는 누님(우리 어머니와 상일이 어머니)들이 부담하시고 숙식은 내가 제공하겠다." (그렇지 않으면 대구에서 대학을 다녀라는 의미였다.)

그때 상일이는 서울 공대는 충분히 들어갈 실력이었기에 문제는 바로 나였다. 나는 고2 때까지 라디오와 무전기에 빠져서 대학 예비고사(4년제 대학 응시자격시험으로 대학 정원의 150%를 선발)에도 합격이 어려운 실력이었기 때문에 외삼촌이 나열하신 대학은 언감생심이었다.

그런데 외삼촌의 말씀을 듣는 순간, 나는 그렇게 소망했던 서울(나에게 있어서 서울이란 전자 관련 잡지에 나오는 장비를 제작할 부품을 얼마든지 쉽게 구할 수 있는 도시였다)에 갈 절호의 기회가 왔다는 생각을 했고, 그것을 행동으로 옮기기로 결심했다.

생활고 속에 다섯 형제를 키우시던 어머니의 한 가지 소원은 장남인 내가 외삼촌이 열거한 대학에 가는 것이었다.

나는 평생 공부하면서 코피를 흘려본 적이 고3 때가 전부였다. 중학교 1학년 때부터 라디오, 무전기, 오디오 만들기에 빠졌던 나는 무조건 전자공학과가 목표였는데 하필이면 지금의 박근혜 대통령께서 불과 2년 전에 서강대 전자공학과를 입학했고 박정희 대통령이 전자산업을 우리나라의 중요 성장 동력으로 삼겠다고 발표한 이후라서 외삼촌이 열거하신 대학의 전자공학과에 합격할 가능성은 최소한 나에게 있어서는 희박할 때였다.

그렇지만 나는 1년 동안 지독한 노력 끝에 연세대 전자공학과에 입학하면서 또 한 번의 꿈을 현실화시켰다.

대학교를 4년 만에
무사히 졸업하기

|

뭔가에 빠지면 완전 몰입상태에 빠지는 나는 목표로 한 대학에 들어갔고 그렇게 공부하고 싶어하던 전자공학과에 들어왔음에도 불구하고 이번에도 공부는 뒷전이고 나의 고질적 문제점인 공포심을 없애기 위해 가입한 산악부 활동을 하면서 산이라는 마약에 빠져 버렸다. 1학년 학점 평균이 1.55(연세대는 1.5 미만이면 유급)로 간신히 낙제를 면했으니 무슨 할 말이 있으랴.

그런데도 막연히 학년만 올라가면 어떻게 졸업시켜 주겠지 생각했는데 문제는 1979년 초에 생겼다. 며칠 후면 4학년이 되는 시점에 산악부 여자 후배(지금의 아내)가 나에게 사랑의 파랑새가 되어 날아온 것이었다.

후배와 미래에 한 지붕 아래에서 같은 이불 덮고 자기로 약속하고
나서 나를 괴롭히는 비밀은 1학년 때부터 엉망진창인 성적 때문에
학점 부족으로 4년 만에 졸업이 불가능하다는 점이었다. 요즈음은
대학을 5~6년 다녀도 크게 창피할 일이 아니지만 그때는 망신이라도
그런 망신이 없었다.

거기다가 어머니께서 외삼촌의 도움까지 받아가면서 어렵게 대학
을 보냈는데 4년 만에 졸업을 못했을 때의 상황은 재앙이 될 게 뻔했
고, 당연히 취업도 최소한 6개월 이후로 미뤄야 하므로 날아온 파랑
새도 날아가 버릴까 봐 이만저만 걱정되는 게 아니었다.

무작정 학적부에 가서 담당 직원과 상의했다.

"선생님! 제가 학점이 부족해서 4년 만에 졸업을 못하는데 혹시 좋
은 방법이 없을까요?"

그 순간 담당 직원이 나를 쳐다보는 표정이 이랬다.

'아이고! 너도 참 골 때리는 인간이구나. 아무리 그래도 그렇지, 얼
마나 공부를 안 했으면 학점 부족으로 졸업을 못하게 되었나? 적당
히 놀고 공부 좀 하지.'

잠시 후 직원은 나의 성적차트를 찾아내서 유심히 보기 시작하더
니 이렇게 이야기했다.

"다음 학기인 4학년 1학기 때 4.0 만점에 3.75 이상 받으면 3학점을
더 신청할 수 있습니다. 그러면 4년 만에 졸업 가능합니다. 그 외에

다른 방법은 없습니다. 기회는 4학년 1학기 딱 한 번밖에 없네요."

그날부터 부모님, 외삼촌 그리고 내 파랑새에게 망신 안 당하기 위해서 학교 도서관을 새벽 5시 반에 들어서기를 한 학기 동안 되풀이했고, 결과적으로 4학년 1학기에 3.86으로 벼랑 끝 도전에서 극적인 결과를 이끌어 냈다.

창업

기업을 경영하고 있고 지금 기술혁신으로 성장해 온 기업 단체인 이노비즈 협회장을 맡다 보니 학교와 기업 그리고 최고경영자 과정에서 강의를 종종 하게 된다. 강의를 듣는 분 중에 창업과 기업 경영에 대하여 물어보는 경우가 있는데 질문의 요지를 요약하면 1) 어떻게 창업을 결심했나? 2) 사업을 하면서 지속성장 가능한 비즈니스 아이템 발굴은 어떻게 하나? 3) 감당하기 쉽지 않은 일들이 닥쳤는데도 30여 년 이상 기업을 꾸준히 성장시킨 비결은 무엇인가? 세 가지로 요약할 수 있다.

첫 번째 질문인 창업에 대한 답은 '절실함'이다. 내가 창업을 꼭 하겠다는 생각을 가지고 자신이 부딪치는 주변의 모든 사물과 상황에

4부 | 나는 아직도 도전을 꿈꾼다

대하여 창업과 연결해서 끊임없이 생각을 해야 한다. 그러다 보면 어느 날 '바로 이것이야!'라고 느낌이 오는 아이템을 대하게 된다. 나도 평소에 창업에 대한 강한 절실함을 가지고 있었고 내가 맞닥뜨린 8비트(bit) 애플컴퓨터를 보는 순간 인생의 방향을 바꾸기로 결심하고 이를 정면으로 돌파하겠다는 강한 의지가 있었기에, 250만 원(2014년 돈가치로 환산하면 약 2500만 원)으로 창업을 했다.

두 번째 질문인 아이템 발굴에 관해서는, 우리 회사가 가지고 있는 기술을 대부분 활용하면서 전혀 다른 시장으로 접근할 수 있는 조금 진화된 제품을 발굴해 왔다고 말할 수 있다. 이와 같은 예로서 일본의 캐논은 자신들이 가진 광학기술로 서로 다른 시장의 다양한 제품을 개발해 왔는데 카메라, 디지털카메라, 캠코더, 천체망원경, 잉크젯 프린터, 광학현미경, 3D 프린터 등이 여기에 해당된다. 이와 같은 비즈니스 모델 발굴 개념을 '캐논트리'라고 하는데 중소기업이 첨단 제품을 개발할 연구 인력의 절대 부족을 보완할 수 있는 추천 방법이다.

기업의 건강도가 높아진 요즈음에는 IoT가 접목된 헬스케어와 같은 제품처럼 캐논트리의 범주를 벗어난 제품 개발도 도전하고 있다.

세 번째로 기업 생존에 대한 부분이다. 상장을 하려는 기업에 대한 가치평가를 할 때 최고경영자의 가치를 80~90퍼센트로 본다고 한다. 세계 최고의 IT 기업인 애플에서 스티브 잡스가 차지하는 비중을 본다면 충분히 짐작이 가리라 싶다. 그만큼 기업에서 최고경영자가 차지하는 비중은 절대적이다.

생존의 방정식은 정직과 공부 그리고 도전 정신이다. 최고경영자가 그래야 하고, 또한 직원들도 그 방향으로 끊임없이 이끌어 가야 한다. 최고경영자가 직원들에게 정직하라 강조하면서 자신은 정직하지 않은 행동을 한다면 그 기업의 미래는 자명하다. 그리고 창업자는 끊임없이 공부해야 한다.

지금 우리 회사에서 만드는 제품들은 대부분 내가 대학을 다닐 적에는 그 개념도 없던 제품들이다. 삼성의 이건희 회장이 이렇게 이야기했다. "5년 후에는 삼성전자 매출의 50% 이상이 지금과 다른 제품으로 채워질 것이다."

백색가전에서 반도체로, 피처폰에서 스마트폰으로, 아날로그 TV에서 디지털 TV로 발 빠르게 변화한 삼성이 지금 세계를 주도하고 있다. 창업을 결심했다면 머릿속에 든 것으로만 먹고살려고 생각하지 말고 끊임없이 공부해서 시장의 변화를 따라갈 수 있어야 한다.

우리 회사의 산업용 컴퓨터, 임베디드 보드, 보안장비 하드웨어 플랫폼, 고객맞춤형 컨트롤러, 디지털사이니지, 키오스크는 이름도 다르고 시장도 다르지만 각각의 기술은 80% 이상 공통으로 사용하고 있는 캐논트리 개념의 시장 접근 방식이다.

성공은 끊임없는 도전과 변화, 그리고 실패의 반복 끝에 만들어진다. 그리고 《누가 내 치즈를 옮겼을까》에서 스펜서 존슨은 이렇게 이야기하고 있다. "내가 좋아하는 치즈를 시장에 내놓지 말고 고객이 원하는 치즈를 만들어라."

자기 스스로 생각해서 도전 정신이 부족하다면 창업은 권할 만한 방향이 아니다. 부단한 자기 혁신과 도전 정신, 이것이야말로 창업의 절대 조건이다.

죽음과의
입맞춤

|

* 가족들의 투병기를 담은 이 글은 나의 전작 《도전》에 수록된 바 있다. 2권 《열정》을 읽으시는 독자에게 이해를 돕고자 죽음의 그림자와 함께했던 결혼 4년차부터 6년차까지 우리 가족의 이야기를 다시 담는다.

석현의 백혈병 투병기

1984년 5월 26일

석현(만 2년 4개월)이가 며칠째 감기로 열이 많이 난다. 여의도 KBS 별관 옆 소아과 의원에서 치료를 받았으나 열이 잘 내리지 않는다.

벌써 일주일째 39도를 넘는 고열이 계속된다. 병원에서 준 약을 먹으면 잠시 내렸다가 다시 열이 올라간다. 눈은 고열로 하얀 흰자위가 출혈이 되어 새빨갛다. 밤 10시가 넘어서 석현이가 다니던 소아과 간호사에게서 전화가 왔다. 지금 즉시 고려병원(현 서대문 삼성의료원) 응급실에 가서 진찰을 받으란다.

밤늦게 집으로 전화를 하면서 응급실에 가서 진찰을 받으라고 하니까 아내가 불안해하며 어쩔 줄을 모른다. 석현이를 데리고 아내와 함께 고려병원 응급실로 갔다.

피검사를 받았다. 피검사를 하던 당직 의사가 석현이 팔다리에 있는 여러 개의 파란 반점을 유심히 쳐다보는 게 마음에 걸린다.

"루케미아 같은데요."

당직 의사가 담당 과장에게 전화하는 것이 들렸다.

루케미아? 루케미아는 고등학교 때 보았던, 슬픈 감동을 가슴 시리도록 안겨 주었던 영화 〈러브스토리〉에 나온 단어가 아닌가? 그러면 백혈병인데……

그래도 그날은 내 마음이 그렇게 절박하게 느껴지지 않았나 보다. 실감도 나지 않았고, 설마 그럴 리가 있나, 혹은 별것 아니겠지, 하고 생각했으니까……. 당직 의사가 담당 과장 선생님에게 전화하는 말을 듣고도 고려병원 응급실 밖의 TV에서 세계 헤비급 타이틀전 권투 중계를 보았고 집에 가서 자라고 하는 아내의 말을 듣고 아내와 석현이를 응급실에 두고 아파트에 와서 편히 잠을 잤다.

그러나 이날은 다시 생각하고 싶지 않은 우리 가족의 죽음과의 긴 투쟁의 시발점이 되는 날이었다.

1984년 5월 28일

"재생 불량성 빈혈이거나 백혈병으로 판단되는데 피검사 결과만 두고 봤을 때, 일단 백혈병으로 진단되었습니다."

고려병원의 소아과 과장 선생님의 말이었다. 골수검사를 해야 정확한 병명을 알겠다는 의사의 말에 순간적으로 다리가 허공에 붕 떠오르는 듯한 착각을 느꼈다.

백혈병!

사실이구나. 이제 태어나서 두 살 반밖에 안 된 어린애가 백혈병이라니? 아내의 얼굴은 온통 눈물로 범벅이 되었고 정신이 혼미해진 나는 그냥 허둥거렸다. 척추에서 골수검사하는 도중에 석현이가 고통에 발버둥쳤고 아내가 석현이를 달래면서 움직이지 않도록 몸을 잡아주는 순간, 석현이가 아내의 팔을 물어뜯었다. 살점이 뜯겨나간 아내의 팔에서 새빨간 핏줄기가 팔을 타고 흘러내렸다.

석현이는 검사 결과 급성 임파성 백혈병으로 판명되었다.

이제 석현이가 머지않아 우리 곁을 떠나는구나, 생각하니 세상이 빙글빙글 도는 것 같다.

만 세 살도 안 된 아기에게 죽음이라니……

도대체 우리가 무슨 죽을죄를 지었기에 백혈병이란 말인가?

선홍색 핏자국이 하얀 눈위에 맺혀 있는 석현이가 너무 애처롭다. 그리고 울어서 퉁퉁 부은 아내의 얼굴은 도저히 쳐다볼 수가 없다. 저녁부터 아내는 하혈을 시작했다. 임신 6개월인데 유산이 안 되었는지 걱정이다.

처가와 대구의 부모님 그리고 누나에게도 소식을 전했다. 연락받은 누나가 전화기를 붙잡고 우는 바람에 나도 감정이 북받쳐서 한참 동안 전화기를 부여잡고 누나와 같이 울었다.

1984년 5월 29일

아내를 산부인과에 보냈다. 유산이란다. 석현이 백혈병 진단에 충격을 받았을 뿐만 아니라 골수검사 시 석현이가 아내의 팔을 물어뜯은 것이 원인이 된 것 같았다.

아내가 마음의 각오를 새롭게 한다. "임신한 상태로는 석현이 투병 생활을 도와주는 데 지장이 있을 거라고 생각했는데 잘됐다"는 거였다. 말은 그렇게 하지만 아내의 핏기 없는 창백한 얼굴은 곧 허물어져 버릴 것만 같다. 이제 시작인데 고통의 끝은 어디쯤일까?

저녁에 가족들의 의견을 종합하여 모교인 연세대 신촌 세브란스 병원 응급실로 석현이를 옮겼다.

1984년 5월 30일

석현이의 열은 점점 더 심해져서 계속 39~40도를 오르내린다. 세브란스 병원에서의 되풀이되는 검사로 석현이는 거의 탈진 상태이다. 다시 끔찍한 골수검사가 이어지고……. 결과는 똑같이 급성 임파성 백혈병이다.

담당 의사는 세브란스 병원 암센터 병원장 김병수(나중에 연세대 총장을 역임하신 분이다) 박사이다. 자그마한 체구이지만 신뢰가 가는 모습이다. 잘 치료하면 완치도 가능하다는 의사의 말에 며칠 만에 아내의 얼굴에 언뜻 미소가 지나간다. 희망의 한 줄기 빛이 조금은 비치는 것 같다. 당연히 죽을 거라고 생각했는데…….

그래! 최선을 다해 보자.

아내와 손을 맞잡고 서로 격려의 말을 주고받았다.

1984년 6월 1일

치료가 시작되었다. 심하게 열이 나는 것으로 보아 패혈증이 의심된다며 항생제로 치료하여 먼저 열을 내려야 한다고 한다. 항암제와 대량의 항생제가 가녀린 석현의 혈관을 통해서 몸속에 무차별 투여된다.

"석현아! 잘 견뎌야 한다. 그래야 엄마랑 아빠랑 오래 살 수 있지."
석현이에게 눈물이 그렁그렁한 얼굴로 말하는 아내 때문에 또 눈물이 쏟아진다.

눈물은 바보같이 왜 이리도 끊임없이 나오나?

1984년 6월 4일

병원에 있다 보면 날짜 개념이 없다. 하루하루 병세의 진전에 따라 살얼음판의 긴장이 더하거나 덜할 뿐이다. 석현이는 먹는 음식마다 그대로 토해내고 변기에 앉으면 시커먼 물 설사를 하면서 울어댄다.

석현이는 며칠 동안 검사를 받으면서 목청껏 울어서인지 노인같이 쉰 목소리로 꺽꺽거리며 간신히 울음소리를 낸다. 머리카락은 뭉텅뭉텅 빠져나간다.

'과연 살려낼 수 있을까?' 하는 회의가 엄습한다.

그래도 아내는 희망을 갖고 끊임없이 석현이 머리맡에서 여러 가지 이야기도 해주고 동화도 읽어 준다. 아내는 식사를 거의 못해서 안 그래도 갸름한 얼굴이 더 길어졌다.

1984년 6월 6일

매번 혈관 주사를 놓을 때마다 가슴이 아프다. 어린애라서 혈관을 잘 찾을 수가 없어서 간호사가 몇 번이나 혈관을 찾느라 주삿바늘을 찔렀다 뺐다 되풀이하니 얼마나 울어대는지…….

오늘은 다섯 번이나 그렇게 하다가 잘 안 되니까 레지던트 의사가 와서 두 번 만에 간신히 주사를 놓았다.

피가 지혈이 안 되어 찌른 곳마다 파란 반점이 자꾸 늘어간다. 피부가 약해서 링거 주사 놓은 곳은 하루에서 이틀 정도면 위치를 다른 곳으로 옮겨야 한다. 거기다가 반창고 알레르기가 있어서 오늘은 종로에 있는 약국을 들러서 종이 반창고를 구해 왔다. 의료보험에서 종이 반창고는 처방이 안 되는 모양이다.

1984년 6월 8일

이제 석현이 팔다리에서는 더 이상 혈관을 찾을 수가 없다. 팔과 다리는 온통 주삿바늘 자국으로 시커멓게 멍이 들어 있다. 오늘은 이마에서 혈관을 찾아서 놓으려고 간호사가 한참 동안 씨름을 한다.

칭얼대는 석현이는 그동안의 골수검사와 계속되는 주사에 얼마나 울었던지 목이 완전히 잠겨서 제대로 울지도 못한다. 그냥 표정과 입모양으로만 울고 있음을 알 수 있고 우는 소리는 거의 안 난다.

간호사도 정말 쉬운 일이 아닌 것 같다. 보호자가 지켜보는 데서 몇 번이나 주사를 놓았다 뺐다 되풀이하면서 진땀을 흘린다.

석현의 체중은 하루하루 눈에 띄게 줄어들어 간다.

회사일 때문에 석현이와 함께하는 시간이 너무 없어서 죄스러움이 늘 함께한다. 그래도 치료비는 벌어야 하니까 어쩔 수가 없다.

1984년 6월 9일

석현이와 내가 혈액형이 같아서 보름 사이에 내 피로 전혈 수혈과 훼르시스(성분 수혈)를 한 번씩 했다. 그리고 연세대에 가서 박민용 교수님께 도움을 요청하여 대학원 다니는 후배(류재호, 이노와이어리스 부사장)와 동생과 동생 친구 그리고 후배 순환이가 돌아가면서 훼르시스를 했다.

훼르시스는 남들에게 부탁하기가 매우 어렵다. 양쪽 팔에 각각 주삿바늘을 꼽고 오른쪽 팔에서는 계속 피를 빼내서 원심분리기에 집어넣어 필요한 성분(혈소판과 백혈구)을 빼내고 남은 피는 왼쪽 팔에 넣어주는데, 2시간 이상 걸리는 데다가 미리 피 검사하고 결과가 나올 때까지 기다려야 하므로 검사부터 채혈까지 하루 종일 걸린다.

거기다가 자신의 몸속 피가 가늘고 투명한 튜브로 거의 다 빠져나와서 원심분리기에서 돌아가는 것과 다시 몸속으로 들어가는 모습을 두세 시간 동안 쳐다보는 것도 소름 끼치는 일이다. 그래도 모교가 가까이 있어서 전자공학과 후배들에게 부탁할 수 있었으니 그것만 해도 다행이다.

1984년 6월 17일

열이 내리기 시작한다. 아내의 표정이 밝아진다. 이젠 설사를 거의 안 하는 것만 봐도 많이 좋아진 것 같다.

그래. 그렇게 해서 낫기만 해라.

오후에는 퇴원하면 석현이를 당분간 집에서 격리시켜 치료해야 하므로 심심할 때 탈 수 있는 장난감 자동차를 영등포에 가서 샀다. 이 자동차는 석현이가 페달을 밟을 때 금속 부분이 다리에 부딪히면서 피멍이 여기저기 드는 바람에 거의 사용하지 못했다.

1984년 6월 19일

열이 내리기 시작하니 모든 것이 급속도로 호전된다. 의사가 3~4일 내로 퇴원할 수 있겠단다. 퇴원하면 본격적인 항암제 치료에 들어간다고 한다.

"여자는 약하다. 그러나 어머니는 강하다"고 했는데 이번 석현이의 투병 과정에서 지켜본 아내는 정말 강한 모습을 보여주었다. 병원에 입원해 있을 동안 잠시도 쉬지 않고 이야기를 해주거나 팔다리를 주물러 주었고 밤새도록 주삿바늘이 꼬이지 않았는지 치료약은 잘들어가는지 체크를 하곤 했는데, 잠을 잘 못 잤을 텐데도 판단을 정확하게 했다.

그런데도 나는 눕기만 하면 피곤에 지쳐 곯아떨어졌으니……

1984년 6월 23일

퇴원 결정이 내려졌다.

머리카락이 거의 대부분 빠져 버린 석현이 머리통이 동자승 같아서 오랜만에 아내와 같이 웃었다. 집에 오는 길에 한 달 사이에 계절이 많이 바뀌었음을 느꼈다.

모두들 웃었고 또 희망을 가졌다. 이것으로 병원에 입원하는 것은 끝이기를 기도했다.

하지만 불과 한 달 보름 후에 더 끔찍한 시간이 기다리고 있다는 것을 그때는 알지 못했다.

1984년 7월 5일

매주 수요일 병원에 가서 피검사를 하고 항암제 주사를 맞고, 먹는 항암제도 일주일 분을 받아온다.

항암제 투여 후에는 석현이의 얼마 남지 않은 머리가 다 빠져버렸다. 거기다가 항암제 부작용으로 잘 먹지를 못하고 자주 토하는데도 얼굴은 부어서 탱글탱글하다.

얼굴 모습이 꼭 풍선에 바람을 집어넣은 것 같은 게 얼마나 탱탱한지 바늘로 찌르면 바람이 푹 빠져서 쭈글쭈글해질 것만 같다. 식욕이 떨어져서 밥 한 그릇 먹는 데 평균 두 시간 이상 걸리니까 아내는 거의 하루 종일 석현이 먹이는 데 시간을 다 보낸다.

아내와 상의 끝에 다시 아기를 갖기로 결정했다.

항암제 치료가 실패하면 골수이식밖에 대안이 없는데 지금으로서는 거부 반응이 없는 골수를 구하기가 거의 불가능하다. 그렇지만 형제인 경우에는 두 명에 한 명 꼴로 골수가 맞는다고 해서 그렇게 결정했다.

만일 그런 경우가 발생하여 석현이가 동생의 골수이식으로 살아난다면 태어날 우리 아기도 훗날 충분히 부모와 형의 심정을 이해해 줄 것이라 믿으면서……

1984년 7월 10일

오랜만에 석현이와 아내 이렇게 셋이서 외출을 했다. 석현이가 빡

빡머리라서 모자를 쓰게 했더니만 계집애 같아서 한참이나 웃었다.

석현이가 걸어 다니고 말하고 웃고 밥 먹는 것과 같은 모든 평범한 것들이 우리에게 즐거움을 준다.

크리스천 학교를 다니다 보니 접했던 성경의 '범사에 감사하라'란 말이 가슴에 와 닿는다.

1984년 7월 12일

석현이가 피검사를 하는 과정에도 이제는 어느 정도 적응이 되었나 보다. 겁이 잔뜩 나 있는 표정인데도 매주 검사를 하니까 자신이 처한 처지를 본능적으로 대충 이해하는 모양이다.

그런데도 피검사용 작은 칼로 손가락 끝을 찌를 때는 몸을 바들바들 떤다. 세 살도 안 된 어린애가 왜 이런 고통에 적응이 되어야 하는지, 가슴이 아려온다. 그래도 어느새 아내와 나도 지난번 입원 시의 고생 때문에 이 정도는 충분히 감당할 수 있는 수준으로 느껴졌다.

그런데 오늘부터는 석현이에게 새로운 고통이 추가되었다. 척추뼈와 뼈 사이의 골수가 생성되는 부위에 척추 항암제 주사를 맞아야 하는 치료를 몇 주 동안 해야 한다고 한다.

백혈병이란 〈러브 스토리〉에 나오는 이야기처럼 슬픔 속에 아름다움을 간직한 모습을 하고 있는 게 아니다. 온 가족의 진을 빼내는 과정을 몇 번이나 되풀이하게 한다.

암센터에 가면, 비슷한 시점에 치료받던 애들이 매주 진찰을 받고 치료를 받거나 항암제를 타러 오는데, 석현이를 데리고 병원에 갔을 때 안 보여서 수간호사에게 물어보면 죽었거나 재발하여 입원했다는 소식을 듣는 일이 다반사이다. 꼭 〈13일의 금요일〉과 같은 공포영화 속에서 빠져나오지 못하고 헤매고 다니는 것 같은 느낌이다.

척추에 주사 놓을 동안 석현이 몸을 옆으로 눕히고 머리와 다리를 서로 붙여서 온몸을 공처럼 동그랗게 만들어 등뼈의 뼈와 뼈 사이가 잘 드러나게 해놓고 움직이지 못하도록 한 다음 거기에 항암제 주사를 놓는다. 석현이는 아파서 어쩔 줄을 모른다.

지난주에 나이가 40대로 보이는 환자가 이 주사를 맞는 걸 보았는데 얼마나 아픈지 황소 우는 소리를 내면서 고통스러워 하는 것을 보았었다. 불과 한 달 반 사이에 석현이와 우리 가족의 삶이 잿빛으로 완전히 바뀌어 버렸다.

1984년 8월 5일

골수 항암제의 주사가 오늘로 끝났다. 이제부터 혈관 항암제 치료를 계속하면서 방사선 치료도 병행해서 시작되었다. 백혈병 병원체가 뇌에 침범하는 것을 방지하고 이미 뇌에 침범한 병원체가 있으면 사멸시키기 위한 목적이라는데 치료 기간 동안 부작용으로 상당히 힘들어 할 거라고 한다.

석현이에게 수면제를 먹여서 잠을 재운 후 방사선 치료실에 눕힌다. 아내는 임신을 했을지도 몰라서 방사선 치료실에는 들어가지 않고 매번 내가 잠든 석현이를 안고 들어갔다.

얼굴에 방사선 조사할 부분을 시커멓게 줄을 그어 표시해 치료하고 방사선 조사실에서 나온 후에도 지우지 말라고 하기에 그대로 뒀더니 빡빡머리와 얼굴의 까만 줄은 어릴 때 봤던 미국 서부 영화 속에 나온 인디언을 꼭 닮았다.

1984년 8월 8일

방사선 치료를 하기 위해 수면제에 취해 잠든 석현이를 데리고 방사선 조사실에 들어갈 때마다 에어컨이 너무 강해서 실내가 반 냉동실 수준이다. 잠든 애를 병원 시트로 몸을 둘둘 감아주고 나오지만 추위도 너무 춥다.

병원 측에 한두 번 이야기해 보았지만 중앙 집중식인 데다가 구조가 잘못되어서 어쩔 수가 없단다. 방사선실 밖의 환자 대기실은 에어컨이 적당해서 온도는 섭씨 25~27도 수준인데 하필이면 왜 방사선실만 그렇게 기온이 낮은지 모르겠다. 한여름에 어린 백혈병 환자를 수면 치료하는 치료실의 실내 온도가 18~20도 전후인 것 같다.

며칠 후 방사선실 실내 온도 문제로 석현이가 죽음의 문턱에 다다르게 될 줄은 그때까진 생각도 못했다.

4부 │ 나는 우리도 도전을 멈추다

1984년 8월 10일

방사선 치료를 받고 나오는 석현이가 기침을 한다. 감기에 걸린 모양이다.

나쁜 자식들! 어린 환자를 그렇게 추운 방에 잠든 상태로 한 시간씩이나 두는데 감기에 안 걸릴 수가 있나? 성질이 나서 내가 투덜거렸다.

방사선 치료를 하면 저항력이 많이 떨어진다는데……. 감기 때문에 약간의 미열이 나기 시작해 아내와 나를 불안케 한다. 별 탈이 없어야 할 텐데…….

1984년 8월 12일

열이 점점 더 심해지는 것 같아서 급히 병원에 입원시켰다. 의사 말로는 병원에 빨리 왔으니까 며칠만 입원해서 치료하면 큰 문제 없을 거라고 한다. 그러면서 앞으로도 열이 나면 바로 병원에 입원시키라는 말을 덧붙인다.

1984년 8월 14일

인천 대우중공업 공장에 들어가서 납품한 자동제어시스템의 시운전을 하고 있는데 저녁때쯤 아내에게서 전화가 왔다. 석현이가 열도 심하게 나고 호흡도 가쁜 게 이상하다고 했다. 낮에 병원에 가봤을 때만 해도 크게 몰랐는데 저녁부터는 상태가 많이 나빠진 것 같았다.

자정이 되어서 병원에 들어섰더니 숨쉬는 소리가 심상치 않은 느낌이라서 당직 의사에게 도움을 요청했다.

1984년 8월 15일

휴무일이라서 당직 레지던트만 있는데 석현이 상태는 급작스레 나빠지더니만 오후에는 산소발생기로 산소를 공급해야 하는 상태로까지 나빠졌다.

한 시간 간격으로 병실에서 엑스레이 사진을 찍어보는데 폐렴이 급속도로 폐를 번져나가는 모습을 당직 의사가 보여 주면서 상태가 심각해 오늘밤을 못 넘기겠다고 말한다. (사진 판독 상태로는 폐의 90%가 염증으로 덮였고 대규모 항생제를 투여하는데도 염증이 계속 번져 간다고 했다.)

아니 이게 무슨 말인가? 저항력이 떨어져서 감기만 걸려도 위험한 환자를 냉동실에 넣고 치료하더니만 이제 얼마 안 있으면 죽는다니…….

김병수 박사님을 뵙고 싶다고 했더니 오늘은 휴무일이라서 안 나오신단다.

"여보시오. 특진을 신청한 환자가 죽어 가는데 특진 의사는 얼굴도 안 보이는 경우가 어디 있습니까?"

집 전화번호를 가르쳐 달랬더니 모른단다. 세상에! 내가 보기엔 이런 것도 살인 행위의 한 부분이란 생각이 들었다. 병원에서 환자가 죽어 가는데 담당 의사 전화번호를 안 가르쳐 준다고 하니…….

지푸라기라도 부여잡는 느낌으로 암센터에 전화했더니 마침 매주 석현이를 데리고 치료 갈 때마다 친절하게 대해 주시던 윤 수간호원 님이 김 박사님 댁 전화번호를 가르쳐 준다. 전화했더니 외국 손님이 오셔서 나가시고 부재중이란다.

절망적이다. 이제 우리 석현이는 죽는구나 생각하니 기가 막힌다. 아내도 병원의 처사에 분노해서 어쩔 줄을 모른다.

저녁 6시가 넘으니 석현이의 호흡 횟수가 분당 80회를 넘나들고 손 발은 파랗게 변해 간다. 그러다가 잠시 숨이 뚝뚝 끊어지는 게 옆에서 봐도 죽어가고 있었다. 숨이 끊어지면 거의 10여 초 정도 전혀 호흡을 안 한다. (그 순간 아내가 "석현아!" 하고 아이의 몸을 흔들면서 피를 토하듯 뱉어낸 절규는 30년이 지난 지금도 눈을 감고 그때를 생각하면 환청이 되어 귀에 울린다.)

숨이 끊어졌다가 다시 호흡을 시작하면 부족한 산소를 들이키느라고 엄청나게 빠른 속도로 호흡을 한다. 목 아래의 오목한 부분이 가쁘게 호흡을 하느라 세모 모양의 골이 생긴다. 그간 살리기 위해서 얼마나 고생했는데, 이렇게 허무하게 죽나?

아내와 나는 절대자에게 석현이를 살려달라고 빌고 또 빌었다. 눈물이 끊임없이 나왔다.

밤 9시가 지나자 2인실 방에 같이 있던 환자를 다른 방으로 옮기는 게 병원에서 환자의 죽음에 대비하는 모습이다. 그냥 죽어가는 걸 지켜보는 것밖에는 아무런 대안이 없었다. 부모가 자식이 죽어

가는데 이렇게 무능한가 싶었다.

바로 그때 기적은 엉뚱한 데서 일어났다. 밤 10시가 넘어서는데 김병수 박사님이 병실 문을 열고 들어온 것이었다. 외국 손님과 조금 전에 미팅을 끝내고 집에 전화를 했더니 병원에서 담당 환자가 죽어간다는 전화가 왔다는 이야기를 듣고 급히 택시를 타고 왔다는 것이었다.

석현이를 잠시 진찰하더니 심각한 상황이라면서 한참 생각하시더니 당직 의사에게 암센터 병원장실 냉장고에 인터페론 샘플이 있는데 가져와서 즉시 투여하라고 하신다.

기적은 그렇게 시작되었다.

인터페론 투여 후 1시간여 지났을까? 석현이의 호흡이 점점 부드러워지고 잠깐씩 숨을 멈추는 것도 점차 줄어들기 시작했다. 이날 밤은 나와 아내의 생애에 가장 길고도 긴 밤이었다.

며칠 밤을 뜬눈으로 지새운 아내는 석현이 호흡이 약간 고르게 되자 나에게 석현이 간호를 맡기고는 지쳐서 얕은 잠에 빠져들었다가 무슨 소리만 살짝 나도 벌떡 일어나기를 반복한다. 내가 밤을 꼬박 새우면서 매분 단위로 호흡 횟수를 체크했다. 그래도 호흡수가 60회(정상은 20회 전후이다) 정도로 낮아지고 있었기에 피곤한 줄도 몰랐다.

석현이가 살아나고 있었으니까……

1984년 8월 16일

아침부터는 상황이 다시 좋지 않은 방향으로 나아갔다. 인터페론 약 기운이 떨어지면서 호흡이 급격히 빨라지고 다시 심한 열이 나기 시작했다. 아침 회진 시 김 박사는 세브란스 병원에 더 이상 인터페론이 없다면서 인터페론을 환자 가족에게 구해 오라고 하였다.

시중에도 인터페론이 없었다. 아직 그때만 해도 텔레비전에서 간혹 기적의 약으로 소개는 되었지만 국내에서는 처방이 거의 되지 않고 있었다. (나중에 들은 이야기이지만 세브란스 암센터에서 인터페론을 투여한 첫 환자가 석현이라고 하였다.)

동신제약에 근무하는 동서에게 부탁하여 사방으로 수소문한 결과 오후에 녹십자연구소에 실험용으로 15일분 정도 있다는 정보를 입수하여 사정 이야기를 하고 전체 분량을 가져왔다. 그렇게 다시 죽음과 투쟁할 수 있는 소중한 무기를 얻었다.

저녁에 중환자실로 병실을 바꾸었다.

석현이 외할아버지와 대구에서 올라오신 할아버지께서 중환자실 앞에서 "애기가 죽으면 화장을 해야 하니까 준비하라"고 하시는데 기가 막힌다. 2~3일 전만 해도 잘 놀던 애를 병원에 데려와서 화장하는 이야기를 하고 있다니…….

당직 의사(레지던트) 의견으로도 생존 확률이 10% 전후라고 한다. 아내와 나는 확률이 없는 게 아니라 10%의 확률이라도 있다는 말에 희망을 가지기로 했다.

중환자실 앞에 은박매트를 깔고 아내와 같이 혹시라도 연락이 올까 봐 인터폰을 예의 주시하며 밤을 새웠다. 밤이 새도록 죽음의 그림자가 석현이 주변에서 계속 일렁거림을 느꼈다. 너무도 시간이 안 가서 일부러 누워서 잠을 청했다.

이 밤이 지나가면 그 다음엔 뭔가 좋아질 것만 같아서 어서 빨리 밤이 지나가길 기원하는 의미에서 자꾸 잠을 자보려고 노력했다. 그러나 잠이 들고 난 후 한참을 잔 것 같아도 깨보면 시간은 불과 10~20분 지나 있기가 고작이다. 잠을 잘 수 없던 아내는 일어나서 밤새 은박매트 위에서 두 손 모아 절대자의 도움을 구하고 있었다.

하룻밤이 이렇게 길 줄이야.

아내는 잠을 못 자고 밤을 새운 날이 벌써 여러 날 되풀이되어서 옆에서 봐도 건강이 극도로 나빠지고 있음을 느끼겠다. 이러다간 온 가족이 모두 다 아파 드러눕는 사태가 벌어지지 않을까 걱정이 된다.

4부 | 나는 아직도 도전을 꿈꾼다

1984년 8월 18일

아침 회진 시에 의사는 현재 상황이 더 이상 나빠지지도 좋아지지도 않는다고 한다. 그래도 우린 나빠지지 않는다는 데 희망을 걸었다. 항상 석현이에 대하여 좋은 쪽으로만 생각하는 버릇이 생겼다. 면회시간에 중환자실에 들어가 보니 인공호흡기를 뒤집어쓰고 죽은 듯 조용히 누워 있다.

아내가 동화를 들려주기 위해서 사둔 녹음기에도 여기저기 피가 묻어 있었다. 혈관을 머리와 팔다리에서 더 이상 찾을 수 없어서 다리 종아리 부분을 수술해 동맥을 끄집어내 수도꼭지 같은 소형밸브를 달아 놓았는데 수술하는 도중에 흘린 피로 보였다. 수술하여 빼낸 튜브로 주사약도 투입하고 영양제도 투입하고 피검사할 때 피를 빼내는 창구로도 쓰는 모양이다. 팔다리는 부딪혀서 상처가 나지 말라고 하얀 시트로 침대 모서리에 단단히 묶어 놓았다.

이제 그런 것도 예사로 보인다. 살아날 수만 있으면 나머지는 아무려면 어떠냐 싶다.

아내가 "석현아!" 하고 이름을 아주 조용히 불러보니 가볍게 꿈틀하는 게 엄마 목소리에 반응을 한다. 또 아내의 커다란 눈에 눈물이 고인다.

오후에 중환자실 간호사가 나와서 엄마가 직접 중환자실에 들어와서 동화를 좀 읽어 주라고 한다. 애기가 엄마 목소리를 들으면 삶에 대한 희망을 더 가질 수 있을 거란다. 아내가 중환자실에 들어가서 서너 시간 동안 동화책을 읽어 주었다.

1984년 8월 19일

석현이 다리가 퉁퉁 부었다. 혈관 수술한 부분이 감염된 모양이다. 문제가 여기저기 계속 발생한다. 목에도 인공호흡기 때문에 염증이 생겨서 부어 있다고 한다.

기적은 일어나지 않을 것인가?

오후에 다리에 설치한 혈관 밸브를 제거하고 머리카락을 깎고 정수리 부분에 새로 혈관 주사용 튜브를 달았다. 사람이 아니라 완전히 실험실 모르모트이다.

내가 다시 훼르시스 채혈대에 올라갔다. 채혈하시는 분이 걱정을 한다. 두 달 사이에 피를 세 번씩이나 빼면 안 된다고 하면서……. 그렇지만 훼르시스는 다른 사람에게 부탁하기가 정말 어렵다.

채혈 담당자는 나의 건강 문제로 한참 동안이나 암센터에 전화를 하고 난 후 한숨을 쉬더니 채혈대에 올라가라고 한다. 2시간여 동안 채혈할 동안에도 피곤함이 쉴 새 없이 밀려와서 잠깐씩 선잠이 들 때마다 꿈속에서 출구 없는 미로를 끊임없이 헤매고 다니는 나와 아내를 발견했다. 온 세상이 잿빛도 아니라 칠흑 같은 어둠 속에 잠겨 있었다. 그러다가 다시 잠이 깼다.

일주일 치료비가 270만 원이 나왔다. 대기업의 대졸 초임이 25만 원 수준이니까 일주일에 대졸 초임의 1년분 정도의 치료비가 들어간다.

1984년 8월 20일

석현이의 혈관에 계속 문제가 생겨서 온몸 여기저기 계속 주삿바늘을 찌르는 모양이다. 며칠 사이에 팔다리 곳곳에 혈관을 찾다가 실패했는지 시퍼렇게 멍이 든 자국이 늘어간다. 인터페론은 석현이 다리와 고추 사이에 쏙 들어간 부분에 있는 대동맥에 수직으로 직접 주사하다 보니 지혈을 제대로 시킬 수가 없어서 다리와 고추 사이는 완전히 시커멓게 변했다.

인공호흡기로 아직 숨을 쉬고 있다는 게 신기할 따름이다. 이게 과연 자식을 위해서 올바른 일을 하고 있는 것일까 하는 회의감마저 생긴다.

1984년 8월 23일

의사가 호흡기를 제거하고 추이를 지켜보겠단다. 인공호흡기 때문에 기관지에 염증이 심해져서 계속 호흡기를 달아둘 수가 없다고 한다. 한번 빼보고 상황이 나빠지면 다른 조치를 취하자고 한다.

아내의 표정이 긴장을 하면서 나빠진다. 일주일 동안 매일 동화책 읽어 주느라고 중환자실에서 살다시피 했는데…….

그저 잘되기를 빌 뿐이다.

1984년 8월 24일

석현이가 다시 우리 곁으로 오고 있었다. 호흡기 제거 후 상황이 호전되었다. 정상적으로 호흡도 하고 잠깐씩 눈을 뜬다. 면회시간에 가서 보니 조금씩 꿈틀거리며 움직이는 게 살아날 것 같은 생각이 든다.

1984년 8월 25일

상태가 호전되기 시작하니 어린애라서 그런지 하루하루가 다르게 좋아진다. 의사가 내일쯤 입원실로 옮기자고 한다.

1984년 8월 26일

중환자실에서 입원실로 가는 기분이 이렇게 가벼울 줄 몰랐었다. 석현이는 19킬로그램 나가던 체중이 13킬로그램 미만으로 줄어 있었고 중환자실을 나올 적에는 고개도 잘 가누질 못한다. 그래도 우린 개선장군마냥 웃으며 입원실로 왔다.

이제 한숨이 놓인다.

1984년 8월 29일

퇴원이다. 또 한 번의 죽음과의 전쟁이 끝났다. 죽음은 석현이의 몸에 엄청난 생채기를 내고 저만치 멀리 가 있었다.

이제 병원이 우리의 생활 속에 깊숙하게 들어와 있었다.

1984년 12월 10일

며칠째 석현이가 배가 아프다고 칭얼댄다. 병원에 가서 혈액 검사를 했더니 백혈구 수치가 많이 떨어졌다고 한다.

응급실로 또 입원이다. 석 달 만이다.

도대체 하늘은 우리에게 얼마나 더 많은 고통을 요구하나?

저녁에 병원엘 가봤더니 배가 아프다고 칭얼대는 석현이를 아내가 계속 업어 주고 있었다. 내가 대신 석현이를 받아서 병실 복도를 한참 동안 업고 다녔더니 허리가 끊어질 정도로 아프다.

아내가 임신한 지 몇 달 되었는데 걱정이다.

1984년 12월 12일

김병수 박사가 환자의 현재 상태로 봤을 때, 백혈병이 재발한 것 같은 느낌이 든다고 한다. 자세한 것은 골수검사 결과가 나와 봐야 알 수 있단다.

또 골수검사를 할 모양이다. 골수검사를 하는 방법은 옛날에 어머니께서 하시던 뜨개질바늘 굵기의 주삿바늘을 척추 마디 사이에 집어넣어 골수를 빼내는데, 옆에서 보기에도 끔찍하다.

치료될 수도 없는 병에 계속 돈만 들이고 석현이는 석현이대로 고생만 시키는 것 같아서 모든 게 답답하다. 아파트도 팔고 사무실의 보증금도 싼 곳으로 옮기고 하면 서울 외곽지에 전세를 간신히 얻을 돈이 될까 말까 한데 치료비는 끝없이 들어간다.

재발이면 단칸 셋방으로 가게 되겠지. 그리고 또 그러다가 그것도 없어지고 석현이도 없어지고……. 아무런 희망도 보이지 않는 채로 시간만 자꾸 간다. 그동안 자신감을 갖고 백혈병과 투쟁하던 아내의 표정에 지친 모습이 역력하다.

석현이에게 계속하여 진통제를 투여하고 있는데도 약효만 떨어지면 통증이 계속되는 모양이다. 아내가 며칠째 병원 복도를 온종일 업고 다녀서 저녁쯤에는 허리가 끊어질 듯 아프단다.

저녁에 회사 일을 마치고 병원에 들렀을 때 석현이의 칭얼거림에 아내가 짜증을 내는 게 인내의 한계까지 도달한 것 같다. 저녁에는 내가 계속 업고 다녔다. 석현이는 많이 아픈지 침대에 잠시만 내려놓아도 아프다고 울고 난리가 난다.

주사 맞는 것을 그렇게 무서워하던 녀석이 간호사만 보면 "주사! 주사!" 하면서 진통제 주사를 놓아 달라고 우는 게 너무 안타깝다. 석현이도 주사를 맞으면 덜 아픈 것을 아는 모양이다.

1984년 12월 14일

다시 골수검사를 했다. 아내와 나는 아예 검사실을 나와 버렸다. 잘못하다가는 뱃속의 아기까지 또 유산할 것 같은 불안감 때문이다. 골수검사하는 것을 안 보고 벽에 기대어 눈을 감고 있어도 지난번 골수검사하던 장면이 눈에 선하게 떠오른다.

검사가 끝난 석현이는 검사 도중에 얼마나 울었는지 눈이 퉁퉁 부어 있었는데 우는 석현이를 업고 흐느적거리며 병실로 돌아왔다. 그리고는 몇 시간 동안은 골수가 밖으로 흘러나오지 않도록 하기 위해서 척추에 패드를 대고 누르고 있었다. 몇 번째 되풀이하는 일이지만 이번에는 정말 진이 빠진다.

아기가 우는 것을 보고도 눈물이 나지 않는다. 이젠 눈물도 말라 버렸나 보다.

1984년 12월 19일

언제까지 이런 일이 반복될까?

살고 있던 아파트를 팔려고 부동산에 연락했다. 계속 늘어가는 빚을 도저히 감당해 낼 수가 없다. 최근엔 회사도 계속 적자가 나니 더욱 감당하기가 쉽지 않다. 주인이 없는 회사가 잘될 수가 없겠지.

석현이도, 아파트도, 우리의 행복도 머지않아 다 떠나갈 모양이다. 오늘은 인천 대우중공업 현장에서 시운전 작업 중 석현이 치료비로 가지고 다니던 돈 80만 원을 분실했다. 벌써 두 번째로 치료비를 분실했다.

나도 이제 완전히 넋이 나간 모양이다.

1984년 12월 21일

"연속적으로 투입되는 항암제 치료로 인한 부작용으로 판단됩니다. 골수에는 아무 이상이 없습니다. 곧 괜찮아질 것으로 생각됩니다."

아침 회진 시 의사의 말이다. 천사의 말이 따로 없었다. 아무 말 없이 아내와 손을 굳게 잡았다. 재발이 아니라고 판명이 난 것이다. 어제부터 석현이가 통증 호소를 훨씬 적게 하는 것도 희망적이다.

아내가 절대자에게 감사의 기도를 오랫동안, 아주 오랫동안 드렸다.

1984년 12월 24일

크리스마스이브의 선물!

퇴원 결정이 내려졌다. 백혈병은 또 한 번 우리 가족을 괴롭히고는 다시 일상적인 치료 과정으로 되돌아갔다.

1985년 1월 10일

아파트를 팔았다. 급히 파느라고 구입했던 가격보다 훨씬 싼값으로 팔았다.

빚을 제하고 남은 돈을 계산해 보니 시흥에 있는 럭키아파트 전세는 얻을 수 있을 것 같다. 아내는 불과 1년 6개월 전에 우리가 소유했고 살았던 아파트 단지에 다시 전세로 사는 것이 내키지 않은 모양이다. 나도 같은 생각이었으나 남은 돈으로 회사와 병원이 그 정도 가까운 거리가 되는 아파트를 구하기 쉽지 않아서 아내를 설득해 그냥 그곳으로 정했다.

다시 시작하는 마음으로……

1985년 2월 25일

시흥에 있는 럭키아파트로 이사를 했다. 모든 것이 평상적인 상태로 돌아가고 있었다.

P.S. 이것으로 석현이의 백혈병 치료 도중의 중요한 고비는 끝이 났다. 그 이후

에는 일주일에 한 번씩 피검사하고 항암제 투여하는 과정이 3년간 더 지속되었다. 병원에 갈 때마다 환자들과 환자 가족들이 모여서 매주 만나던 환자 중에서 얼마 전에 죽어간 애 이야기와 어느 애가 최근에 재발하여 입원했다는 잿빛 이야기를 나누어야 했던, 다시는 기억하고 싶지 않은 살얼음판 위에서의 시간이었다. 지금도 그 장소에는 또 다른 어린 환자와 그 가족들이 함께 부대끼며 똑같은 과정으로 치료를 받고 있겠지. 밝은 세상이 있음을, 그리고 계절이 바뀜을 의식하지 못한 채……

그런 어려움을 다 이겨내고 석현이는 2006년 한라대학교 사회복지학과를 졸업했고 지금 뉴질랜드에서 직장에 다니면서 홀로서기를 배우고 있다. 비록 치료의 후유증으로 명문 대학을 나오지는 못했으나 나는 석현이와 아내가 죽음과 부대끼며 열심히 살았던 시간에 대하여 영혼에서 우러나오는 박수를 보낸다.

이 기회에 우리 가족의 생명을 살려내기 위하여 많은 도움을 아낌없이 주었던 세브란스 병원 암센터 원장님(김병수 박사, 그 이후 연세대 총장, 포천 중문 의과대 총장 재직 후 현대 사회복지단체인 글로벌케어의 이사장으로 재임 중이시다), 암센터 의료진과 윤 수간호원, 외과 수술팀과 내시경실의 의료진, 수혈을 위해 자신의 소중한 피와 시간을 할애해 준 산악회 후배, 연세대 전자과 78학번 후배, 동생들과 서울대 의대 다니던 동생 친구, 내가 입원해 있을 동안 제현이 보느라고 고생했던 제현이 고모 내외, 인터페론을 구하기 위해서 사력을 다했던 동서, 치료비에 도움을 주신 처남과 동서들, 그리고 고통과 슬픔과 승리의 기쁨을 함께했던 많은 분들에게 가슴 깊이 새겨진 고마움을 늦게나마 전한다.

아내의 폐결핵

석현이가 어느 정도 안정을 찾아가던 1985년 우리에게 또 한 번의 시련이 왔다. 아내의 폐결핵이었다. 석현이 병간호 때문에 잘 먹지도 못하고 매주 병원을 함께 가면서 애와 씨름을 하더니만 몸에 무리가 간 것 같았다. 당시의 상황도 일기체 형식으로 기술해 본다.

1985년 6월 20일

둘째 녀석이 태어날 때가 거의 다 되어서 아내와 같이 세브란스 병원에 갔다. 남산만 하게 부른 배를 검사하고 산모와 아기의 건강 진단도 한다.

1985년 6월 22일

의사의 호출이 있어서 함께 가봤더니 갈수록 첩첩산중이다. 또 한 번의 고통을 우리에게 가져다준다.

"애기 엄마의 건강 진단 결과 폐결핵이 있습니다. 아기가 태어나면 태어난 아기와 엄마를 당분간 격리시켜야 합니다. 감염의 우려가 있으므로 당연히 모유를 먹일 수 없습니다."

그러면 백혈병으로 항암제를 투여받고 있는 석현이는? 의사가 이야기를 듣고는 기가 막힌지 한숨을 푹 내쉰다.

"당연히 격리해야 합니다. 백혈병 치료 도중에 환자가 폐결핵에 걸리게 되면 항암제 치료를 못하기 때문에 죽음을 뜻합니다."

아내와 집으로 돌아오는 길에 서로 한마디 말도 없었다. 나는 운전만 하고 아내는 창문 밖을 바라만 보았다.

집에 와서 집안 대청소를 했다. 락스를 듬뿍 풀어서 여기저기를 닦아냈다.

아내와 처음 사귀었던 6년 전이 생각났다. 대학 산악부 선후배로 만나서 결혼을 했고 시간이 나면 산에 다녔었고 다른 것은 몰라도 아내와 나는 건강만은 자신했었는데…….

무엇이 잘못되었는지 자꾸만 꼬여 간다.

1985년 6월 24일

다른 방법이 없었다. 아내와 상의하여 폐결핵 치료 도중에도 태어날 아기와 석현이 모두 한집에서 생활하기로 했다. 누구에게 맡길 곳도 마땅치 않았다. 따라서 다른 대안이 없었다.

맡긴다면 누가 백혈병 치료를 받는 석현이의 상태 변화를 엄마처럼 자세히 관찰하면서 항암제를 투약할 것인가? 갓 태어날 아기는 또 누구에게 맡길 것인가? 차라리 집에서 모든 어려움을 함께 공유하는 게 나을 것이라 판단했다.

아내가 잠시 손끝으로 눈물을 찍어냈지만 나는 담담했다.

"야, 인마! 죽는 병도 아니잖아! 그까짓 폐결핵 가지고 뭘 그래?"

내가 갑자기 호기를 부리면서 아내 어깨를 툭 쳤다. 그리고 삶과 죽음의 모든 미래를 우리는 하늘에 맡기기로 결정하였다.

1985년 6월 28일

우리의 둘째 아들 제현이가 태어났다.

병원 간호사가 유리창 너머로 아기를 보여주는데 머리가 얼마나 큰 지 완전히 대갈통 장군이다.

"잘 자라야 한다. 너희 엄마가 건강이 나빠서 우리 제현이 엄마 젖 도 못 먹이게 되었는데 우유만 먹고 자라더라도 튼튼하게 자라야 해."

아기를 보면서 속으로 이야기하는데 코끝이 찡하게 울려 온다.

1985년 6월 29일

아내가 퇴원을 했다. 함께 퇴원 수속을 밟고 집으로 오는 길에 종 로에 있는 약국에 들러 주사기와 스트렙토마이신 등 결핵약 그리고 수박도 큰 놈으로 한 덩어리를 샀다.

이제부터 결핵 주사약은 내가 아내에게 주사하기로 했다. 매일 병 원에 가서 주사를 맞기에는 석현이 치료비 대느라 어려운 형편에서 비용과 시간이 만만치 않아서였다.

저녁에는 사 가지고 온 수박을 깨끗이 씻은 다음에 간호원이 환자에게 주사하는 것을 본 대로 손바닥으로 수박을 탁탁 때리면서 엉덩이에 주사를 놓는 연습을 한 시간가량 했다. 간호사들이 하는 걸 볼 때는 쉬운 것 같았는데 연습을 해보니 만만치가 않다.

1985년 6월 30일

새벽에 팬티를 내리고 엎드린 아내의 엉덩이를 한참 동안 쳐다봤다. 그리고는 몇 번 심호흡을 한 후 손바닥으로 엉덩이를 탁탁 때리면서 주사를 놓았다. 어제 연습을 많이 한 덕분인지 실수 없이 쉽게 되었다.

그렇지만 아직도 증류수 병 하나 자르는 것도 쉽지 않으니……. 앞으로 여러 번 되풀이해 보면 잘되겠지 싶다.

1985년 7월 4일

유아 황달로 며칠 동안 세브란스 병원 인큐베이터에 있던 제현이를 퇴원수속을 하고는 조심스레 안고 나왔다. 이 녀석은 애비가 안고 나와도 무엇이 그렇게나 졸린지 계속 잠을 잔다.

승용차 뒤에 앉아서 기다리고 있던 아내가 핼쑥한 얼굴로 웃으면서 받아 안았다. 머리통이 얼마나 큰지, 저 큰 머리가 어디로 나왔는지 짐작이 잘 가지 않는다.

1985년 7월 8일

날마다 아내 엉덩이를 찰싹찰싹 때리면서 주사를 놓는다. 결혼해서 아내를 한 번도 때려보지 않았는데 요즈음은 매일 원 없이 때려준다. 합법적으로……

오늘은 아내가 주삿바늘 들어갈 때 엉덩이에 힘을 주었는지 주사 놓기를 두 번이나 실패했다. 덕분에 바늘이 들어가다 만 엉덩이에는 피가 살짝 비친다.

"엉덩이 힘 빼!"

강력한 카리스마를 발휘하여 큰소리치고는 중얼중얼 잔소리하는 아내 엉덩이를 인정사정없이 찰싹 때리며 주사를 놓았다.

"피휴."

그래도 주사 놓는 것이 며칠 사이에 초보자치고는 많이 발전했다.

자주 집안을 락스로 깨끗이 청소하는 게 아침마다 하는 중요한 일과의 하나이다.

아침을 먹고 석현이를 데리고 세브란스 병원에 갔다. 벌써 1년이 넘게 거의 비슷한 치료가 매주 한 번씩 되풀이된다. 병원에 가서 피검사하고 암센터 가서 두어 시간 기다렸다가 피검사 결과 나온 후 의사가 호출하면 애 데리고 진찰실 가서 피검사 결과에 따라 조절해서 주는 항암제를 타오고……

그 약을 매일 먹인다. 이 항암제라는 것의 제일 큰 문제는 약을 먹고 나면 식욕을 떨어뜨려서 밥 한 공기 먹이는 데 기본이 한 시간이

4부 | 나는 아직도 도전을 꿈꾼다

다. 그래서 아내는 평균 하루 3시간 이상을 석현이 밥 먹이는 데 보낸다.

간신히 밥을 다 먹이고 난 후 항암제 먹이고, 아내는 결핵 치료약을 먹고……. 매일매일 우리 생활의 큰 부분을 차지하는 일이다.

그리고는 시간 날 때마다 퉁퉁 불은 젖을 짜서 버린 후 제현이는 우유 먹이고……. 아내의 젖을 짤 때마다 아직 처녀 때의 탱탱함이 남아 있는 젖가슴을 실컷 주물러 보는 게 큰 즐거움(?)이다.

1985년 7월 29일

한 달 동안의 아내 엉덩이 때리기가 끝이 났다.

주사를 안 맞게 되면 제현이도 젖을 먹일 수 있을 거라 생각했는데 아기에게 그동안 결핵 감염 우려와 항생제 주사로 인하여 젖을 빨리지 못하다 보니 내가 열심히 젖을 짜냈는데도 한 달 사이에 젖이 거의 말라 버렸다. 빈 젖을 억지로 물려 봤지만 제현이가 잘 빨려고 하질 않는다.

보들보들한 인조 젖꼭지의 우유 먹기에 길이 들었나 보다.

1985년 12월 29일

오늘로서 아내의 6개월간의 결핵 치료가 끝이 났다. 다행히 큰 문제도 없었고 석현이에게도 별다른 감염 없이 치료가 종료되는 것만도 얼마나 다행인지 모르겠다.

제일 큰 문제는 그동안 회사 경영이 주인이 없이 운영되다 보니 적자가 계속 나서 생활비가 부족한 것이었지만, 앞으로 열심히 하면 좋아지겠지 싶다.

아내도 좋아지고 석현이의 치료도 어느 정도 마무리되어 가니, 더 없이 행복했다. 우리 가족의 시련이 끝나는 줄 알았다. 하지만 그게 아니었다. 또 한 번의 모진 시련이 남아 있었다. 나의 위암이었다.

나의 위암 투병기

1986년 5월 25일

뱃속이 약간 이상하게 느껴져서 세브란스 병원에 갔다. 특별히 아프진 않은데 간혹 위벽을 누군가가 손가락 같은 것으로 가볍게 건드리는 것 같은 느낌을 종종 받았는데, 그게 벌써 6개월이나 되었다.

그동안 운동을 너무 안 해서 그런가도 싶어서 매일 새벽이면 시흥사거리 쪽에서 올라가는 삼성산을 한 시간 정도 등산했고 매일 새벽에 우유를 마셨더니만 괜찮아지는가 싶더니 그저께 새벽에는 가볍게 위벽을 건드리는 것 같은 느낌이 아주 강해졌다.

보름 전에는 집 근처의 내과의원에 갔었는데 의사가 특별한 이상은 발견되지 않는다며 약을 주어서 먹었는데도 상황이 조금 더 심각해진 느낌이라, 지난번 석현이 검사 및 치료약 받을 때 세브란스 병원

내과에 특진으로 검사를 신청했다.

　내과의사는 배도 주물러 보며 진찰을 끝낸 후 별 탈이 없을 것으로 이야기하지만 석현이의 백혈병 치료를 받기 위해서 2년이 다 되도록 매주 한 번씩 암센터 출입을 하다 보니 노이로제가 걸렸는지 그냥 넘어가기가 신경이 쓰였다. 그래서 내시경 검사를 해달라고 의사에게 요청했다.

　내가 그동안 병원에서 들은 이야기와 책에서 읽은 상식으로는 암은 초기에는 별로 아프지 않다가 심각해진 후에 많이 아프다는 걸 알고 있었기에 속이 많이 아프면 위염이나 위궤양으로 생각하겠는데 안 아프면서 부드러운 터치감이 느껴져서 괜히 걱정이 된다.

　어떻게 생각해 보면 별것 아닌 것 가지고 너무 크게 생각하는 것 같고 또 정신적 스트레스일 것도 같지만 내시경을 해보면 마음이 편할 것 같다. 그래서 내시경 예약을 하고 왔다.

　종합병원은 내시경 한 가지만 해도 병원 날짜 잡아서 예약하고 예약한 날 시간을 내서 병원에 가서 의사 만나서 신청하고 다시 내시경 검사하러 가고 검사 후 며칠 있다가 검사 결과 보러 가야 하고…… 번거로운 것이 한두 가지가 아니었지만 정확한 진단을 받아보기로 했다.

1986년 5월 6일

내시경을 했다. 처음 받아본 내시경이 얼마나 힘이 드는지 기다란 검사 장치가 입속으로 들어가는데 극심한 구역질과 함께 안면 근육이 심하게 경련을 일으키면서 눈물이 흘러내린다.

내시경 검사하는 도중에 의사가 두 명의 레지던트로 보이는 의사를 불러서 같이 보게 하면서 이야기하는 게 구역질이 나면서도 신경이 곤두선 귀를 울린다.

"라지 한 개, 옆으로 스몰."

그리고는 검사 장치를 이렇게 저렇게 돌리면서 한참 동안이나 검사한다. 내시경 검사가 끝난 후 며칠 후에 와서 검사 결과를 확인받으라고 하지만 내가 느낀 의사의 표정이 심상치 않다.

집으로 돌아오면서 나는 위암일 것이라고 확정 지었다. 우울함의 연속이 되풀이되니 내가 가진 모든 게 무너져 내리는 느낌이다.

1986년 5월 10일

"보호자와 같이 안 왔습니까?"

"왜 그러시는데요?"

"위에 염증이 조금 있어서 바로 입원을 해야겠습니다."

"알겠습니다."

열심히 기록하는 의사의 차트에는 EGC로 나의 병명이 기록되어 있었다. 내 나름대로 알고 있는 상식을 총동원하여 EGC가 무엇인지 해석해 본다. E가 무슨 뜻인지는 잘 모르지만 GC는 Gastric Cancer의 약자일 것이다.

의사가 제대로 이야기를 안 해주지만 나는 내가 무슨 병인지 안다. 위암이다! 암이 아니라면 보호자는 왜 찾으며 아무 통증도 느끼지 않는데 왜 입원하라고 하겠는가?

우리 가정에 또 불행이 닥친 것이다. 죽음의 그림자는 교대로 우리 가족을 몰아댄다.

백혈병 치료를 받는 석현이는? 이제 서른도 되지 않은 아내는? 돌도 지나지 않은 막내는?

모두 생각해 보면 기가 막힌다. 차를 몰고 집으로 돌아오는 차 안에서 오만 가지 생각을 정리해 본다. 정말 대책이 없다. 나는 죽는다 하더라도 죄 없는 아내와 자식들이 불쌍했다.

그리고 살아온 삶을 정리해 봤다. 이제 불과 서른 남짓한 나이지만 그래도 착하게 살려고 노력해 왔다. 상냥하고 의지가 강한 아내와는 몇 년을 함께 살았던가? 이제 불과 6년째이다.

석현이를 살리기 위해서 함께 노력도 많이 했지. 정말로 그땐 백혈병과 열심히 싸웠다. 나도 이 정도면 조금 삶이 짧아서 그렇지, 크게 후회 없이 살았다 싶다.

예수님도 나와 비슷한 나이에 돌아가셨으니까……

그동안 남들에게 손가락질 받을 만큼 나쁘게 살지는 않았고…… 내가 죽고 나면 아내는 불행한 기억을 잔뜩 끌어안고 재혼을 할 것이고, 아니 재혼을 안 하려고 하겠지만 억지로라도 내가 가게끔 해야지. 행복하게 해주지도 못했는데 젊디젊은 여자 혼자 살게 해서는 안 되지.

백혈병 앓는 석현이와 제현이는 대구 할머니 집에 보내고. 그런데 아내는 백혈병 치료받는 아이를 두고 쉽게 재혼할 수 있을까? 돌도 안 된 제현이는 괜히 석현이 골수이식에 대비한다고 낳은 건 아닌가? 아내에겐 집에 가서 뭐라고 말할까?

점점 머리가 복잡해지더니 앞이 희미해진다. 나도 모르게 눈물이 앞을 가려서 운전하기가 쉽지 않다.

땅거미가 질 무렵, 아파트에 도착했다. 자동차 안의 룸미러로 본 내 눈이 퉁퉁 부어서 집에 들어가기가 쉽지 않다. 며칠 전부터 석현이가 타던 자전거 타이어의 바람마개가 망가져 자전거를 못 탔던 것을 기억해 내고는 고물자전거가 잔뜩 쌓여 있는 아파트 뒤로 아주 천천히 어슬렁어슬렁 걸어갔다.

망가진 자전거에서 타이어 바람마개를 한 개 구한 후에도 내가 걸을 수 있는 속도로는 가장 천천히 걸어서 집에 올라갔다. 현관에 놓인 석현이 자전거에 타이어 바람마개를 끼우고는 집에 들어갔다.

"병원에 간 것은 괜찮았어요?"

"응."

아내가 묻고 내가 대답한다. 소파에 앉아서 상념에 잠겨 있는 나에게 제현이가 얼굴에 웃음을 띠고 입가에 침을 흘리면서 엉금엉금 기어서 다가온다. 제현이를 안고 그 눈망울을 자세히 쳐다보다가 감정이 북받쳐서 나도 모르게 울컥하고는 눈물이 흘러내린다.

제현이가 뭐라고 알아듣지도 못할 말을 중얼거리면서 내 얼굴에 흘러내리는 눈물을 그 작은 손바닥으로 연신 닦아주는데 눈물은 제현이의 작은 손으로 닦아내기엔 너무 많이 난다.

아내가 제현이의 중얼거림과 나의 행동을 이상하게 생각했는지 다가왔다. 아내를 끌어안았다.

"이 죄 많은 남편이 당신에게 또 이런 고통을 가져다주는구나."

눈물이 왜 그렇게도 많이 나오나? 말도 못하고 나를 쳐다보는 아내의 두 눈에도 눈물이 잔뜩 고였다. 아내는 내가 생각해 봐도 정말 역전의 용사이다.

어느새 마음을 추스르면서 용기를 내어 말한다.

"괜찮을 거야. 조기 위암이라니까……. 희망을 가지고 다시 싸워보는 거지, 뭐! 우리는 이런 고통을 감내하도록 예정되어 있었던 거야."

아내의 용기 있는 말 한마디에 다시 마음을 다잡아 본다.

1986년 5월 16일

오늘이 부처님 오신 날이다. 아침 일찍 우리 가족과 광명에 사는 여동생 가족이랑 함께 강화도 전등사에 갔다. 아내는 대웅전에 들어가 한참 동안 부처님께 열심히 기도를 하는 동안, 나는 대웅전 밖에서 대웅전 주위를 하릴없이 천천히 걸었다. 끝없이 절을 하는 아내의 소원이 무엇인지 느껴지는 게 그 뒷모습만 봐도 애처롭기 그지없다.

이제 내일은 내 차례가 되어서 병원에 입원이다. 또다시 건강한 모습으로 여기 올 수 있을까?

아내가 나보다 훨씬 커 보인다. 차분한 표정으로 나를 보면서 웃고 있는 걸 보면……. 남편의 마음을 편안하게 해주려는 모습이 역력하다.

그래! 나도 힘을 내자. 아내가 저렇게 희망을 갖고 있고 또 세 살도 안 된 우리 석현이도 백혈병에서 살아났는데 이번엔 내가 이겨낼 차례지.

1986년 5월 17일

세브란스 병원에 입원했다. 내과에서 외과로 담당 의사가 바뀌었다. 저녁부터 검사가 시작되었다.

1986년 5월 18일

"아니 뭐가 있어? 어느 쪽에 있다고?"

위 조영 촬영기사가 알루미늄 현탁액을 맥주 컵으로 한 컵 가득 마시게 하고선 조영 촬영을 하고서는 암이 보이지 않는다고 내시경실로 전화하는 게 들린다. 몇 번이나 전화하고 찍어보기를 되풀이하다 보니 알루미늄 현탁액을 다섯 컵이 넘도록 마셨는데 얼마나 많이 마셨는지 배가 팅팅하게 부르다.

그리고는 나에게 전후좌우 위아래로 몸을 돌리도록 하며 온갖 체조를 다 시키면서 사진 찍기를 되풀이하더니만 간신히 암이 있는 부위를 찾아냈다.

"제가 그동안 오랫동안 여기서 근무했는데 이처럼 암이 작은 경우에는 대부분 완치됩니다. 너무 걱정 마세요."

촬영기사의 말 한마디가 구세주의 음성처럼 온화하게 들렸다.

1986년 5월 19일

피검사와 간 기능검사, 엑스레이 그리고 몇 가지 이름 모를 검사를 받았다. 수술 전에 몸의 이상 유무를 체크하는 것이라고 한다.

1986년 5월 20일

새벽에 의사가 오더니만 항문에 관장약을 주입한다. 전신마취를 하기 전에 뱃속을 깨끗이 비우기 위한 것이라 한다. 그리고는 콧구멍으로 고무호스를 끼우는데 중간에 호스가 걸리면서 제대로 끼워지지 않아서 몇 번이나 되풀이했다.

화장실을 몇 번 가서 뱃속을 비웠다. 수술시간을 기다리고 있는데 감기로 인한 것인지 갑자기 열이 나기 시작했다. 레지던트가 해열제를 급히 주사했다. 잠시 후 열이 내리자마자 수술실로 들어갔다.

아내가 손을 꼭 쥐고는 수술실 입구까지 따라왔다.

"걱정하지 말자. 그리고 우리 다시 건강한 모습으로 만나자."

아내와 무언의 약속으로 손을 힘있게 꼭 쥐고는 손을 놓는다. 수술실에 들어가니 여러 명의 수술 담당 의사와 간호사들이 수술 전 조치를 취하기 시작했다.

"너 이 주사 맞아 봤니?"

레지던트로 보이는 의사 한 명이 옆에 있는 다른 동료 의사에게 하는 말이다.

"아니, 안 맞아 봤는데, 왜?"

"맞아 본 환자가 엄청 아프다고 하더라."

정말 문제가 많은 친구들이다. 의사라는 사람들이 암으로 수술받기 위해 누워 있는 환자에게 위로는 못할지라도 몸에 주사를 놓으면서 환자를 놀리고 있었던 것이다. 그런 실없는 말을 들으면서 누워 있는 도중 마취약이 몸에 들어갔는지 의식이 없어졌다.

의식이 깼을 때는 회복실에 나와 있었다. 흐릿한 의식 속에 벽에 걸린 시계를 봤더니 수술실에 들어가고부터 벌써 네 시간 남짓 지나 있었다. 수술 부위에 심한 통증이 주기적으로 오기 시작했다. 마취가 아직 덜 깼는지 의식은 계속 오락가락한다. 수술 침대가 흔들리는 느낌이 들어서 잠시 의식이 돌아왔다. 병실로 옮겨지고 있는 중이었다.

흐릿한 의식 속에 바로 위에서 근심스런 표정으로 내려다보는 아내 얼굴이 보였다.

"괜찮아?"

계속 의식이 들어갔다 나왔다 하는 바람에 대답도 못했다. 병실에서 다시 의식이 돌아온 것은 어둠이 창문 밖에 내리기 시작할 때였다. 대학 4년 동안 지극정성으로 돌보아 주셨던 외숙모께서 곁에 와 계셨고 친구 승범이가 와 있었다.

소변이 심하게 마려웠는데 6인실이라서 간병인까지 잔뜩 있는 병실에 누워서는 아무리 노력해도 소변이 나오지 않았다. 간호사에게 이야기했더니 걸을 수 있으면 화장실을 가도 상관이 없으니 다녀오란다. 억지로 침대에서 내려서 화장실에 가려니까 마취가 덜 풀린 데다가 배가 너무 아파서 그대로 쓰러져 버릴 것 같았다.

승범이가 86킬로그램인 거구의 나를 간신히 부축해 화장실을 갔다 왔다. 수술하자마자 걸었더니 아랫배에서 극심한 통증이 왔다. 통증이 너무 심한 데다가 마취가 안 풀려서 의식이 가물거렸다. 간호사가 와서 진통제를 놓아 주었고 나는 다시 깊은 잠에 빠져들었다.

1986년 5월 21일

밤새 수술 부위의 통증에 시달렸다. 그래도 수술은 잘된 것 같았다. 모두들 표정이 밝았다. 바깥에서는 연세대와 세브란스 의대에서 학생 시위를 하는지 최루탄 터지는 소리와 함께 매운 냄새가 병실을 파고든다. 최루탄 가스 냄새로 기침이 나오려고 한다.

기침을 하게 되면 안 그래도 견디기 힘든 수술 부위의 통증이 더 심해질 것 같아서 아내에게 수건을 적셔 달라고 해서 젖은 수건을 코에 대고 호흡을 했더니 조금 진정이 되었다.

오후에 병실을 2인실로 옮겼다. 복부 통증이 심한 데다가 6인실의 병실이 너무 시끄러워서 더 힘이 들었는데 2인실로 옮기니까 그나마 조금 정신적으로 안정이 되었다. 장모님, 장인어른, 그리고 대구 누나가 찾아왔고 회사 동료와 친구들도 여러 명 찾아왔다.

우리 집의 연이은 병마로 인해 부모 형제 그리고 가까운 벗들에게 못할 짓을 하는 것 같아서 마음의 고통이 육체적 고통과 뒤섞여 나를 짓누른다.

코에는 수술 전에 삽입했던 기다란 코뚜레가 연결되어 있었고 옆구리에도 구멍을 뚫어서 가느다란 튜브를 연결해 두었는데, 수술한 후 뱃속에 남은 핏물이나 진물이 튜브를 따라 배출되도록 해놓았다.

통증이 너무 심해서 아내에게 이야기했더니 간호사가 와서 진통제를 주사해 주었다. 덕분에 잠시 숙면을 취할 수 있었다.

1986년 5월 24일

아침에 주치의가 오기 전에 레지던트가 와서 묻는다. "환자분은 자신의 병명이 뭔지 아세요?

"차트에 보니까 EGC라고 쓰여 있던데 얼리 게스트릭 캔서, 그러니까 위암 아닌가요?"

"병에 대해서 많이 아시는군요?"

"그게 아니고 동생이 의대를 다니고 있어서 전화해서 EGC가 뭔지 물어봤습니다."

"수술은 잘되었습니다. 암도 별로 크지 않았습니다. NODE TEST

(수술로 잘라낸 가장자리를 조직 배양하여 암이 있는지 검사하는 것)를 하는 중인데 세포 배양에 1주일 남짓 걸릴 겁니다. 노드 테스트 결과를 확인한 후에 치료 방법이 결정될 겁니다."

레지던트와 나눈 이야기였다.

조금 있으니까 간호사가 와서 걸을 수만 있으면 고통스럽더라도 병실 바깥 복도를 계속 걸어 다니라고 한다. 그래야만 뱃속의 창자와 다른 내장들이 빨리 제자리를 찾을 수 있다고 한다.

1986년 5월 25일

수술한 지 이틀밖에 되지 않아서 고통이 심해 혼자 걷기가 쉽지 않았지만 간호사의 이야기를 듣고는 억지로 복도를 걷기 시작했다. 코뚜레와 링거병을 달고 옆구리에 호스와 핏물 주머니를 차고 어기적 어기적 걷는 모습을 거울을 통해 보니 내가 봐도 가관이다.

체중이 하루에 평균 1킬로그램씩 줄어들고 있다. 수술하기 전에 86킬로그램 나갔으니까 180센티미터 키에 몸무게가 상당히 많이 나갔다. 수술하고 며칠 사이에 벌써 4킬로그램이 줄어들었다.

1986년 5월 28일

체중이 계속 줄어든다. 79킬로그램으로 오랜만에 80킬로그램 미만이 되었다.

1986년 6월 5일

수술 후 17일 만에 처음으로 간호사가 삶은 달걀을 한 개 가져와서 아주 조금씩 꼭꼭 씹어서 천천히 먹으라고 하고는 갔다.

수술을 받고 처음 먹는 한 개의 달걀이 얼마나 맛이 있던지! 아주 천천히 그 맛을 음미하며 먹었다.

1986년 6월 7일

체중이 67킬로그램으로 줄어들었다. 병원에서 수술하고 18일 만에 19킬로그램이 줄어들었다. 살 빼려고 무던히도 노력했는데 위를 잘라내니 너무 쉽게 체중 조절이 된다고 옆에서 병간호하는 아내에게 실없는 농담을 던져 본다.

과체중이었을 때 회사에서 일 때문에 시달리다가 집에 올 때쯤이면 일주일에 한두 번씩 견디기 쉽지 않은 두통이나 어지러움이 왔었다. 그때마다 소파에 누워 한두 시간 잠을 청하고 나면 사라지곤 했었는데, 수술 후 체중이 감소되고 나니까 어느새 그런 증상이 나타나지 않는 것만 봐도 나에게 있어서 이번 수술은 인생에서 '새옹지마'라는 말처럼 전화위복이 될지도 모르겠다는 생각이 든다.

1986년 6월 8일

여동생 내외가 제현이를 안고 병실에 들어왔다. 아기는 병실 출입이 안 된다는데 어떻게 해서 몰래 들어왔을까 싶다. 나를 보더니 코

4부 나는 아직도 도전을 멈추지 않는다

에 이상한 걸 넣고 있어서 무서운가 보다. 고모부 팔에 안겨서 평소에 그렇게도 좋아했던 아버지에게 가까이 오려고 생각을 안 한다. 조금은 서운한 생각이 들었다.

아내가 제현이를 불러보라고 한다. 그래서 "제현아!" 하고 불러봤더니 갑자기 제현이의 얼굴 표정과 행동이 이상해지더니만 나에게 오려고 발버둥을 친다. 코뚜레를 한 아버지의 모습을 아버지로 인식하지 못하고 무서운 괴물처럼 인식하다가 아버지 목소리를 듣는 순간 익숙지 않은 초췌한 내 모습에서 자기 아버지 모습을 찾아낸 것이었다. 다시 만난 자식의 부드러운 몸을 품에 안으니 가슴 밑바닥까지 느껴지는 이 슬픔은 무엇 때문일까? 내 인생에 있어서 무엇이 잘못되어서 서른 남짓에 이토록 감당하기 힘든 일들이 한꺼번에 닥쳐오는지……

못난 남편에게 시집온 바람에, 안양시장에 장바구니 들고 돌아다니다가 호떡 한 개 입에 물고서도 희희낙락하며 행복해 했던 소박한 아내에게 무슨 천형이 이렇게도 모질까 싶었다. 죄 많은 남편의 한스러움에 눈물이 흘렀다. 아내와 동생 부부가 눈물을 볼까봐 제현이의 작은 몸을 내 얼굴 위로 끌어당겨서 감추어 본다.

•80년대 말에 MBC TV의 한 시간짜리 프로 〈건강백세〉에 우리 가족이 소개되었다. 백혈병과 위암 그리고 환자 병간호로 인하여 폐결핵까지 얻었다가 모두 건강을 되찾은 우리 가족의 쉽지 않은 생존 스토리가 병으로 고통받는 많은 사람들에게 용기를 줄 거라는 담당 PD 선생님의 말씀이 아니었다면, 그때까지만 해도 수줍음 많던 내 성격으로는 절대로 출연에 응하지 않았을 것이

다. TV 출연 후에 많은 분들이 격려도 해주셨고 또 많은 분들이 우리 가족으로 인하여 삶의 용기를 얻었다면서 전화를 해주셨다.

4부 | 나는 아직도 도전을 꿈꾼다

다. TV 출연 후에 많은 분들이 격려도 해주셨고 또 많은 분들이 우리 가족으로 인하여 삶의 용기를 얻었다면서 전화를 해주셨다.

스승의 은혜와
둘째 아들의 방황

|

　온 가족이 돌아가면서 투병 생활을 하고 있을 적에 둘째(제현)가 태어났다. 혹자는 뭐가 그렇게 바빠서 애를 만들었냐고 이야기하는 분도 있었다. 그 시절만 해도 백혈병이 재발하면 골수이식 외에는 살릴 방법이 거의 없었던 때라서 어떻게든 골수이식을 해줄 기증자를 찾아야 했는데 맞는 골수를 찾기란 수만 분의 1 정도로 쉽지 않았다. 의사의 이야기로는 형제끼리는 두 명에 한 명 정도 비율로 이식이 가능한 골수를 가지고 있다기에 만일의 가능성에 대비하여 둘째를 가졌던 것이다. 훗날 태어난 동생도 형을 살리기 위한 부모의 마음을 알게 된다면 충분히 이해하리라 싶었다.

다행히 석현이는 수년간의 항암제 치료로 완치가 되었지만 문제는 엉뚱한 데서 발생했다. 나는 질병으로 죽음과 사투를 벌였던 형 대신, 동생이라도 좋은 대학에 가서 훗날 질병으로 어려움을 겪었던 형의 부족함을 메워 주기를 바랐다. (큰아들 석현이의 대학 보내기는 앞서 1부에서 소개하였다.)

그런데 둘째의 입장으로 봤을 때 커가면서 친가와 외가의 삼촌 및 사촌형제들이 대부분 명문대 출신이라는 것이 스트레스였던 것 같다. 거기에다 부모의 기대가 큰 부담이 되었는지 제현이는 중학교 때부터 방황하기 시작했다. 틈만 나면 게임에 빠지고 급기야는 술과 담배를 하는 흔적도 눈에 띄기 시작했다.

요즈음 둘째 녀석이 자신의 말썽 부리던 시절 이야기가 아버지가 쓰는 책에 자세히 기술되는 것을 막으려고 나에게 미소 공세를 보내고 있기에 아들의 체면을 위해서 짧은 글로 마무리 지을 예정이지만 감당하기 힘든 고통을 나에게 준 것은 분명하다. 고2 때는 학교를 자퇴하겠다고 학교에 자퇴 신청까지 했으니…….

내 삶에 있어서 가장 힘들었던 일들을 언급하라면 온 가족의 '죽음과의 입맞춤'으로 고통의 시간을 보낸 것과 석현이를 대학 보내기 위해서 전 과목 가정교사를 한 것, 그리고 둘째 제현이의 6년간의 방황을 꼽을 수 있을 것 같다. 제현이의 방황 때는 얼마나 힘들었으면 마음의 병이 육체적인 병을 만들어서 6개월 동안 병원 통원치료를 받았을 정도였다.

어쨌든 우리 부부는 자식에 대하여 끝까지 끈을 놓지 않았고 온갖 어려움 속에서도 언젠가 바른길을 걸어가리라 확신했다.

그 후 제현이는 3수 끝에 간신히 전문대학에 턱걸이로 들어갔고, 대한민국 국민으로서 국방의 의무도 다했다. 군에 다녀온 후 복학한 이후부터는 언제 그랬냐는 듯 학업에 최선을 다해서 좋은 성적으로 무사히 학교를 졸업하고 직장에 다니면서 4년제 대학에 편입해 열심히 공부하고 있다.

또한 작년에는 귀엽게 생긴 아가씨를 사귀어서 결혼을 했는데 착한 성격의 며느리가 시부모와 같이 살고 싶다고 하는 바람에 요즈음은 한집에서 아들 내외와 세상 이야기도 하고 때로는 장난도 치면서 지내고 있다.

얼마 전에는 아들 내외와 같이 강원도의 천상화원 곰배령 등산을 다녀왔다. 자식 내외와 4시간 동안 땀 흘려가며 깊은 산속 길을 걸으면서 이런저런 이야기도 하고 음식도 나눠 먹으며 참 행복을 느꼈다.

제현이가 지금과 같이 바른길을 걸어가는 데 큰 영향을 주신 분이 제현이의 청담고 2학년 담임이셨던 정병근 선생님이었다. 나에게 자식이 말썽을 부리더라도 끝까지 포기하지 말고 부모의 자리를 지켜야 함을 일깨워 주신 분이다. 그래서 우리 부부는 제현이의 담임 선생님께 감사의 인사를 해마다 드리고 있다.

'서운함과 미움은 모래에다 새기고 감사에 대한 마음은 바위에 새기라'는 옛 성현의 말씀을 나는 항상 마음속에 담아두고 있다. 감사하는 마음은 세상을 살아가는 데 큰 자산이다.

얼마 전 제현이가 나에게 이렇게 이야기했다.

"제가 말썽 부리던 시절에 아버지를 미워했었는데 세상을 살아가면서 다시 바라본 아버지는 항상 그 자리에 굳건히 서 있었던 저의 큰 바위 얼굴입니다."

4부 | 나는 아직도 도전을 꿈꾼다

얼치기 돌팔이의
심장 마사지

|

예상치 못한 돌발 상황은 친구와 후배 및 아내와 영월을 다녀오던 중 고속도로에서 발생했다.

운전대를 잡고 운전을 하던 중 운전석 바로 뒤에 앉은 후배 S군의 이상한 행동이 룸미러에 보였다. 몸이 많이 불편한지 눈을 크게 떴다가 감았다가 다시 찡그리고……. 평소와 다르게 잠시도 쉬지 않고 이상한 행동을 하고 있기에 운전을 하면서도 틈틈이 룸미러를 통해 후배의 모습을 유심히 관찰했다.

후배가 평소에 고혈압이 있는 데다가 조금 전 김삿갓 무덤 부근의 토종닭집에서 백숙을 먹으면서 마신 막걸리가 문제가 생겼나 싶었다.

그런데 갑자기 후배가 눈을 화등잔처럼 크게 뜨더니 그 상태에서 얼굴 근육이 굳어지면서 통나무처럼 옆으로 쓰러지는 게 아닌가?

뒷자리에 있던 아내가 놀라서 빨리 병원으로 가자고 소리쳤다. 바로 그 순간, 나는 2년 전 내셔널 지오그래픽에서 우연히 봤던 'Heart Attack(심장마비)' 다큐멘터리 프로그램이 생각나면서 마음이 얼음처럼 냉정해졌다. (그 프로그램에서 나레이터는 '심장마비가 일어나면 세계 최고의 심장 전문 의사가 20분 후에 최신의 장비로 치료하는 것보다 그 자리에서 초보자가 시행하는 심장 마사지가 생존 확률을 수십 배 높인다'고 했고 심장은 갈비뼈가 부러지지 않을 정도로 강하게 압박하라면서 잘못해서 갈비뼈가 부러지더라도 두세 달이면 쉽게 붙기 때문에 상관없다고 했다.)

우리가 있던 그 지점에서 제천에 있는 큰 병원까지는 빨라도 15분 이상 걸리는 위치였고 응급실로 가서 수속을 밟다 보면 20분은 쉽게 지나가리라 싶었다. 나는 즉시 갓길에 차를 세웠고 옆에서 병원에 가자고 소리치는 두 사람을 무시한 채 뒷자리로 가서 쓰러진 후배의 심장 부위의 가슴을 사정없이 눌렀다.

심장마비가 일어난 후배는 통나무처럼 뻣뻣했고 심장 압박을 가하는데도 한참 동안 아무 반응이 없었다. 내 느낌으로 2~3분(실제로는 40초 정도였을 것이다)의 시간이 지나면서 절망적인 느낌이 들기 시작하는 그 순간 "으으으" 하는 소리와 함께 후배는 가쁜 숨을 쉬기 시작하면서 눈을 떴다.

의식을 차린 후배는 그때부터 얼굴에서 땀이 줄줄 흘러내리기 시작했다. 의사인 동생에게 전화를 해서 상황을 설명했더니 전형적인 심장마비 후에 나타나는 증세라고 했다. 환자를 자리에 편하게 눕히고 심장이 계속 뛰는지 손의 맥박을 체크하면서 병원으로 가라고 했다.

그 이후의 결과를 이야기하자면, 후배는 '얼치기 돌팔이 심장 마사지'의 도움으로 가족들과 지금도 건강하고 행복하게 잘 살고 있다.

나는 아직도 그때 그 후배가 소생하지 못했다면 '아무것도 모르는 인간이 빨리 병원에 가지 않고 심장 마사지한다고 하면서 사람을 죽였느냐?'라는 비난을 어떻게 감수했을까 싶어 가슴을 쓸어내리게 된다. 그렇지만 나는 지금도 그때 나의 판단은 정확했고 올바른 결정이 바른 결과를 만들었다고 믿기에 같은 일이 또 생기더라도 같은 행동을 할 것이다.

교통사고와
먹튀

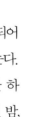

강원도 임원에서 삼척으로 통하는 국도는 최근 준고속도로가 되어 옛날의 꼬불꼬불한 길로 가는 것보다 시간이 1/3밖에 걸리지 않는다. 지난겨울 가까운 선배 내외와 임원항에서 싱싱한 회에 소주 한잔 하고는 얼큰한 기분에 아내가 운전하는 옆자리에 앉아 어둠이 깔린 밤, 삼척에 있는 숙소로 돌아오는 길이었다. 갑자기 눈앞에 전복된 두 대의 차가 보였다.

"여보! 차 세워!"

급작스런 나의 말에도 갑자기 왜 세우라는지 이유를 모르는 아내는 차를 세우지 않고 속도만 조금 줄였다. 그냥 뒀다가는 전복된 차를 그대로 들이받을 게 뻔했기에 차 안이 떠나갈 정도로 소리쳤다.

"당장 차 세워!"

깜짝 놀란 아내가 도로 가운데에 차를 세웠고, 그제야 아내도 20 미터 앞의 전복된 차를 목격한 모양이었다. 나는 아내에게 우리가 뒤에서 오는 차에 부딪힐 수 있으니 사고 난 차를 30미터쯤 지나간 지점에 차를 세우라고 했다. 아내는 얼마나 놀랐는지 벌벌 떨면서 연기가 무럭무럭 피어오르는 두 대의 차량 사이로 기어가다시피 아주 천천히 통과한 후, 갓길에 차를 세웠다.

그리고 나는 사고 차량을 향해 마구 달려가면서 빌었다.

'제발 제가 죽어 있는 사람이 아니고 살아 있는 사람을 볼 수 있도록 해주십시오.'

옆으로 넘어진 탑차에서 사람의 움직임이 보였다. 한쪽 문은 바닥에 깔렸기에 운전석 문을 잡아당겨 봤지만 옆으로 구르면서 문짝이 크게 찌그러져서 꿈쩍도 안 했다.

하는 수 없이 자동차 앞 유리창을 신사화를 신은 발로 마구 걷어찼지만 유리는 꿈쩍도 안 했다. 유리를 후려칠 나무 조각이라도 있는지 주위를 살폈지만 깨끗한 고속도로에서 나무 조각을 발견하기란 불가능에 가까웠다.

그 사이 라이트를 켠 차들은 사고가 난 두 대의 차량 사이를 솜씨 좋게 운전하면서 빠져나갔고 정신없이 유리창을 걷어차고 있는 내가 방해가 되었는지 빵빵 경적을 울리는 차도 있었다. 그 순간 자동차에 타이어 갈아 끼울 때 쓰는 수동 잭(Jack, 작기)이 생각났다.

　미친 사람처럼 허둥거리며 차로 뛰어가서 뒷트렁크에서 잭을 끄집어내면서 아내에게 119에 신고해 달라고 말했다. 그랬더니 아내는 조금 전에 차를 세우자마자 바로 신고했단다. 다시 사고 차량으로 달려간 나는 수동 잭으로 유리창을 마구 후려쳤더니 비로소 유리에 조금씩 금이 가기 시작했다. 혼자서 금이 간 유리창을 발로 밀었더니 그때서야 유리가 조금씩 안쪽으로 밀려들기 시작했다.

　그 순간에도 사고 차에서는 연기가 피어올랐기에 불이 언제 붙을지 몰라서 마음은 급해졌는데 다행히 지나가던 승용차의 운전자가 한 명 나와서 나와 같이 유리창을 발로 밀기 시작했다. 유리창이 완전히 밀리면서 부상자가 빠져나올 공간이 생겼다.

　밖으로 나온 운전자는 하반신이 피투성이였지만 생명에는 지장이 없었다. 안전을 확인한 후 다시 SUV 차량인 옆 차로 달려갔더니 다행히도 그 차의 운전자는 큰 부상 없이 차를 탈출했는데 많이 아픈지 차 옆에 쭈그려 앉아 있었다. 바로 그때 응급 차량과 소방차가 도착하였기에 그분들께 부상자를 넘겨 드리고 차로 돌아왔다.

　삼척으로 오는 차 안에서 같이 타고 있던 학교 선배가 무섭지 않더냐고 묻는다.

　내가 대답했다.

　"선배님, 제가 사고 차량으로 달려갈 때 온몸이 마구 떨렸습니다. 머리통이 터져서 죽어 있는 시체를 볼 수도 있는데 왜 안 무섭겠습니까? 그렇지만 사고 난 분이 우리 가족이라 생각해 보십시오. 연기가 나는 것으로 봤을 때 잠시 후 차량에 불이 붙어서 타 죽을 수도 있는데 저는 그들을 내버려두고 갈 수가 없었습니다. 그분이 제 가족은 아니지만 내 조국 대한민국의 국민입니다. 그래서 저는 조금도 주저하지 않고 무서움에 떨면서도 달려갔습니다."

최근 국가적 재난이 생겨서 온 나라가 몇 달 동안 비통에 잠겼다. 그리고 사고 선박의 선장과 선원들에게 분노를 마구 표출했다. 자기 자식보다 어린 고등학생들과 승객을 배에 남겨두고 탈출하는 인간의 정신감정부터 해봐야 하지 않을까 싶다. 정말 그 인간들은 죽이고 싶을 만큼 나쁜 인간이다.

그런데 나는 우리 자신에게 묻고 싶은 말이 있다. 당신이 그 자리에 있었다면 어떻게 행동했겠는가를……. 그 답을 얻기 위해서 내가 경험한 교통사고 현장을 대입해 보자.

교통사고가 난 차량에서 부상자를 구출하기 위해서 필사적으로 노력하는 사람을 도와주지 않고 그 사이를 빠져나가는 무수한 차량의 운전자들은 자신이 사고를 일으키지 않았기 때문에 아무 잘못도 없다고 할 것인가? 하물며 자기 차가 빠져나가는 데 방해가 된다고 사고 차량의 부상자를 구출하고 있는 순간에 빵빵 경적을 울리는 데 무슨 말을 해야 할까? 그때 그 순간에는 얼마나 화가 나던지 내가 들고 있는 수동 잭으로 그 인간이 타고 있는 자동차 유리창을 내려치고 싶었다.

왜 우리는 남의 잘못은 분노하고 비난하면서 그와 같은 상황에서 자신은 비난받을 짓을 하는 것일까? 세월호 선장과 자신의 행동은 다르다고 보는 것일까?

우리가 우리 자신을 한번 되돌아보고 반성해야 한다. 그러기 위해서는 국가적인 재난에 즈음하여 학생 때부터 재난 관련 교육 시스템을 만들어서 실시해야 조금씩 바뀌어 나가지 않을까 싶다.

얼마 전에 상장 관련 금융기관의 높은 분과 중소기업 단체장들이 저녁식사를 하는 자리에서 참석하신 한 분이 창업자 연대보증을 없애고 상장 문턱을 낮추어 쉽게 상장하도록 해야 한다는 의견을 말했을 때 금융기관의 본부장님께서 총론에서는 동의하지만, 그로 인한 투자자들의 피해가 우려되기 때문에 시스템으로 보완책이 필요하다는 요지의 답변을 하면서 두 분 사이에 가벼운 논쟁이 벌어지고 있었다.

내가 한마디 참견했다.

"코스닥 버블 붕괴 때 일부 기업의 CEO들이 먹튀를 했었지요. 그런 것은 제도적으로 막아야지요."

그랬더니 상장 문턱을 낮추어야 한다고 하신 분의 얼굴이 벌겋게 되면서 언성을 높였다.

"그때 누가 돈을 챙겨서 먹튀했다고 성 회장은 먹튀란 표현을 쉽게 합니까?

내가 거기서 그분이 한 말의 문제점을 지적하게 되면 기관장 앞에서 중소기업 단체장들끼리 볼썽사나운 모습을 연출할 것 같아서 입을 닫아 버렸지만 아마도 그분은 침몰하는 주식시장에서 대표이사를 믿고 투자한 투자자를 팽개치고 자기만 살겠다고 헐값에 회사를 넘기고 빠져나오는 CEO와 세월호 선장을 다르게 보는 모양이다.

'자신이 하면 로맨스이고 남이 하면 불륜'이란 우스갯말이 실감 나는 순간이었다.

아직도 나는
도전을 꿈꾼다

내가 좋아하는 가장 아름답고 순수한 사랑을 그린 모습은 알퐁스 도데의 《별》 속에 나오는 장면이다.

내가 알프스의 뤼르봉 산에서 양을 치고 있을 때의 이야기입니다.

몇 주일 동안 사람이라고는 그림자도 구경 못하고, 하루 종일 양떼와 사냥개 검둥이를 상대로 홀로 목장에 남아 있어야 했습니다.

(⋯중략⋯)

스테파네트 아가씨도 무슨 바스락 소리만 들려도, 그만 소스라치며 바싹 내게로 다가드는 것이었습니다.

389

한번은 저편 아래쪽 못에서 처량하고 긴 소리가 은은하게 굽이치며 우리가 앉아 있는 산등성이로 솟아오르는 것이었습니다.

바로 그 찰나에, 아름다운 유성이 한 줄기 우리들 머리 위를 같은 방향으로 스쳐가는 것이, 마치 금방 우리가 들은 그 정체 모를 울음 소리가 한 가닥 광선을 이끌고 지나가는 것 같았습니다.

"저게 무얼까?"

스테파네트 아가씨가 나지막한 목소리로 물었습니다.

"천국으로 들어가는 영혼이지요."

이렇게 대답하고 나는 성호를 그었습니다.

아가씨도 나를 따라 성호를 긋고는 잠시 고개를 들고 하늘을 쳐다보며 깊은 명상에 잠겼습니다.

아가씨는 여전히 하늘을 쳐다보고 있었습니다.

그렇게 손으로 턱을 괸 채 염소 모피를 두르고 있는 모습은, 그대로 귀여운 천국의 요정이었습니다.

"어머나, 별들이 저렇게 많아! 참 기막히게 아름답구나! 저렇게 많은 별은 생전 처음이야."

(…중략…)

무엇인가 싸늘하고 보드라운 것이 살며시 내 어깨에 눌리는 감촉을 느꼈습니다.

그것은 아가씨가 졸음에 겨워 무거운 머리를, 리본과 레이스와 곱슬곱슬한 머리카락을 앙증스럽게 비벼대며, 가만히 기대온 것이었습니다.

스테파네트 아가씨는 훤하게 먼동이 터올라 별들이 해쓱하게 빛을 잃을 때까지 꼼짝 않고 그대로 기대고 있었습니다.

나는 그 잠든 얼굴을 지켜보며 꼬빡 밤을 새웠습니다. 가슴이 설렘을 어쩔 수 없었지만, 그래도 내 마음은, 오직 아름다운 것만을 생각하게 해주는 그 맑은 밤하늘의 비호를 받아, 어디까지나 성스럽고 순결함을 잃지 않았습니다.

우리 주위에는 총총한 별들이 마치 헤아릴 수 없이 거대한 양 떼처럼 고분고분하게 고요히 그들의 운행을 계속하고 있었습니다.

그리고, 이따금 이런 생각이 내 머리를 스치곤 했습니다. 저 숱한 별들 중에 가장 아름답고 가냘픈 별님 하나가 그만 길을 잃고 내 어깨에 내려앉아 고이 잠들어 있노라고……

내가 아직도 암벽을 오르고 배낭여행을 하는 것은 목동과 같은 순수함이 남아 있기 때문일 것이다.

그렇지만 나는 아가페적인 사랑과 에로스적인 사랑의 양면을 모두 가진 평범한 인간이기에 알퐁스 도데의 《별》처럼 아름다운 사랑을 동경하면서 또 다른 한편으로는 숫컷의 본능도 꿈틀거려서 남설악 흘림골에서 만났던 폭포 속의 멋진 여인과의 뜨거운 사랑도 상상 속에 그려본다.

내가 멘토로 삼는 분이 삼성의 이병철 회장이다. 홍하상 작가가 쓴 《이병철에게 길을 묻다》를 읽어 보니, 이병철 회장은 뒷방 늙은이가 되기 십상인 73세에 반도체를 삼성의 새로운 성장 동력으로 만들기로 결심하신 분이셨다. 그 시점에서 반도체를 하지 않았다면 스마트폰, 메모리 반도체 세계 1위라는 오늘의 삼성이 있었을까?

초등학교 시절에 집(대구 원대동)과 학교(계성초등학교)를 오가는 길 옆에 오늘의 삼성을 태동시킨 작은 정미소 건물이 있었다. 그분에겐 어떤 면이 있어서 대구의 작은 정미소에서 출발하여 세계 최고의 기업을 만들었을까? 어릴 적부터 가지고 있었던 의문점이었다.

여러 가지 분석이 있겠지만 내가 보는 관점에서는 끊임없는 도전 정신과 열정으로 생각된다. 홍하상 작가가 쓴 책을 대하기 전에는 나도 60세까지만 열심히 일하고 나머지 시간은 인생을 즐기며 살리라고 생각했는데 현역에서 물러난 친구들의 모습을 보면서 느낀 것은 남은 삶을 하는 일 없이 벌어놓은 돈으로 여행 다니면서 사는 것보다 열심히 일하면서 보내는 것이 더 큰 행복을 가져다주는 길이겠구나 하는 것이었다.

늙어 죽을 때까지 기업 경영의 모든 것을 내가 결정하고 결정한 대로 끌어나가는 모습은 노욕으로 비쳐질 수도 있어서 피해야겠지만, 함께 회사를 키웠던 역량 있는 임직원들과 새로운 비즈니스에 대하여 방향 설정을 하면서 같이 고민하고 같이 성장시키는 조력자로서의 경영자로는 남고 싶다.

이제껏 살아오면서 얻은 지혜가 있다. 현재 내가 속한 모든 것에 최선을 다하고 주위의 가까운 분들을 배려하면서 내일을 지금보다 더 아름답게 만들기 위해서 도전하는 시간이 가장 큰 행복이라는 것이다.

강한 기업이란 끊임없이 도전하고 넘어지고 생채기가 나면서 점진적으로 만들어진다. 오늘도 이 땅에서 도전 정신으로 열정을 가지고 기업을 경영하는 최고경영자들과 그 기업을 더욱 건강하게 만들기 위해서 땀을 쏟는 임직원들에게 경영자의 한 사람으로서 존경의 마음을 담아서 경의를 표한다.

4부 | 나는 아직도 도전을 꿈꾼다

살아남은 자에게 사랑은 의무다

밤새 친구 성명기의 원고를 읽었다. 지금이 새벽 4시. 대학 동기라고는 하지만 자주 만난 지가 3년쯤 되었을까? 그래도 나는 그를 꽤 잘 알고 있다고 생각했는데 이 원고를 읽고 많은 것을 새롭게 느꼈다. 어디에서 읽은 기억이 난다. 독서를 한다는 것은 책의 내용을 읽고, 작가를 읽고, 그리고는 자신을 읽는다고 한다. 나는 이 책을 읽는 내내 나 자신을 돌아보게 되었다. 솔직히 나는 그가 부럽다.

나는 지금 해가 뜨기 전의 어둑새벽에 내 친구 성명기를 새롭게 만난다. 가슴이 따스해 온다. 그는 지난 일들을 차분한 문장으로 차곡차곡 쌓아두었다. 친구나 나나 이제 환갑을 바라보는 나이인데 그의 가슴에 아직도 말랑말랑한 감수성이 소년처럼 남아 있고 문학적인 열정이 타고 있었다. 그는 이미 훌륭한 시인이다. 나는 그에게 책 제목을 하나 적어 보냈다. 그가 암을 극복하고 오른 설악산의 어느 암벽 코스 이름이다. "한 편의 詩를 위한 길"이다. 그의 생은 결국 한 편의 좋은 시로 남게 될 것이다.

지난번 만났을 때 다음에는 그에게 시를 써보라고 권했다. 그가 겪은 '죽음과의 입맞춤'은 너무나 놀랍고 처연하다. 그에게 찾아온 암과 그의 아들 석현에게 찾아온 백혈병, 그리고 아내의 폐결핵 등 고통의 축복(?)을 견딘 그의 삶은 주변 사람들에게 큰 위로와 용기가 되었다. 나는 그의 이런 고통과 시련이 부럽다. 그러나 그에게는 얼마나 견디기 어려운 시간이었을까? 결국 '詩란 고통을 찾아가는 巡禮다. 그의 시는 결국 고통의 숲속에서 자라나게 될 것이다. 그러나 더욱 놀라운 것은 그의 알콩달콩한 사랑의 이야기나 소소한 일상조차 세심하고 잘 다듬어진 언어를 통해 우리 곁에 친근하게 다가왔다는 사실이다.

김영환(시인, 국회의원, 전 과학기술부 장관) _본문 추천사 中에서

나는 오늘도 열정을 가지고 도전한다!

나는 그의 글을 읽는 동안 '살아 있는 자에게 사랑은 의무다'라는 나의 오랜 생각을 더욱 굳히게 되었다. 숨 쉬는 동안 성명기와 나는 사랑하는 의무의 길 위에서 만나야 한다. 나보다 못한 사람들, 우리가 돌보고 보듬 어야 하는 사람들에게 다가가 그들의 손을 맞잡아야 한다. 그것은 우리의 선택이 아니라 의무다. _김영환(시인, 국회의원, 전 과학기술부 장관)

30년 동안 기술혁신 기업을 경영하면서도 기업가답지 않은 순수함을 지닌 최고경영자가 성 회장이다. 감당하 기 힘든 고통을 겪고도 맑은 웃음과 자신감이 어디에서 나오나 싶어 얼마 전에 함께 KBS의 창조경제 프로그 램에 출연한 후 늦은 저녁식사를 하면서 물어봤더니 "젊었을 때 온 가족이 죽음과 전쟁을 치른 후에 주어진 시간들은 덤입니다"라는 답이 돌아왔다. 타오르는 열정으로 기업을 경영하고 이노비즈 협회장으로서 봉사 하면서도 주말이면 암벽 끝에서 세상을 바라다볼 수 있는 여유를 가진 '덤의 의미'를 아는 삶이 이 책에 고스 란히 담겨 있다. _김세종(중소기업연구원 원장)

성명기 회장은 20대 후반 창업 직후 온 가족이 죽음과의 전쟁을 극복했다. 그 후 여의시스템을 산업용 컴퓨 터에서 보안장비 플랫폼, 디지털 사이니지, 키오스크로 그리고 다시 헬스케어로 끊임없이 진화·성장시켜 온 그는, 진정한 벤처인이고 기술혁신 기업인의 아이콘이다. CEO와 이노비즈 협회장의 바쁜 일정 중에 틈을 내 어 끊임없이 도전해 온 삶을 책으로 펴낸 열정에 경의를 표한다. _이민화(벤처협회 명예회장)

그의 삶 속에는 고통과 눈물이 배어 있다. 그런데도 그는 우리 앞에 늘 밝은 웃음과 걸쭉한 농담으로 그 모 든 것을 승화시킨다. 이노비즈 협회장으로, 여의시스템 대표이사로 그가 보여준 모습은 끝없는 도전과 열정 과 인간 사랑이었다. 뜨거운 가슴으로 암벽등반을 즐기고 아프리카 오지까지 사랑을 실천하는 그의 삶을 통해, 나는 삶을 사랑하는 지혜를 새롭게 배운다. _한미숙(전 청와대 중소기업 비서관)

03320

9 788960 781825

ISBN 978-89-6078-182-5

가격 14,500원